# Llamada
# De Sangre

## Novela de Acción

*Para.*

*Rami Faisal*

*Con*

*Gran Aprecio.*

Mario Ramos Ocaña

*21/9/2017.*

## DEDICATORIA

Dedico esta obra a mi esposa Luzmila, mi hija Lucy Yahaira, y mis nietos: Eva Lucia (Lucia), Rayan, Dilan, y mi yerno Rick.

A mis padres, hermanos y hermanas.

Doy gracias a Dios por haberme permitido ser un soldado de mi Patria y hoy día, Policía Nacional de Panamá, retirado. Mi religión es católica, soy fiel creyente en Dios, en la Divina Trinidad, y sé que con Él, todo es posible.

# CONTENIDO

Mario Ramos Ocaña

# EN HONOR A...

Los padres de familia y en especial, para aquellas *madres* que tienen hijas e hijos en el Ejército de los Estados Unidos y de los países aliados, que *luchan por la libertad*, democracia, la paz y combaten constantemente el flagelo del terrorismo a nivel mundial.

A sus hijas e hijos al servicio de la nación que los tiene presente. Aún, para aquellos que hayan *fallecido* en el cumplimiento de su deber y siempre los tuvieron en sus mentes, hasta el último suspiro.

Hagan llegar a sus hijas o hijos el *Salmo 91*, o el Salmo que ustedes crean conveniente, y la Divina Trinidad estará allí con ellos.

*A todos los soldados:* Sepan ustedes que siempre hay una esperanza en los momentos más difíciles. Que su *lealtad* y su fuerza combativa sea indestructible.

# PRÓLOGO

Este libro es de gran importancia para las futuras generaciones de todo el mundo, en especial, la de los Estados Unidos. Que en la fe radica el poder de tener con nosotros al Dios Todopoderoso, que con Él somos invencibles. En ningún momento nuestras esperanzas deben disolverse por más duras que sean las situaciones que se nos presenten, Él está con nosotros. Nos mantendrá con fuerza en las adversidades.

Es importante tener un corazón noble, en donde la humildad y la caridad estén ahí por siempre, para que no lo endurezcamos y tengamos una paz interior firme y permanente.

¿Por qué Estados Unidos? Porque ha mantenido una lucha constante por el mantenimiento de la Paz en el mundo, y porque sigue sumando países para luchar al lado del bien. Debemos tener presente que esta es una lucha permanente entre el bien y el mal. Su misión es la de no permitir que el mal doblegue al bien. En sí, no se le permitirá jamás, por ello, es importante la unión para combatirlo en todos los ámbitos.

Por ser la primera potencia mundial, con mayor razón, debe transmitir a sus futuras generaciones y a las futuras generaciones de los países aliados, ese amor para el mantenimiento de la Paz, para generarla, elegirla y fomentarla. Que esas futuras generaciones amen a su país, que sean un brazo de ayuda a los países más necesitados, para que el mal no penetre en sus mentes y los haga contrarios a la búsqueda de la Paz.

Este libro debería ser dado a los hijos de generación en generación, para hacerles conocer la importancia de seguir manteniendo la Paz en el mundo. Sus antepasados lucharon por el bien, para que ellos permanezcan en Paz, la lleven al mundo y que, si tienen que defenderla, lo hagan debidamente.

También despierta el amor paterno, la creencia religiosa, todo en la dirección correcta. La lectura de este libro, hace saber algo muy especial.

Quizás, el nombre asuste un poco, pero, a medida que se avanza en la lectura, irá tocando el corazón. Irá despertando los sentimientos y el amor por su tierra. Despertará esa fuerza interna de querer estar en los lugares que se mencionan, con el interés de ayudar a los involucrados en la lucha por el bien, con el propósito de que ellos, salgan airosos en sus dificultades.

Sin mencionar las interesantes vivencias de los involucrados, para que el lector pueda disfrutar de una saga extraordinaria. Serán tres emocionantes situaciones.

Al terminar de leer este interesante libro, sabrás si lo debes transmitir a tus futuras generaciones, a personas de tu entorno, con el propósito de sumarlos a la fuerza del bien, promoviendo la Paz y salvaguardando la misma. Defendiendo tu país y haciéndolos parte de la seguridad nacional.

"LLAMADA DE SANGRE" está ligada a dos interesantes misiones", de las cuales *formarás parte*, para garantizar esta seguridad nacional en el presente y a futuro.

# CAPÍTULO UNO

## LLAMADA DE SANGRE

En una base militar llamada *Pegaso,* del Ejército de los EE. UU, primera potencia del mundo, se encontraba en el país aliado de Petrovia, en el continente europeo, el general Wen. Éste es el comandante de la Brigada Pegaso y, de igual manera, de la base militar que tiene el mismo nombre de Pegaso. De repente, el comandante Wen, recibe una llamada del comandante general Garay, comandante general del Ejército de los EE. UU. El comandante Wen, saluda muy respetuosamente al señor comandante general del Ejército. Éste le dice al general Wen:

—Señor comandante Wen, le estaré enviando un correo personalizado sólo para usted el día de mañana a primera hora, ya que estoy reunido con mi Estado Mayor General, analizando lo del incidente, en donde murieron varios de nuestros soldados (asesinados) y algunos aspectos de consideración y de suma importancia. Esperamos terminar las últimas coordinaciones lo más pronto posible, para que usted pueda recibir el correo a las cero ochocientas (08:00 a. m.). Al recibir el correo el día de mañana y una vez leído y verificado por su persona, me lo notifica, para así saber que el mismo está en las manos de a quien fue dirigido.

El señor comandante Wen le contestó al comandante general Garay, que al recibir el correo y leerlo, le notificará del mismo.

—Entonces, comandante Wen, no hay más de que hablar por el momento. Tenga usted un buen día.

—De igual manera, y a las órdenes— contesta el comandante Wen, despidiéndose del señor comandante general Garay, comandante del Ejército de los EE. UU.

El comandante Wen le comunicó a su secretaria Helena, que al llegar el día de mañana un correo del señor comandante general del Ejército, se lo haga llegar a su persona. Helena muy cortés le contesta:

—Eso es una orden señor comandante.

Posteriormente, el comandante Wen le ordena a su secretaria que les cite de inmediato a todos los comandantes de la base militar Pegaso que están bajo su mando. Helena procedió a comunicarse con todos los comandantes y a notificarles la orden impartida por el comandante Wen.

Los comandantes bajo su mando, en la base militar Pegaso llegaron a su oficina; estos eran: general Ernes, comandante de aviación; general Roberson, comandante terrestre; general Dilan, comandante de la marina; general Rayan, comandante de las Fuerzas Especiales Conjuntas. El comandante Wen se dirige a ellos y les recuerda que la base militar Pegaso es una base de una brigada de movilización rápida con órdenes directas del presidente de los EE. UU; y nuestro comandante directo es el comandante general Garay, comandante del Ejército.

De inmediato, informó a sus generales sobre la llamada del comandante general Garay. Informó que, en el día de mañana, una vez él reciba el correo y proceda a leerlo, los iba a llamar para que ellos tuvieran conocimiento del mismo, al parecer era una misión de suma importancia a cumplir. Al oír esto los generales Rayan y Dilan y, de igual manera, los otros dos generales Ernes y Roberson, le expresaron que estarán atentos a su llamado tan pronto reciba el correo. Si en el mismo, viene la orden de ir a cumplir con una misión estarán listos para darle cumplimiento, para eso ellos estaban entrenados.

—Bueno señores comandantes de la base militar Pegaso, una vez reciba el correo, lo lea, y posteriormente le conteste al comandante general Garay, nos reuniremos para informarles de la misma, si hay o no, alguna misión.

El comandante Wen los manda a retirarse. Los generales se retiran y se ponen a las órdenes. El comandante Wen se queda en la oficina un poco pensativo, revisando algunos documentos y decide llamar a su secretaria Helena, para informarle que él se retiraría a su hogar y le recuerda que, al llegar a primera hora, en caso de que el correo esperado haya llegado, se lo entregue de una vez en sus manos. Su secretaria Helena muy cortés le contesta que ella estará pendiente de la llegada del correo para entregárselo en sus manos.

—Me retiro Helena, si se presenta cualquier emergencia o llamada importante estaré en mi residencia.

Las residencias de todos los generales y la de él, se encontraban dentro de la base Pegaso. Al salir de su oficina, el conductor Anderson y su escolta Cerbellis lo esperaban y le dan las buenas tardes.

Su escolta Cerbellis le abre la puerta del vehículo y el comandante Wen entra, y al entrar le da las buenas tardes y le indica al conductor Anderson que conduzca hacia su residencia. Al llegar a su residencia, el escolta una vez detenido el vehículo, procede a bajar y de inmediato le abre la puerta al Comandante Wen. Éste al bajar les da las gracias, y tanto el conductor como el escolta le contestan:

—A sus órdenes comandante Wen.

Cuando el comandante Wen entra a su residencia, es recibido por su esposa Sofía, quien le da un caluroso abrazo y éste le responde con un beso en la boca. Además de su esposa Sofía, ellos también tienen dos hijos adolescentes; Lucia de diecinueve años y su hijo Wen Jr. de veintidós años. Sofía se dirige a su esposo, diciéndole que ella lo sentía un poco tenso y preocupado. En eso, aparece su hija Lucía y le dice:

—Hola, papá— le da un beso acompañado también de un fuerte abrazo. El comandante Wen, también le da un beso seguido de un abrazo y le dice:

— ¿Cómo has estado? — y ella le contesta que está muy bien todo.

El comandante Wen al ver que su hijo no salía a saludarlo, le preguntó a su esposa Sofía. Ella le contestó que, al parecer, él se encontraba en la casa de su amigo Ritter estudiando para los exámenes finales que tiene en su carrera de ingeniería en la universidad. Le dice entonces, Wen a su esposa Sofía:

—Me dijiste que me veías un poco tenso y preocupado. Bueno, en verdad lo estoy, pero todo está bien. Tú sabes, algunas cosas en el trabajo.

Su esposa Sofía le responde:

—Tengo un esposo inteligente que sabe conducirse en su trabajo en los peores momentos y seguir adelante.

El comandante Wen le da las gracias por su apoyo permanente.

En eso, llega su hijo Wen Jr. y se dan un abrazo, éste le dice que se está preparando para los exámenes referentes a su carrera. Su padre Wen le dice:

—Bien hijo, usted sabe que los estudios hoy día son el futuro para poder tener una vida mejor.

En eso, su esposa Sofía les dice que pasen al comedor a cenar, ya que muy pocas veces estaban juntos por los diversos compromisos de cada uno. Sofía sirve la cena con la ayuda de su hija Lucía. Tuvieron una cena excelente. Al llegar la noche, el comandante Wen y su esposa Sofía se encontraban en su alcoba preparándose para dormir; y antes de apagar la luz, su esposa Sofía oraba por todos y por el bienestar de su esposo en el trabajo. Cuando termina de orar le dice al comandante Wen:

—Recuerda que tengo un esposo con sabiduría en su trabajo—, y él con un beso le contesta que así es.

El comandante Wen le dice a su esposa Sofía, que lo único que le podía decir era que en el día de mañana él iba a recibir un correo de suma importancia, que podría ser una misión, y que esta podría ser para él o para la designación de unidades para la misma. Que, de ser una misión, es importante para él que esta se cumpla con el menor porcentaje de bajas posible. Ese es el mayor interés de todo comandante en una misión de combate, aplicando los principios del don de mando militar y el uso del sentido común.

—Mañana estaré más tranquilo. Una vez reciba y lea el correo y sepa qué es lo que contiene, tendrás a un comandante Wen en la casa más tranquilo y relajado.

Su esposa Sofía le responde:

—De seguro será así como tú me dices siempre—, y ella antes de apagar la luz para dormir le da un beso. —Mi amor duerme bien, que todo estará bien en el día de mañana, no te preocupes, yo oro por ti todos los días.

En eso, apagó la luz para dormir.

A la mañana siguiente, se levanta primero el comandante Wen, antes de su esposa Sofía y cuando ella se da cuenta le dice:

— ¿Quieres que te prepare un café?

Él le responde que sería bueno, porque tenía que llegar a su oficina bien despierto. Su esposa Sofía se levanta de la cama y se pone su bata; entra al baño, se cepilla los dientes y enjuagándose la boca se dirige a la cocina a preparar el café. Cuando el comandante Wen llega a la cocina uniformado y arreglado para el trabajo, su esposa Sofía le da su taza de café y éste al probarlo le dice:

—Mi amor, el café está excelente.

Cuando el Comandante Wen termina de tomarse su café, le da un beso a su esposa Sofía para retirarse a su trabajo, en eso, aparecen sus dos hijos, Lucía y Wen Jr. Estos le dan un abrazo de despedida. Wen les dice hasta luego a todos.

—Hasta luego papá, amor.

Cuando el comandante Wen sale de su residencia, lo estaban esperando su conductor Anderson y su escolta Cerbellis. Estos le dan los buenos días, abriéndole la puerta del vehículo, al entrar el comandante Wen les responde también el saludo matutino. El escolta le pregunta:

— ¿El destino comandante?

El comandante Wen le responde que para su oficina.

—Es una orden señor comandante.

El comandante Wen, desde el vehículo en dirección a su oficina, llama a su secretaria, le da los buenos días y le pregunta:

— ¿Ha llegado el correo?

Ella le contestó que en ese momento lo tenía en sus manos, esperándolo para entregárselo personalmente. El comandante Wen da las gracias a su secretaria Helena y le dice que ya está por llegar, ella le contesta:

— ¡Lo espero comandante Wen, a sus órdenes!

Al llegar el comandante Wen en su vehículo, el escolta Anderson baja rápidamente y le abre la puerta al instante. Al bajar el comandante Wen ve a su secretaria Helena y se dirige a ella:

—Buen día Helena, tienes contigo el correo.

—Aquí tiene comandante Wen. Adicional a eso, los demás comandantes de la base se encuentran en el salón de reunión.

—Bueno, infórmele a todos que he llegado y que dentro de unos minutos me reúno con ellos— entró a su oficina e inmediatamente abrió el sobre amarillo para proceder a leer el correo.

Después de unos minutos, entró el comandante Wen al salón de reunión para reunirse con los generales comandantes bajo su mando de la Brigada Pegaso y de la base del mismo nombre. Luego de saludarlos a todos con un apretón de manos, les dice:

—Comandantes generales, he recibido el correo y también lo he leído. Lo que entiendo del mismo es que tenemos una misión, esta se le está dando a nuestra brigada Pegaso bajo mi mando. Recuerdan el incidente que sucedió en la base militar Saturno, en el país de Carania, colindante con Lixivia; país infestado de terroristas y en donde algunos están organizados en pequeñas células. Según los informes de la Central de Inteligencia, indican que son muy radicales, violentos y asesinos. Los informes muestran que murieron siete unidades, y entre ellos, dos oficiales quienes se encontraban gozando de franquicia dentro del país de Carania. Estos al salir de un bar restaurante, durante la noche, subieron a la furgoneta que los trasladaría a la base Saturno, fueron emboscados en el trayecto, muriendo todos en el lugar. Pero uno de ellos, según las investigaciones realizadas, logró ver a uno de sus atacantes y dibujar una cara no feliz, con una cicatriz en la parte de arriba de la ceja izquierda hacia arriba, esto lo realizó con su propia sangre.

El comandante prosiguió explicando que la Central de

Inteligencia comenzó a buscar sus archivos de fotos de terroristas y pudieron dar con el posible autor de la emboscada a nuestras unidades.

—También la Central de Inteligencia tenía información, de que el posible terrorista, autor de los asesinatos de nuestras unidades se encontraba en un lugar desértico del país de Lixivia y su célula terrorista es de aproximadamente veinte terroristas bien armados y entrenados. Y según los datos de un informante del área se pudo ubicar en un mapa el supuesto lugar dónde se encuentran. Se han realizado fotografías aéreas para su confirmación y no se han podido detectar sus campamentos. Pero la información del informante es bastante confiable, ya que él mismo ha proporcionado en otras ocasiones informaciones que han sido ciertas.

El general Rayan le dice al comandante Wen, que ellos estaban a sus órdenes para cumplir la misión que se les encomendara. El comandante Wen les dice a sus generales que delante de ellos iba a llamar al señor comandante general Garay. Realiza la llamada y le contesta directamente el general Garay. El comandante Wen le dice:

—Comandante general Garay, le habla el general Wen, comandante de la base militar Pegaso.

—Comandante Wen, espero que haya recibido el correo y leído su contenido— responde el comandante general Garay.

El comandante Wen le contesta que sí lo leyó y que en estos momentos se encontraba reunido con sus comandantes de la base Pegaso.

—Comandante Wen, es importante que usted esté con ellos

porque me imagino que usted los involucrará a todos en la misión que le voy a dar. Estuvimos reunidos con el señor presidente, el señor secretario de defensa y el director de la Central de Inteligencia y hemos concluido en lo siguiente— continúa hablando —. Podríamos atacar el lugar en donde se encuentran los terroristas causantes de la muerte de siete miembros de nuestro ejército con un ataque aéreo, pero, nos quedaríamos con la duda de si en realidad le dimos al blanco deseado. Lo otro es, que quisiéramos darle algo de su propia medicina; sorprenderlos, atacarlos y confirmar que uno de los terroristas abatidos sea el blanco deseado. Su nombre es Ali Al Falit. Éste es el de la foto que le enviamos en el correo. Debemos acabar con la tensión que existe en la base militar Saturno, por lo sucedido a sus compañeros y fortalecer nuevamente el espíritu combativo de nuestras unidades del Ejército de los EE. UU. En esto está de acuerdo el señor presidente y nos ha dado la orden de proceder.

—Comandante Wen, me está escuchando.

—Sí, lo escucho comandante general Garay.

—Ok, le estoy informando todo esto por teléfono, asegurándonos primero que no haya ninguna intervención en la llamada. Enterado usted de estos detalles, de las coordenadas y del mapa a utilizar en el área para ubicar el objetivo, organice una patrulla de siete hombres de su unidad y que todos sean Fuerzas Especiales. Cuando tenga usted organizada y preparada las unidades para esta misión, la cual llamaremos "LLAMADA DE SANGRE", en honor al que escribió con sangre la pista de quien los emboscó y, de igual manera, en honor a sus compañeros. Una vez esté lista la patrulla y el día para dar inicio a la misión, me lo hace saber, y así poder enviar los helicópteros para que trasladen la patrulla de combate a una embarcación que tenemos destacada cerca del país de Lixivia, para que posteriormente los dejen en el punto indicado de desembarque, y de ahí la patrulla continuará con su misión.

El comandante de la embarcación es el almirante Estiper, ya él tiene conocimiento y sólo estará esperando su llamada. Él está preparado para recibir a la patrulla a bordo de su embarcación. El almirante Estiper también le proporcionará dos guías de nombre Kar y Berti, conocedores del área. Comandante Wen, lo hemos escogido a usted por su capacidad, profesionalismo, experiencia en esta clase de misiones relámpago y para evitar la fuga de información en la base Saturno por estar colindante con el país Lixivia. Tenga usted buen día y saludos a sus generales bajo su mando— finalizó el comandante general.

Cuando el comandante Wen terminó la conversación con el comandante general Garay, se dirigió a sus generales y les contó los detalles.

—Es una misión asignada a la brigada Pegaso. Confía en nosotros para el cumplimiento de esta misión, que es la eliminación de la célula terrorista cuyo líder es Ali Al Falit. Dice que nos aseguremos de su eliminación por ser el autor intelectual y por haber participado en la emboscada y muerte de nuestros compañeros de armas.

Los generales comenzaron a intercambiar ideas con el comandante Wen y concluyeron en escoger los siete hombres. Todos concluyeron en el capitán Ben, jefe de una de las unidades de Fuerzas Especiales, bajo el mando del general Rayan. Los demás integrantes fueron escogidos sin importar si estos eran de la Marina, de la Fuerza Terrestre o de la Fuerza Aérea, lo importante era el currículo que presentaban y que se encontraran aptos para la misión. De esa manera, fueron seleccionadas las unidades hasta llegar a los seis restantes para la misión. De inmediato procedieron a llamar al capitán Ben, y en poco tiempo él mismo se presentó en el salón de reunión que tiene la oficina del comandante Wen, en donde estaban todos ellos. Se presenta ante el comandante Wen y éste le dice que había sido seleccionado para una misión relámpago y directa hacia un objetivo, le empezó a dar todos los detalles y a contestar todas sus preguntas.

El comandante Wen, le dice que para cumplir la misión contará con ocho unidades, incluida su persona y dos más que serían los guías: Kar y Berti; estos se le unirían a la patrulla de combate una vez lleguen a la embarcación comandada por el almirante Estiper.

El capitán Ben preguntó si él podía escoger al resto de los integrantes de la patrulla, el comandante Wen le contestó que no debía preocuparse por eso, ya que ellos lo habían escogido muy cuidadosamente y que, en el día de mañana, él se los iba a entregar en las afueras de su oficina. De esta manera, mandó a retirar al capitán Ben y posteriormente, a sus generales, agradeciéndoles sus opiniones para que esta misión fuese exitosa y que cualquier otra cosa que ellos debieran conocer, se los haría saber.

Más tarde, sale de su oficina y le dice a su secretaria Helena, que se retiraría a su residencia. Luego de conocer el contenido del correo, ahora estaba más tranquilo. Sale fuera de su oficina y toma su vehículo, el cual es conducido a su residencia, por su conductor Anderson y su escolta Cebellin.

El comandante Wen llama por teléfono a su esposa Sofía y le preguntó qué tenía para cenar, ella le contesta que le había preparado un buen estofado y una buena ensalada. El comandante Wen le contesta que iba en camino, recibiendo una amorosa respuesta de su esposa Sofía.

# CAPÍTULO DOS

## LA MISIÓN

Al llegar a su casa y al bajar del vehículo, le da las gracias al conductor Anderson y a su escolta Cerbellin e inmediatamente entra a su residencia y siente el olor de la comida y para sorpresa de él, toda la familia estaba esperándolo en sus puestos ubicados en la mesa. Su esposa se levanta y le da un abrazo con un beso y él se dirige a sus hijos Lucía y Wen Jr. dándoles también un abrazo. Se sienta en su silla principal y su esposa proclama una oración bendiciendo la comida y pidiéndole a Dios que se acordara de aquellos que nada tienen y que les diera el pan de cada día. Al terminar la cena, su esposa Sofía le dice que su semblante es distinto al día anterior, y el comandante Wen le contesta:

—En realidad, tienes razón. Recibí el correo y he hecho lo correcto de acuerdo a las indicaciones recibidas. Quizás en estos días siguientes no llegaré para la cena, por estar pendiente del cumplimiento de una misión, la cual durará unos días o quizás una o dos semanas.

Su esposa Sofía le dice que ella lo entiende, que todo saldrá bien y que en su momento cenarán juntos nuevamente.

Al siguiente día, llega nuevamente el comandante Wen a su oficina y al bajar de su vehículo, lo estaban esperando las unidades seleccionadas para la misión. El más antiguo era un sargento 1°, que al ver al comandante Wen, mandó firme al personal y se le presenta diciendo:

—Comandante general Wen, le doy parte del personal citado para esta hora en las afueras de su oficina, y quien le habla sargento 1° Estiven (Francotirador), comandante, y a las órdenes.

El comandante Wen, le dice al sargento 1° Estiven que mandara en descanso al resto del personal y que, posteriormente, llamarían a uno por uno para presentarle al jefe de la patrulla para el cumplimiento de la misión. En eso, el sargento 1° Estiven manda en descanso y, posterior a eso, el comandante Wen se retira a su oficina. Antes de entrar a su oficina le dice a su secretaria Helena que le llamara a los comandantes generales de la base y al capitán Ben, que lo esperen en el salón de reuniones y que cuando estén todos le avise. Helena le contesta:

—Así será, comandante Wen.

No trascurrió mucho tiempo para que la secretaria Helena le informara al comandante Wen, que todos los comandantes generales de la base y el capitán Ben, ya se encontraban en el salón de reuniones.

El comandante Wen le dio las gracias a su secretaria y se dirigió al salón de reuniones. Les da los buenos días a los comandantes y al capitán Ben, y estos, de igual manera, en posición de firme. El comandante Wen les dice que tomen asiento.

—Señores, estamos aquí para darle cumplimiento a la misión encomendada por el comandante general del Ejército de los EE. UU. Misión, de la cual, ustedes tienen conocimiento. Señor capitán Ben, usted ha sido seleccionado por todos nosotros para dar cumplimiento a esta misión. Todos hemos depositado nuestra confianza en su capacidad y profesionalismo; estamos seguros de que no nos fallará. No sólo está el prestigio de todos nosotros, sino, de la base militar Pegaso. Allá afuera están las unidades seleccionadas para la misión, haremos pasar uno por uno para decirles el motivo por el que fueron escogidos para esta misión y de esta manera podrá tener usted capitán Ben, la referencia de cada uno de ellos.

El comandante Wen llamó a su secretaria Helena y le dio el listado de las unidades que se encontraban en la sala de la secretaria, para que al salir uno, ella pudiera mandar al siguiente y de esa manera atenderlos a todos. El llamado iba a ser por antigüedad, de este modo el capitán Ben establecería la línea de mando o la cadena de mando.

El primero en ser llamado fue el sargento 1° Estiven (Francotirador). Éste al entrar al salón de reuniones se presentó ante todos y se puso a las órdenes. El comandante Wen con el expediente y hoja de vida del sargento 1° Estiven, le informó que él ha sido seleccionado por todo el cuerpo de comandantes generales de la base Pegaso y su persona, para conformar una patrulla de siete hombres de la base, más dos guías que se anexarán posteriormente. El capitán Ben seria el comandante de esa patrulla, esperaba su cooperación, ya que él era el segundo al mando. Le informó que los detalles de la misión se lo dará el capitán Ben, posteriormente.

—Quiero que usted sepa señor sargento 1° Estiven, que está en juego la reputación de todos nosotros y la base militar Pegaso. Esperamos de usted un alto rendimiento, porque su hoja de vida nos indica que es un excelente francotirador.

El comandante Wen se dirigió a todos diciéndoles si tenían alguna pregunta, en eso, el capitán Ben levanta la mano y el comandante Wen se dirigió a él:

—Dígame capitán Ben.

Éste le dice que sólo era para decirle al sargento 1° Estiven, que él y las demás unidades, al terminar la reunión, los quería reunidos a todos en el salón de reuniones de la sección de operaciones a las 14:00 horas. El sargento 1° Estiven le contestó, que al salir le informará a todos los demás. El comandante Wen le preguntó al sargento 1° Estiven, si tenía alguna duda o pregunta y éste le respondió, que estaba agradecido con él y con el resto de los comandantes de la base militar, Brigada Pegaso, y, de igual manera, con el capitán Ben por tomarlo en cuenta, ya que él está para servirle a su país, al Ejército de los Estados Unidos y a la Brigada Pegaso a la cual pertenece.

El comandante Wen lo mandó a retirarse, el sargento 1° Estiven (francotirador) con un saludo militar, da la media vuelta y sale del salón de reuniones. Antes que entrara el próximo al salón de reuniones, le informó a todo el personal la ordenanza del capitán Ben. Entra al salón de reuniones el sargento 2° Richard (francotirador), éste de inmediato se presenta ante los comandantes. El comandante Wen le informó que tanto él, como los demás comandantes generales vieron su hoja de vida, en donde ha cumplido varias misiones como francotirador, y que por ese motivo ha sido seleccionado para la misión, agregó que el capitán le hará saber en detalle la importancia de la misma. Le preguntó si tenía; el sargento 2° Richard le contesta, que él confía en su capacidad propia y la de su fusil y que siempre estarían listos para cualquier misión.

Éste agradeció igualmente por haberlo tomado en cuenta para esta misión y dijo:

—Esperaré a que el capitán Ben me dé a conocer en detalle lo de la misión.

El comandante Wen le hace saber que el prestigio de la base militar Pegaso y de la Brigada Pegaso, hay que seguir manteniéndolo, y que todo depende del éxito de esa misión. El sargento 2° Richard le responde que el prestigio se seguirá manteniendo. Con un saludo militar da media vuelta y se retira.

Procede a entrar el cabo 1° Carter (experto en explosivos). Es recibido de igual manera como los anteriores; sin embargo, el comandante Wen le hace una observación y le dice que su trabajo no debe tener fallas, que confían en él para esta misión, que el detalle de la misma se la dará el capitán Ben posteriormente, ya que él es el comandante de la misma.

— ¿Tiene algo que decir?

El cabo 1° Carter le dice, que sólo pide que le entreguen el material solicitado a llevar. El comandante Wen le informó que podía contar con eso. Da un saludo militar y posteriormente da media vuelta y se retira.

Entra al salón de reuniones el cabo 1° Pitter (radio operador), también es tratado de la misma manera que los demás. Le hacen saber la importancia de la misión, de la cual el capitán Ben le dará los detalles, así como la importancia del éxito de la misma.

— ¿Tiene que decir algo cabo 1° Pitter?

Éste le responde que sí tenía que decir algo.

—Somos todo oído.

El cabo 1° Pitter pide llevar para esta misión, adicional a su radio de comunicaciones, un teléfono satelital por la lejanía del lugar, puesto que podría verse afectada la comunicación radial en un momento dado y que siempre sucedía en los momentos más apremiantes.

—Cabo 1° Pitter, obtendrá su teléfono satelital y la hora de los satélites pasando por el lugar de la misión. ¿Eso es todo?

—Sí señor, eso es todo.

—Retírese.

Da un saludo militar y, consecutivamente, da media vuelta y se retira.

Ingresa al salón de reuniones el cabo 1° Michel (paramédico), le dan a conocer su presencia y su escogencia para esta misión y, posteriormente, los detalles de la misma se la dará el capitán Ben.

— ¿Tiene algo que decir?

Él contesta que siempre tiene su equipo de paramédico al día y que incluirá lo necesario para el área a operar. El comandante Wen le dice que sólo haga su pedido de las necesidades adicionales y se les dará.

—Puede retirarse.

Éste da su saludo militar, luego media vuelta y se retira. Entra al salón de reuniones el soldado raso Kevin, presentándose ante los comandantes, al final de su presentación dice:

— ¡Y listo para cualquier misión!

El Comandante Wen se dirige a él diciéndole:

—Soldado raso Kevin, sabemos que esta será su primera misión y esperamos que su rendimiento sea el ideal. Lo hemos seleccionado a usted para esta misión a pesar de su inexperiencia en combate. ¡Demuestre que ha sido entrenado para combatir! El capitán Ben le dará los detalles de la misma. Le hacemos saber que está en juego la reputación de esta base militar Pegaso y de la Brigada Pegaso, a la cual todos pertenecemos. Lo que quiero decirle es que no podemos fallar. ¿Tiene algo que decir?

—Soy un soldado de fe. Dios me tiene presente en todo momento— respondió el soldado raso Kevin.

—Esperemos que sea así. Puede retirarse soldado raso Kevin— le contesta el comandante Wen.

Éste saluda militarmente. Posteriormente, da la media vuelta y se retira. El comandante Wen se dirige al capitán Ben y le dice:

—Ahí tiene a su personal de la patrulla. En caso de no estar de acuerdo con la escogencia de las unidades, me lo hace saber de una vez.

El capitán Ben le contesta, que la escogencia es la correcta.

—Bueno están a sus órdenes— le responde el comandante Wen — Tiene una semana para reentrenarlos y hacer que trabajen como un solo equipo.

La respuesta del capitán Ben al comandante Wen y a todos

los generales presentes fue:

—De seguro que trabajarán como un solo equipo. ¿Me pregunto si me puedo retirar?

El comandante Wen le responde:

—Recuerde capitán Ben que tiene una semana para estar preparado, si no hay más preguntas puede retirarse.

El capitán Ben saluda militarmente, da media vuelta y procede a retirarse para reunirse con sus unidades en el salón de reunión de operaciones a las 14:00 horas; pero, antes de retirarse, el comandante Wen le dijo que esperara un momento. Entonces, el comandante Wen les expresó a los comandantes generales de la Brigada Pegaso, que si alguno tenía alguna sugerencia o algo más. Habló el comandante Dilan (marina):

—Voy a asegurarme que el almirante Estiper tenga toda la información necesaria con respecto al traslado de la patrulla a su embarcación.

—Sí, eso es muy importante— le contesta el comandante Wen —Señores si no hay más que hablar, se pueden retirar y estaremos en contacto al momento del inicio de la misión.

El comandante Wen se dirige al capitán Ben y le dice que lo tenga enterado de cualquier necesidad en la preparación y entrenamiento de la patrulla.

—Sí Señor— contesta el capitán Ben y se retira del salón de reunión, al igual que los demás comandantes generales de la Brigada Pegaso en la base militar Pegaso.

A las 14:00 horas, llegó el capitán Ben al salón de reuniones de operaciones y en él, ya estaban las unidades seleccionadas para la patrulla.

—Señores, ya nos conocimos y está de más mi presentación. Por el momento quiero que pongan atención a lo siguiente: Ustedes saben que fuimos seleccionados por el alto mando de la Brigada Pegaso, destacada en la base militar Pegaso. Tengo entendido que todos pertenecemos a ella, y por la importancia de la misión que nos han dado, no podemos fallar, porque está en juego nuestra reputación, como la de los altos mandos que confían en nosotros. El cumplimiento de la misión mantendrá también el prestigio de la Brigada Pegaso y de esta base militar Pegaso. La misión es secreta, para evitar la fuga de información— El capitán Ben durante un buen tiempo intercambió ideas con ellos dando respuestas a las interrogantes que tenían.

Nuevamente el capitán Ben regresa al tema de la misión y les dice:

—Irán en forma de patrulla de combate, cumpliendo el mandato de nuestra unidad superior, con el fin de destruir al enemigo, en este caso a una célula terrorista y de recopilar cualquier información de la misma que sea útil para futuras operaciones de neutralización o destrucción de otras células terroristas. Las patrullas, por lo general, operan cerca de su unidad superior, pero en este caso nuestra operación se realizará un poco distante. Deberíamos tener una unidad de inteligencia dentro de la patrulla conocedora del tema y del área a operar, solicitud que le haré al comandante Wen

— En eso, realiza la llamada al comandante Wen y le hace la observación. Éste le informa que le hará llegar al instante una unidad de inteligencia conocedora del área a operar.

—Gracias por su atención comandante Wen— cierra el teléfono y le informa a los demás acerca de que se anexará una unidad de inteligencia a la patrulla— Seríamos ocho, más los dos guías, en total diez.

En el momento en el que el capitán Ben le informaba en detalle a las unidades de la patrulla, se aparece el cabo 1° Crof, analista de inteligencia de la Central de Inteligencia y experto en mapa y, en especial, del área en donde se llevará a cabo la misión. El capitán Ben hace su presentación a los demás integrantes de la patrulla. Continúa entonces el capitán Ben dándole la mayor información a la patrulla referente a la misión y les hace saber el nombre de la misma. Esta tiene por nombre "LLAMADA DE SANGRE", y la razón era, por lo que ya les había contado con anticipación con el motivo de la misión.

—Somos una pequeña patrulla, pero todos somos muy capaces en misiones especiales y esta será una de ellas. La información más detallada nos la dará el analista de inteligencia, ya que tiene conocimiento del jefe de la célula terrorista a la cual tenemos que neutralizar y destruir asegurándonos que su jefe sea aniquilado.

Empieza a hablar el Cabo 1° Crof, haciendo énfasis en el jefe de la célula terrorista. Da a conocer ciertos detalles adicionales, de lo que el capitán Ben les había informado a las unidades. El jefe de la célula terrorista, según las informaciones recibidas y algunas verificadas y analizadas conducen a que, planea realizar acciones terroristas, y los mismos tienen un sistema de apoyo logístico bastante seguro en el sentido que reciben con prontitud sus abastecimientos, ya sea de víveres o armas. La Central de Inteligencia está interesada en saber sobre estos suministros.

—También se cuenta con la información de que tienen equipos sofisticados, pero desconocemos la clase de los mismos. Tienen AK47 en su mayoría, cuentan con RPG7, hago mención de ellas porque es lo que sabemos hasta el momento. Aproximadamente son de 17 a 20 terroristas, y su ubicación es un poco incierta, ya que las verificaciones satelitales no presentan tiendas, carpas o estructuras terroristas en el área. Las condiciones meteorológicas en el área hasta el momento son normales: altas temperaturas durante el día y un poco bajas en la noche, en sí, las condiciones meteorológicas son buenas en estos momentos para la misión. Hay algunos riachuelos en el área y podríamos toparnos con algunos de ellos, lo cual sería bueno. Eso es en resumidas cuentas lo que sabemos de la célula terrorista, podrían contar con algunas otras cosas que desconocemos como inteligencia. En eso, el capitán Ben, presenta una carta de situación del supuesto lugar donde se encuentra la célula terrorista, la extiende y señala el punto exacto en la carta de situación de las coordenadas que le fueron entregadas. El cabo 1° Crof, al ver el punto que señalaba el capitán Ben, le dice que es un área desértica y arenosa, en donde serían detectados fácilmente por los terroristas.

Aparecen en la carta de situación tres áreas, un poco pronunciadas con árboles y algo de vegetación, pero con posibilidades de tomarse en cuenta para el desembarque del helicóptero y dar inicio con la operación y, posteriormente, para la extracción[1], una vez cumplida la misión.

[1] **Extracción:** *Extraer de un punto seguro en el terreno lo establecido.*

Lo bueno era, que la distancia entre ellas es mínima y en dirección al objetivo señalado. Viendo bien el punto más distante, el capitán Ben le dice al cabo 1° Crof, que en ese punto podría ser el desembarque y, posteriormente, la extracción en la segunda área pronunciada. El cabo 1° Crof moviendo la cabeza positivamente, le contesta que sería ideal. Establecen entonces el punto de desembarque del helicóptero, posteriormente, el punto de extracción de la segunda área pronunciada en el mapa.

Analizando el segundo punto, a pesar de ser un área poco pronunciada tenía una planicie que se presentaba apropiada para la extracción, ya que en el mapa no aparecían otros lugares que garantizaran una extracción segura. El capitán Ben le hace saber a toda la patrulla que hasta el momento no se cuenta con un apoyo inmediato en esta misión:

—El almirante Estiper estará en espera de la hora que nosotros consideremos para la extracción. Ya todos saben qué llevar como equipo, además de sus armas y municiones. Cuando desembarquemos del helicóptero, nos dirigiremos al punto más cercano del objetivo; una vez estemos allí, podremos planear para acercarnos más al objetivo sin ser detectados. Hasta el momento ni los satélites de inteligencia han podido detectar el punto exacto de la célula terrorista, pero nosotros, estando en el área daremos con su posición y los destruiremos— continuó hablando —. Es importante que la misión que se le asigne a cada uno en el área, la cumplan para el éxito de la neutralización y destrucción de la célula terrorista.

En ese momento habló el sargento 2° Richard, exclamando que él confiaba en su fusil de francotirador (M110 SASS) y sabía que no le iba a fallar en esta operación. En eso llama el capitán Ben al soldado raso Kevin y le dice:

— ¿Tiene usted alguna duda de lo que hemos hablado sobre la misión a cumplir?

Éste le contesta que él está claro con la misión y que pedirá a Dios en oración por todos ellos.

—Espero que regresemos todos al punto de extracción, una vez cumplida la misión. ¡Quiero que usted cuente conmigo en todo momento! — Contesta nuevamente el sargento 2° Richard, reiterando que la garantía de su regreso era su fusil.

El capitán Ben mandó firme y manifestó que si no había ninguna pregunta se podían retirar, y que desde mañana a las 08:00 horas, debían estar en uniforme con su respectivo fusil a llevar.

—Realizaremos tres días de entrenamiento, de calistenia y carrera de 7 kilómetros. El cuarto día será de descanso y listos para partir al quinto día. En este caso sería el sábado a las 04:00 horas. Seremos transportados por dos helicópteros a una embarcación en alta mar en donde nos recibirá el almirante Estirpe y es ahí donde se unirán los dos guías conocedores del área, por ser descendientes de esos lugares. Uno se llama Kar y el otro Berti. Otra cosa, el jefe terrorista, o sea, nuestro blanco, se llama Ali Al Falit y para no estar mencionando su nombre le llamaremos "AS DE COCADA". Bueno, nos vemos mañana.

—Sí, Señor— Todos se retiraron.

En ese momento el capitán Ben, llamó al soldado raso Kevin y le da las gracias por sus oraciones para la patrulla. Él le contesta:

—Así como acompañaron los ángeles a Judas Macabeos en sus combates por su pueblo de Israel, también estarán con nosotros en esta misión.

—Gracias nuevamente. Puede retirarse.

—A sus órdenes, capitán Ben.

Todas las unidades de la patrulla se retiraron. Inteligentemente, el capitán Ben supo brindarle a groso modo la información disponible a todas las unidades de la patrulla y algunos detalles de suma importancia. Sobre la misión de la patrulla, hizo énfasis del objetivo, y del punto de desembarque para iniciar la movilización. Y que, una vez, realicen el desembarque del helicóptero y aseguren su contorno, verificarán nuevamente la carta de situación, orientándola correctamente, para determinar cualquier cambio en la misma. De igual manera, recordando la información que proporcionó el cabo 1° Crof, puesto que era un experto en mapas, en especial del área a operar, y con suficiente información referente al "AS DE COCADA".

Las unidades de la patrulla, una vez concentrada en la cuadra o dormitorio, en donde todos estaban reunidos, comenzaron a tener conversaciones entre ellos. Uno, por ejemplo, hablaba de sus hijos y otro de su novia. Curiosamente uno de ellos le pregunta al soldado raso Kevin si él estaba casado o tenía alguna novia. Éste le contesta que sí, que tiene una novia a la cual le prometió que al regresar de su misión de trabajo pondrían fecha de matrimonio. Inmediatamente contestan todos en coro:

— ¡Queremos ir a esa boda!

—Todos están invitados desde ya— responde el soldado raso Kevin —Les haré llegar la invitación. Sólo me basta la presencia de cada uno de ustedes.

Éste les informó que en la invitación irá incluida una dirección para que el regalo monetario se lo hagan llegar a una fundación para niños con cáncer terminal. Todos respondieron que esperaban esa invitación. Al instante el sargento 2° Richard hace sonar el cerrojo de su fusil AR-15, diciendo:

— ¿Estás listo para cumplir la misión? —refiriéndose al fusil.

Al día siguiente sonó la alarma en el dormitorio y procedieron a levantarse y prepararse para salir del dormitorio. En la parte de afuera estaba listo el capitán Ben junto con el sargento 1° Sánchez, que es el instructor del adiestramiento físico de las Fuerzas Especiales destacadas en la base militar Pegaso. Cuando todos estaban listos en la formación, el capitán Ben se dirige a ellos diciéndoles:

— ¿Conocen al sargento 1° Sánchez?

Todos le contestaron que sí. Esa respuesta fue general, ya que todos eran Fuerzas Especiales.

El capitán Ben se dirige nuevamente al personal diciéndole que él estaría dentro de la fila en donde ellos están, puesto que para esta misión tienen que ser un solo equipo. En eso, se pone frente al instructor y solicita autorización para entrar a formación. El sargento 1° Sánchez se para firme y le autoriza al capitán Ben entrar a la formación. Posteriormente, el instructor

Sánchez le da la voz de mando de firme y les dice:

— ¡Espero no tener señoritas aquí! Espero tener soldados entrenados físicamente y mentalmente.

—Soldados entrenados, sí Señor— contestan todos.

—Estoy oyendo voces de señoritas, quiero oír soldados de Fuerzas Especiales— respondió el instructor Sánchez.

—Somos soldados de Fuerzas Especiales— contestan todos con una voz más fuerte.

— ¿Y en donde está su arreo de combate, donde está su chaleco antibala y donde está su mujer (refiriéndose al fusil de su dotación)? — preguntó el instructor.

—En el dormitorio.

— ¿Y qué esperan? Un minuto para estar aquí con el equipo.

Todos corren a buscar el equipo.

Al estar nuevamente en formación, el sargento 1° Sánchez le dice que, primeramente, realizarían unos ejercicios de estiramiento con fusil, posterior al estiramiento, un pequeño calentamiento para correr siete kilómetros. Durante todo ese día, se cumplió con el acondicionamiento físico y la carrera de los siete kilómetros. En la carrera, corrían dos kilómetros, en los siguientes dos kilómetros, llevaban un herido (el más pesado), después un kilómetro de carrera normal; un kilómetro llevando un herido y el último, un kilómetro final de carrera normal (con un esprín final).

Luego del acondicionamiento físico, recibieron prácticas de

tiro y combate simulado con tiendas utilizadas por terroristas, para que, de esta manera, tuvieran una idea bastante real del área de operaciones y así poder cumplir con la misión con mayor precisión.

Durante los subsiguientes días de la semana, realizaron el mismo entrenamiento. Al finalizar con el reentrenamiento, el sargento 1° Sánchez, antes de entregarle el mando al capitán Ben, los felicita y les dice que espera lo mejor de ellos en el cumplimiento de la misión. Dirigiéndose al capitán Ben le solicita que tome el mando de sus unidades y a la vez solicita autorización para retirarse del lugar. El capitán Ben le da un apretón de manos y le dice:

—Sargento 1° Sánchez, puede retirarse.

El sargento 1° Sánchez, después de un saludo militar, procede a dar media vuelta y se retira. El capitán Ben le dice a toda la patrulla, que a partir de ese momento estarán libres para su descanso; y para terminar de asegurarse, que llevan lo necesario y útil para el cumplimiento de la misión, la hora de reunión será a las 18:00 horas. Todos dan un grito y se retiran.

El capitán Ben procede a informarle al comandante Wen la finalización de la semana del reentrenamiento, también informó que en el día de mañana a las 03:00 horas, estarían en el salón de operaciones dándoles las últimas indicaciones antes de la partida 04:00 horas a.m. Al comunicarse con el comandante Wen, éste le dice que estará allí con el general Rayan, comandante de la Unidad de Fuerzas Especiales.

—Lo estaremos esperando comandante Wen, gracias y a las órdenes.

Pasaron las horas hasta llegar las 18:00 horas. A esa hora, todos habían llegado a tiempo. El capitán Ben los felicita por su puntualidad y responsabilidad. Al preguntarles si alguno tenía alguna novedad, estos respondieron que no, entonces les dijo que se prepararan a las 02:00 horas, para dirigirse al salón de operaciones y estar ahí a las 03:00 horas, para recibir las últimas indicaciones de la misión y, de igual manera, las últimas indicaciones del comandante Wen y del comandante de las Fuerzas Especiales. Expresó que, si todos se ponen un poco melancólicos, pueden acercarse a los comandantes y darles su respectivo abrazo.

— Que el primero en la fila para darle el abrazo a los comandantes sea el soldado raso Kevin— responde el cabo 1° Carter.

—Bueno dejemos la broma y estemos listos a las 02:00 horas— dijo el capitán Ben retirándose a su dormitorio para realizar sus últimas anotaciones para la misión.

Al llegar la hora estipulada, 02:00 horas, todos estuvieron a tiempo para reunirse y con todo el equipo listo para partir. En la parte de afuera del dormitorio se encontraba la furgoneta y procedieron a abordarla. De inmediato se dirigen al área donde se encuentra el salón de operaciones. Al llegar al área de operaciones el capitán Ben procede a darle los últimos detalles y también aprovecha para dar una rápida revisión del equipo y el armamento de toda la patrulla. Al finalizar de dar las últimas directrices, llegó el comandante Wen, comandante de la Brigada Pegaso y de la base militar Pegaso y el comandante de las Fuerzas Especiales de la Brigada Pegaso, el comandante Rayan. El capitán Ben le da parte del personal al Comandante Rayan, y éste, al comandante Wen.

—Continúen— responde el comandante Wen —y espero, como también espera el comandante Rayan y todos los otros comandantes de la base Pegaso y de la Brigada Pegaso, a la cual todos pertenecemos, y en quienes hemos depositado en ustedes la confianza, que puedan darle cumplimiento con éxito a la misión. ¡El prestigio de todos nosotros está en ustedes! Las últimas coordinaciones las harán con el almirante Estiper.

—Bueno capitán Ben, los dos helicópteros están esperando en la pista para proceder a trasladarlos a la embarcación. Para su conocimiento, la embarcación a la cual serán transportados en secreto, está colocada estratégicamente para realizar esta clase de operaciones. Busca mantener el secreto de la misión y evitar la fuga de información. Cuenta con el equipo necesario para subsanar cualquier contratiempo antes, durante y después de la misión. El radio operador deberá asegurarse de que la comunicación sea efectiva. Bien, ya son diez minutos para las 04:00 horas, suerte y los esperamos de regreso.

Fueron trasportados a la pista donde se encontraban los dos helicópteros. El primer comandante del primer helicóptero A-1, Mark; y el comandante del segundo helicóptero A-2, Pérez, los recibieron y saludaron a toda la patrulla. Les informaron que ellos tenían la misión de llevarlos a la embarcación y posteriormente, los llevarían al área del punto de desembarque para el inicio de la misión. El capitán Ben les agradece y proceden a abordar los helicópteros.

El comandante Mark le informa al Capitán Ben que estarán llegando a la embarcación aproximadamente a las 06:00 horas, y que serán recibidos por el almirante Estiper. En eso, le responde el capitán Ben:

—Estamos listos— dándole las gracias al comandante del Helicóptero A-1, Mark.

En el trayecto algunos de la patrulla se miraban uno al otro, y otros, simplemente, llevaban sus ojos cerrados (dormidos u orando), entre ellos estaba el soldado raso Kevin.

Pasaron las dos horas de vuelo y cuando empiezan a mirar la embarcación, estos se quedan admirados, ya que era un portaviones llamado Libertad. Y antes que aterrizara, el capitán Ben le dice al comandante Mark, que él se imaginaba otra embarcación más pequeña. El comandante Mark le contesta que el Comando General de la Armada (Marina), tratan de tener en todo momento en secreto el lugar exacto de nuestros portaviones. En eso, se aproximaban a aterrizar los dos helicópteros en el portaviones.

Una vez aterrizado los dos helicópteros en el portaviones, hacen el desembarque y el capitán Ben se dirige al almirante Estiper. Éste le da la bienvenida y le da la orden a un oficial bajo su mando que condujera la patrulla a un área de descanso y le dice al capitán Ben, que a las 08:00 horas, lo esperaba en la sala de su oficina para desayunar y platicar un poco con él. El capitán Ben le respondió que a esa hora estará en su oficina y a la vez le da las gracias por sus atenciones. Procede a retirarse con un saludo militar, dio media vuelta, y se dirigió al área de descanso con sus unidades. Le dijo al sargento 1° Estiven que se encargara del personal, ya que él tiene un desayuno con el almirante Estiper y lo más probable, es que hablen del tema de la misión.

Llegada las 08:00 horas, se presentó el capitán Ben a la oficina del almirante Estiper y éste lo hace pasar y le da un apretón de manos. De inmediato, pasan a una mesa en donde desayunarían.

Al estar sentados los dos empezaron a desayunar y dice el almirante Estiper:

—Capitán Ben, espero tenerlo de vuelta para que saboreemos juntos nuevamente un café como éste, aquí en mi portaviones. ¡Dios primero lo tomaremos nuevamente! Quiero que sepa la importancia que es para todo el Ejército de los EE. UU, la primera potencia del mundo, devolverles nuevamente la tranquilidad y seguridad a nuestras tropas, que aparte de exigirle los cumplimientos de las misiones que les encomendamos, también somos solidarios en garantizarles a ellos nuestro apoyo en todo momento en caso de suceder situaciones como las que ya usted conoce. Éste es el motivo por el cual no podemos fallar en esta misión. El señor presidente está muy atento a esta misión y quiere él, personalmente, dirigirse a todas las tropas destacadas en la base de Saturno en el país de Carania, incluyendo a los familiares de los caídos en esa cobarde emboscada. Desea hacerlo de la base y Brigada Pegaso ubicada en el país de Petrovia, brigada a la cual todos ustedes pertenecen. Quiere decirles en su mensaje, que los responsables fueron localizados, abatidos y destruidos para levantarle la moral, no sólo a los de la base de Saturno, sino, a todas nuestras unidades del Ejército de los EE. UU., primera potencia del mundo y fuera de nuestras fronteras.

—Señor almirante Estiper, estamos preparados para cumplir con la misión, necesito su teléfono satelital en caso de que las comunicaciones por radio fallen.

El Almirante Estiper le da los números de su satelital

3458679213 y le dice que lo tendrá a mano en todo momento. Al empezar a desayunar se presenta un oficial de nombre Navas; el almirante Estiper se lo presenta al capitán Ben. Le dice que este señor es de la Central de Inteligencia y que le gustaría conversarle algo referente al terrorista Ali Al Falit. El capitán Ben le dice que es todo oído.

Empezó a hablar el Oficial de la Central de Inteligencia de nombre Navas.

—Tiene usted una unidad de inteligencia nuestra en la patrulla y nos gustaría, de existir la posibilidad, poder traer con vida a Ali Al Falit, para tratar de sacarle toda la información posible, sabemos que sus conexiones con otras células terroristas son muy afines y comparten informaciones referentes a futuros atentados. Según informaciones obtenidas, son asistidas por un mismo proveedor de armas, municiones, explosivos y otros equipos logísticos, incluyendo víveres. Por tal motivo, es de nuestro interés, de ser posible, traerlo con vida. Nuestra unidad que está en la patrulla con usted, le recordará lo que le estoy pidiendo y de poderse tendremos un helicóptero especialmente para la extracción de dicho terrorista. En estos momentos no quisiera que me diera una respuesta, sólo es de poderse, y gracias por su atención. Solicito su permiso señor almirante Estiper para retirarme.

—Permiso concedido.

Quedaron nuevamente a solas y siguieron desayunando. El almirante Estiper le habla al capitán Ben de los dos guías, Kar y Berti, diciéndole que son unos guías confiables y entrenados, han cumplido otras operaciones en otros casos de suma importancia.

—Capitán Ben, sé que le serán útil en la misión.

Luego de finalizar el desayuno, el capitán Ben se despide del almirante Estiper con un saludo militar.

—Capitán Ben, que Dios lo acompañe y éxito en su misión.

Al salir el capitán de la oficina del almirante Estiper, se dirigió al área de descanso en donde están sus unidades de la patrulla, les dice a todos que pueden estar en relax y estar listos a las 03:00 horas para realizar una última inspección y recalcar los últimos detalles de la misión.

—Sí señor— contestan todos en unísono.

Inmediatamente llama al soldado raso Kevin y le dice:

—Recuerde que usted va conmigo en el primer helicóptero y no quiero que se despegue de mí en toda la operación.

—Sí señor— contesta el soldado raso Kevin —su orden será cumplida.

Todos proceden a retirarse y a realizar las últimas revisiones de su equipo a llevar, de igual manera, lo hace el capitán Ben.

Pasan las horas y al llegar las 03:00 horas, todos ya estaban con su equipo listo. El sargento 1° Estiven le da parte al capitán Ben y éste último, manda en descanso y les dice a todos:

— ¿Alguno de ustedes tiene alguna duda sobre la misión?

Todos contestan que no.

— ¿Revisaron su equipo y su armamento?

Esta vez contestaron con un sí. En eso, habla el sargento 2°

Richard y dice que su fusil, en quien confía, está listo para combatir al enemigo.

—Bien, si no hay novedad ni duda sobre nuestra misión, avancemos hacia los dos helicópteros. — dijo el capitán. Igualmente le dice al sargento 1° Estiven, que él y los cabos primeros Crof, Michel, Pitter y el guía Kar, irían en el segundo helicóptero A-2 con el comandante del helicóptero Pérez; y el resto del personal irían con él en el primer Helicóptero A-1 con el comandante Mark. Ellos aterrizarían primero en el punto de desembarque y asegurarían el área de aterrizaje para que el otro helicóptero, en este caso el segundo A-2, aterrice en el área establecida de desembarque.

—En el momento que se realice nuevamente la extracción, el primer helicóptero en aterrizar será el A-2 y abordarán al mismo los que en él están asignados y, posteriormente, aterrizará el segundo y es allí donde embarcará el grupo que viaja conmigo en el A-1. El punto de extracción lo designaremos en el área y lo haremos saber oportunamente al almirante Estiper y mandará los mismos para que estén a la hora exacta en el punto de extracción que le indicaremos con las coordenadas proporcionadas. En el desayuno, el almirante Estiper me presentó a los guías, Kar y Berti, conocedores del área donde vamos a operar y nos servirán de gran ayuda, ya que los mismos hablan el idioma del lugar y manejan muy bien sus armas, en este caso el AK47. Me pidió toda la cooperación de ustedes hacia ellos y, de igual manera, la de ellos hacia ustedes. ¡Recuerden que somos un solo equipo en esta misión!

Al llegar al helipuerto del portaviones Libertad, ya estaban los dos helicópteros listos, el A-1, comandante Mark y el A-2, el comandante Pérez. También estaba el almirante Estiper para despedirnos; éste se despide del capitán Ben deseándole suerte en la misión y que los esperaba de regreso nuevamente.

Abordaron los dos helicópteros y una vez en ellos, decolaron y se dirigieron al punto señalado del desembarque. Trascurrido el tiempo estipulado de llegada al punto de desembarque, los pilotos, los comandantes Mark y Pérez, informaron al capitán Ben y al sargento 1° Estiven, que se prepararan para desembarcar, ya que estaban a cinco minutos del punto. Inmediatamente transmitieron la orden los pilotos de chequear todo el equipo y preparación del desembarque de los mismos. Al pasar los cinco minutos el primer helicóptero fue el A-1, del Comandante Mark y al aterrizar en el punto señalado, procedieron a desembarcar. Estando en tierra aseguraron el perímetro para el aterrizaje del helicóptero A-2, del comandante Pérez, y una vez desembarcadas las unidades se retiraron los dos helicópteros rápidamente, siendo aproximadamente un cuarto para las 06:00 horas.

Entra el soldado raso Kevin al salón de reuniones que tiene la oficina del comandante Wen y al entrar, no sólo ve al comandante Wen, sino que en ese salón también se encontraban los comandantes Ernes, de la Fuerza Aérea; Roberson, de las Fuerzas Terrestres; Dilan, de la Armada (marina); y Rayan, de las Fuerzas Especiales; todos de la Brigada Pegaso en la Base militar Pegaso. También se encontraba el almirante Estiper y el oficial de la Central de Inteligencia, Navas. En eso, el soldado raso Kevin toma la posición de firme, se presenta y se pone a las órdenes. El comandante Wen le dice que se ponga en descanso y proceda a sentarse en frente de todos ellos. El comandante Wen le pide que le cuente en detalle lo que pasó una vez en el punto de desembarque, ya que, de ahí, hacia atrás, ellos tienen conocimiento de todo. Les interesaba del desembarque en adelante. El inicio de la misión "LLAMADA DE SANGRE".

—Nos gustaría saber qué fue lo que pasó sin omitir absolutamente nada de lo que recuerde.

—Soy el soldado raso Kevin, perteneciente a la Brigada y base militar Pegaso, de la unidad de Fuerzas Especiales. Provengo de una familia católica, muy religiosa y muy humilde, a quienes agradezco toda la formación espiritual que me dieron. Antes de partir, mi señora madre me dio un papel escrito que posteriormente abrí en un momento crucial y creo que fue determinante en lo que con gusto procederé a relatar. Lo sucedido en nuestra misión "LLAMADA DE SANGRE". Una vez en el punto de desembarque establecido, los helicópteros procedieron a retirarse, y de inmediato el capitán Ben nos reunió en un lugar seguro, un poco apartado del punto de desembarque para la debida orientación, informándonos el lugar donde estábamos, pero antes de eso, orientó el mapa, para así entender mejor su explicación. Posteriormente, ordenó la patrulla y procedió a empezar el movimiento hacia el objetivo, ya que era una hora apropiada en donde empezaban a verse los primeros rayos del sol. — continuó.

—Antes de continuar quiero reafirmar, que soy un fiel cristiano católico, en donde reconozco que Yahveh, mi Jesús de Nazaret y el Espíritu Santo, son una Trinidad, digo esto por el respeto de aquellos que difieran de mí en lo que yo reconozco. Cada día de mi vida antes, durante y después, hablo con los tres que son uno, dándoles gracias por todo y por tenerme presente en todas las cosas buenas; pidiéndole también que me enseñe a pedir correctamente no sólo para mi bienestar, sino para aquellos que están a mi alrededor.

Al momento de ser seleccionado para esta misión, me puse a orar y dije: "Señor, por algo tú deseas que yo forme parte de esta patrulla, y si es así, no me desampares en ningún momento". También oré por todos los integrantes de la patrulla y que le diera sabiduría al capitán Ben, que era nuestro comandante en esta misión. Bueno, continúo. Antes de empezar la marcha táctica hacia el objetivo, me encontraba como seguridad del grupo, mientras el capitán Ben, conjuntamente con el sargento 1° Estiven y el cabo 1° Crof, analista de inteligencia y conocedor de cartas (mapas) y del área a operar, conversaban y culminaban los últimos detalles para empezar la marcha táctica. Yo aproveche e hice una oración en donde le pedía a mi Dios que nos guiara y nos protegiera en todo el camino.

# CAPÍTULO TRES

## EL AS DE COCADA

Entre las recomendaciones del capitán Ben en nuestro desplazamiento estaban, que siempre estuviéramos orientados y realizáramos una buena observación de la ruta a seguir, de los diferentes obstáculos que pudiésemos encontrar y el cuidado que teníamos que tener en los mismos.

El pensar de mi capitán Ben era que llegáramos al objetivo guiado por los guías, acabáramos con el AS DE COCADA y nos retiráramos al punto que posteriormente escogería para la extracción de la patrulla. Los francotiradores protegerían la retirada en caso que el enemigo fuera superior en número y para ello, también contábamos con el experto en explosivos con sus cargas explosivas de tiempo.

Durante la ruta se realizaron altos y descansos por el intenso sol. El calor era de unos treinta y ocho grados centígrados, lo que desesperaba un poco, aumentando la intranquilidad en todos nosotros, pero a pesar de todo, seguíamos avanzando.

En uno de los descansos realizados se aprovechaba para conversar entre los compañeros, manteniéndonos alerta siempre, podía ver también en esos descansos al capitán Ben verificando la ruta y asegurándose con el cabo 1° Crof, analista de inteligencia y los dos guías, Kar y Berti, que iban en la dirección correcta hacia el objetivo. Durante la ruta divisamos algunas personas en el área, los obviábamos para evitar ser detectados por la célula terrorista y perder de esta manera la sorpresa. Al realizar algunos zigzags durante la ruta, se nos hacía un poco más larga, pero nos daba tranquilidad y seguridad de que no fuéramos a ser detectados por la célula terrorista.

Al entrar la noche, buscamos un lugar seguro para poder descansar y prepararnos para continuar al día siguiente en horas tempranas, para así avanzar más rápido y disminuir nuestro avance durante el día, evitando un desgaste físico. Pero en realidad, ninguno podía descansar sabiendo que estábamos en un área enemiga y era mejor tener un ojo cerrado y otro abierto para reaccionar oportunamente, sabiendo lo sanguinario de esta célula terrorista. Bueno, gracias a Dios, llegó el día y procedí a darle las gracias por el nuevo día y que se mantuviera con nosotros.

El capitán al ver que todos estábamos listos, ordenó el avance de la patrulla, que, por suerte, los guías Kar y Berti, iban de primero y detrás de ellos el cabo 1° Crof, con una brújula que poco usaba, ya que comenzaba a ver a su alrededor y veía el mapa y se ubicaba rápidamente. Reconozco la buena habilidad del analista de inteligencia, cabo 1° Crof, era fundamental en la misión.

Por más que queríamos evitar a los lugareños, se veían por todas partes. Al parecer estaban migrando del lugar, ya que se les veía con mucha carga y con toda su familia. Camellos, asnos y algunos, simplemente iban a pie llevando las cosas que podían. Se veía en ellos, por la velocidad en su marcha, la cual era un poco rápida, a pesar del sofocante sol que hacía, que querían salir del área o de donde vivían lo más rápido posible. Aseguro esto porque nos topamos con algunos de ellos que seguían hacia las partes más escabrosas y montañosas, vestidos todos con túnicas y sandalias y más aquellos lugareños humildes de esa región, evitando también ellos, el contacto con los demás lugareños que encaminaban su salida del lugar abiertamente por los caminos conocidos.

Los dos guías, Kar y Berti, pudieron conseguir algunas informaciones de la célula terrorista, la cual fue de gran utilidad, ya que ellos hablaban el mismo idioma. Recuerdo que uno de esos lugareños estaba buscando plantas y tubérculos en el área para poder alimentarse. Fue allí donde los guías, Kar y Berti, lo abordaron y, posteriormente, al terminar de hablar con él, le extendí la mano y el lugareño con recelo y extrañado, también extendió la suya y nos dimos un apretón de manos, en donde yo sentí una energía de paz y tranquilidad. Cuando terminamos de darnos ese estrechón de mano, había desaparecido mi cansancio y sentía tranquilidad en mí. Le pedí al guía Berti que le preguntara si necesitaba algo, y el guía Berti procedió a preguntarle al lugareño; éste le contesta que sólo estaba buscando algunos tubérculos comestibles que le podían servir para continuar su marcha, entonces le di las gracias al guía Berti, se retiró y quedé nuevamente solo con el lugareño. Procedí a sacar de mi mochila algunas cosas de comer y se las di, y él tocando mi mano y colocando su frente en ella se inclinó dándome un gesto de agradecimiento. En eso, el capitán Ben nos pide que nos preparemos para continuar con la marcha táctica y levantando la mano en un gesto de saludo de despedida, me despedí del lugareño y éste emprendió su marcha en sentido contrario al nuestro.

De acuerdo a la información dada por el lugareño íbamos en la dirección correcta, y antes de caer la tarde, el sargento 2° Richard, empezó a desesperarse un poco diciendo que porqué nos habían dejado tan lejos del objetivo. El capitán Ben le dijo que, por no tener la certeza de la ubicación exacta de la célula terrorista, no habían podido determinar sus tiendas o carpas a pesar de las informaciones bastante confiables, y que ese era uno de los motivos por el cual la zona del punto de desembarque de los helicópteros, era un poco distante y así podríamos nosotros determinar exactamente el lugar en donde la célula terrorista se encontraba. El capitán Ben le continúa diciendo que esto ya se lo había dicho, no sólo a él, sino, a todos nosotros cuando nos habló referente a la célula terrorista y a su jefe el AS DE COCADA. El sargento 2° Richard, le da las gracias al capitán Ben y le dice que el calor lo tiene un poco alterado, que por favor lo disculpara, el capitán Ben le dice que él lo entiende y que no se preocupara, que continuaríamos avanzando. Puedo contar todo esto, ya que el capitán Ben me ordenó estar cerca de él en todo momento.

Al caer la tarde nos encontramos con otro lugareño, con su esposa y un niño en sus brazos, lo pudimos divisar un poco distante y esperamos que se acercara, ya que venía en dirección nuestra. Una vez cerca de nosotros, pude notar en sus semblantes el temor por el encuentro inesperado, y más aún, el de su esposa quien se aferró a su hijo. El guía Kar le dijo en su idioma que no temieran, que ellos son amigos y no le haríamos ningún daño. El guía Kar comienza a realizarle algunas preguntas sobre la célula terrorista y él también le da valiosa información, la cual es trasmitida al capitán Ben. De inmediato, se reúne con el sargento 1°Estiven, el cabo 1° Crof y el guía Kar. Pude sentir la paz del lugareño, pero a la vez, un poco de preocupación. También pude notar que tenían bastantes víveres y que la comida no era problema. En eso, le pedí al guía Berti que le preguntara la razón por lo que estaba un poco preocupado y éste le contestó que muy pronto caería la noche y al parecer iba hacer un poco de frío, estaba preocupado por su esposa e hijo. Le di las gracias al guía Berti y éste me dejó solo con el lugareño y procedí a darle la mano en señal de saludo; éste también extendió su mano, dándonos un apretón de manos y sentí lo mismo que con el anterior. En eso, procedí a darle un abrigo que llevaba para que se lo diera a su esposa y de esta manera pudiera ella abrigarse y a la vez, a abrigar a su hijo. Al recibir el abrigo el lugareño con una sonrisa de alegría se dirigió inmediatamente a su esposa y esta se lo puso y procedió a la vez a abrigar mejor a su hijo. Nos despedimos de él y continuamos nuestro movimiento hacia el objetivo.

En el movimiento, el capitán Ben se me acercó y me dijo:

—Pude observar que le dio su abrigo, y quizás ese abrigo le cause problemas a ellos y a nosotros.

Yo le contesté que eso lo había pensado, y que era un abrigo adicional el cual traje pensando en las noches frías de este lugar; también pensé que al dárselo no nos iba a ocasionar problemas porque iban en dirección contraria a la nuestra, ellos alejándose del peligro y nosotros tras el peligro. Por esa razón, y porque en esos momentos ellos lo necesitaban, por esos dos motivos procedí a dárselo. El capitán Ben me dijo nuevamente, que esperaba que no fuera un problema para la misión. En eso, nos dice que podríamos avanzar un poco más antes que cayera la noche. En esos momentos, el cabo 1° Carter le dice al capitán Ben que a lo lejos puede divisar una nube de polvo de arena.

Uno de los guías le dice también que procedamos a buscar cobertura[2], ya que esa nube de polvo de arena viene en dirección nuestra. Aceptando la sugerencia del guía Kar, el capitán Ben ordena que busquemos cobertura inmediatamente.

Los francotiradores se colocaron en posiciones estratégicas en caso de tener que reaccionar, y con sus miras telescópicas pudieron divisar lo que nosotros por la distancia no podíamos ver, por causa de esa nube de polvo de arena. Le dicen al capitán Ben por radio, que son tres vehículos con bastante personal en los mismos y todos fuertemente armados. Al parecer venían bastante rápido, ya que la nube de polvo de arena era más evidente.

El capitán Ben contaba con un binocular táctico más pequeño y también los pudo divisar. Pero los que podían ver mejor eran los francotiradores, sin poder detectar el AS DE COCADA, puesto que todos iban cubiertos y no se les podía ver el rostro. Cuando pasaron a una distancia de unos cuatrocientos metros de distancia, se pudo observar con los binoculares los vehículos, pudiendo deducir que en cada vehículo iban aproximadamente nueve terroristas fuertemente armados. En eso, nos dice el capitán Ben, que la sorpresa es la única esperanza de poder detectar entre ellos, el AS DE COCADA, eliminarlo y dar por terminada la misión; y que la salida de nosotros teníamos que planearla muy bien, porque de no ser así, no llegaríamos al punto de extracción. El analista de inteligencia, cabo 1° Crof, le asegura al capitán Ben que la dirección que llevan esos vehículos era hacia el punto marcado que ellos tienen en la carta de situación. Pero lo que él no entendía es que ese punto era un área despejada y que serían detectados a simple vista.

Le contestó el capitán Ben, que se dará cuenta cuando tenga ese punto a la vista, para así poder determinar la situación del lugar, comenzar a planear y realizar el asalto. En realidad, cuando esos vehículos pasaron y se pudo determinar el aproximado de terroristas que iban allí, generó bastante preocupación en todos los de la patrulla y el cabo 1° Pitter expresó:

[2]**Cobertura:** *Es la protección contra el fuego de las armas enemigas. Puede ser natural o artificial.*

—Capitán Ben, según la información que les habían dado con respecto a los integrantes de la célula terrorista, era que su aproximado eran los que iban en los tres vehículos, pero cuantos habrá en la supuesta base que tienen y si allí se encuentra el AS DE COCADA.

Otra habló, y fue el cabo 1° Michel (paramédico) y dijo, que al parecer esta misión era sin retorno, por lo que él estaba viendo.

En eso, nos habla el capitán Ben, diciendo que en ningún momento nos dieron seguridad del total de terroristas. Sí nos dieron un aproximado, pero analizando lo visto, puede haber más de lo que ellos y nosotros pensábamos. Recuerden que todos somos Fuerzas Especiales y tenemos que salir adelante en las situaciones difíciles, gracias a Dios podemos planear y buscar la forma más viable de poder neutralizar a la célula terrorista, y a la vez acabar con su jefe el AS DE COCADA. Pongamos nuestro ingenio para que el esfuerzo sea menor. ¡Vamos a salir de esta y regresar a casa!

Al llegar a un área segura, el capitán Ben nos ordenó asegurar el área y una vez segura, nos dijo que el sargento 1°

Estiven, nos dirá quienes tienen que hacer la primera guardia y el resto puede proceder a descansar.

—Temprana, antes que salgan los primeros rayos del sol, todos tienen que estar listos para continuar con el siguiente punto, en el cual procederemos a realizar un patrullaje de reconocimiento y tratar de detectar la ubicación de los terroristas.

Todos estaban instalados en el área para el descanso, el sargento 2° Richard, expresó que él y su fusil estaban listos para eliminar la mayor cantidad de terroristas posibles, él sabía que su fusil no le iba a fallar. Me tocó a mí realizar uno de los primeros turnos y aproveché para orar al Señor y seguir pidiéndole por todos, ya que, por lo visto, las cosas iban a ser bastante difíciles. Recordé la nota que me había dado mi madre, la busqué y cuando la abrí era el Salmo 91. Al leerlo supe que era para una situación apremiante como la que nos esperaba. Tenía esa nota en donde estaba escrito el Salmo 91. Quiero que me permitan leerlo porque después deducirán, el porqué, mi interés de leérselos.

**Salmos, 91**

*Tú que habitas al amparo del Altísimo
y resides a la sombra del Omnipotente,
Dile al Señor: "Mi amparo, mi refugio, mi Dios,
en quien yo pongo mi confianza".*

*Él te librará del lazo del cazador y del azote
de la desgracia; te cubrirá con sus plumas
y hallarás bajo sus alas un refugio.*

*No temerás los miedos de la noche ni la flecha disparada de día, ni la peste que avanza en las tinieblas, ni la plaga que azota a pleno sol.*

*Aunque caigan mil hombres a tu lado y diez mil, a tu derecha, tú estarás fuera de peligro: su lealtad será tu escudo y armadura.*

*Basta que mires con tus ojos y verás cómo se le paga al impío.*

*Pero tú dices: "Mi amparo es el Señor", tú has hecho del Altísimo tu asilo.*

*La desgracia no te alcanzará ni la plaga se acercará a tu tienda:*

*Pues a los ángeles les ha ordenado que te escolten en todos tus caminos.*

*En sus manos te habrán de sostener para que no tropiece tu pie en alguna piedra.*

*Andarás sobre víboras y leones y pisarás cachorros y dragones.*

*"Pues a mí se acogió, lo libraré, lo protegeré, pues mi Nombre conoció.*

*Si me invoca, yo le responderé, y en la angustia estaré junto a él, lo salvaré, le rendiré honores.*

*Alargaré sus días como lo desea y haré que pueda ver mi salvación".*

Pasé un turno tranquilo, posteriormente, fui relevado por el cabo 1° Michel, y procedí a descansar.

Antes que amaneciera todos estábamos listos para partir y quiero decir de los guías, Kar y Berti, que dudo que haya otros guías como estos, ya que uno descansaba y el otro hacía vigilancia al lado del capitán Ben, de esa forma, se turnaban en todos los altos y en las noches al pernoctar; siempre estaban listos para continuar y no se escuchaba ni una sola queja de ellos, verdaderamente eran personas extraordinarias.

Procedimos a seguir hacia el objetivo y durante la ruta nos encontramos con una fuente de agua, lo que llaman ojo de agua, al parecer el agua que salía era consumible por su claridad. En eso, el capitán Ben le pide al cabo 1° Michel que verifique y compruebe que el agua se puede consumir. El cabo la chequeó y dedujo que era potable, todos procedimos a llenar nuestro *camebak*, pero antes de tomarla le pusimos unas pastillas para purificarla y poder tomarla después de una hora. En esos momentos no teníamos problemas de agua, todavía teníamos, dentro de mi mochila llevaba un *camebak* más pequeño, en caso de urgencia de agua, tenía una reserva, ya sea para mí o para apoyar a algún compañero en caso de que les faltase.

Cuando todos llenamos nuestro *camebak*, nuevamente procedimos a continuar la marcha por orden del capitán Ben; uno de los motivos para continuar, era porque ya estaba cayendo la tarde y había que llegar al punto al cual tenían programado llegar. Pero antes de partir, el capitán Ben se reúne con el sargento 1° Estiven y el cabo 1° Crof, se pusieron a analizar el lugar y lo determinaron como el punto de extracción una vez cumplida la misión, ya que estaba a unos cinco kilómetros de distancia del objetivo y sería bastante seguro, tanto para ellos, como para la entrada de los helicópteros. De esta manera, determinaron las coordenadas y se las proporcionaron al radio operador Pitter, le informaron que esa era la coordenada principal para el punto de extracción.

Le dieron otra alterna, que era la del punto anterior donde pernoctaron, esa sería una alterna en caso de que no se pudiese realizar la extracción en estas coordenadas. Pero también se tomaría el punto de desembarque como punto de extracción, ya que, en dirección recta, la distancia era más corta. De llegar a usar la alterna, se escogería la más apropiada. La hora de extracción sería determinada en su momento. Se debía dar el tiempo necesario para que todos pudiesen estar allí a esa hora, reduciendo la posibilidad de dejar a alguien de la patrulla, todos teníamos comunicación, así que el que estuviese retrasado para llegar al punto de extracción principal, sería esperado en el punto de extracción alterno, el punto uno donde se pasó la primera noche y el punto dos, donde nos desembarcaron los helicópteros.

De presentarse problemas en el punto alterno uno, pasaríamos al punto alterno dos, para esperar las unidades que, por algún motivo, se hayan retrasado en llegar a los puntos de extracción anteriores. El primer helicóptero que entrará al punto de extracción será abordado por el equipo correspondiente, éste no esperará y se retirará con los que haya. El capitán Ben les dice que él se quedará a esperar las unidades retrasadas, en caso de haberlo en el otro helicóptero. Todos le dicen al capitán Ben, que ellos también se quedarían, porque un Comando de Fuerzas Especiales jamás abandona a un compañero, y de los caídos trataríamos al máximo de recuperar su cuerpo. El capitán Ben dice:

—Entiendo todo lo que me dicen, pero hagan lo que he dicho, por el bien de todos.

El radio operador, cabo 1° Pitter, le dice al capitán Ben que está claro y mirándonos a todos se retira.

Al llegar al próximo y último punto, aproximadamente a unos dos kilómetros del punto de extracción principal establecido, nos aseguramos rápidamente de que el lugar fuese seguro. En ese momento pudimos ver a otro lugareño que se acercaba en dirección a nuestra posición y al entrar a nuestra área lo abordamos y se procedió a revisar lo que llevaba en el asno. Se le informa al capitán Ben que sólo lleva víveres, comida en su mayoría seca. De igual manera, los guías Kar y Berti le hacen algunas preguntas, éste les contesta en su idioma y de repente señala hacia la ruta del objetivo.

Después de un rato de estar platicando los guías con el lugareño, se dirigen hacia donde estaba el capitán Ben. Llama al sargento 1° Estiven (francotirador), y al cabo 1° Crof. Fueron todos oídos a lo que les decía el guía Kar, entre las cosas que les decía trajo algunas inquietudes a todos ellos, y llegaron a deducir que, por esa razón, la detección aérea era infructuosa.

Reúne el capitán Ben a todo el personal y les informa que aproximadamente a un kilómetro y 1/2 se encontraba el objetivo. Según la información obtenida y dada por el lugareño, la célula terrorista acostumbra a salir en la noche e instalar unas tiendas un poco grandes, las quitan en la oscuridad antes que amanezca, y proceden a irse a una cueva cercana. El cabo 1° Michel (el paramédico) dice en forma interrogativa:

— ¿Cómo sabes todo eso, acaso trabajas con ellos?

El guía Berti, le hizo esa misma pregunta y la respuesta del lugareño fue, que su familia fue asesinada por ellos en un momento que él no estaba.

—Ellos estaban buscando víveres, ya que yo me dedico a comprar estos y vendérselos a los demás lugareños que pasaban por la tienda a un precio cómodo, y en caso de no tener dinero, en forma de trueque. Las personas armadas se llevaron todo sin pagar y asesinaron a mi esposa y a mis dos hijos. Ustedes me han encontrado por aquí, porque me voy lejos de este lugar, puesto que no tengo nada que hacer en él— dijo el lugareño agregando que su razón era su familia y ellos ya no estaban —Tengan cuidado con esas personas, son muy sanguinarios.

En eso, me dirigí al lugareño y al verle una cantimplora hecha del vientre de cabra sin agua, saqué la que tenía adicional en mi mochila y le dije por medio de señas que me diera su cantimplora o garrafa (como ellos allá la llaman). Éste me la dio, procedí a vaciar el agua en ella y se la llené, tapé la garrafa y procedí a dársela. El lugareño se puso muy contento, me estrechó la mano en donde sentí una corriente eléctrica dejándome fortalecido y sin cansancio alguno. Puso su mano en mi frente e inclinó su cabeza, posteriormente, se dirigió a su asno tomándose unos tragos de agua de su cantimplora, después procedió a darle a su asno, el cual moviendo la cola empezó a beber. Después de eso colocó la cantimplora encima de los víveres que llevaba en el asno.

El capitán Ben ordenó que lo dejaran ir y éste prosiguió su ruta tranquilamente. El capitán Ben decidió acampar en el lugar y proceder a organizar una patrulla de reconocimiento para ubicar el lugar exacto de la célula terrorista. Escogió al sargento 2° Richard (francotirador), al analista de inteligencia cabo 1° Crof, al cabo 1° Carter y mi persona, para que lo acompañáramos en esa patrulla de reconocimiento.

Al estar lo más cerca posible, con cobertura y fuese un lugar estratégico, se podía observar desde el inicio el movimiento de la célula terrorista, y tratar de ubicar el AS DE COCADA. Con nosotros iría el guía Kar, y el otro, esperaría con los demás en el punto estratégico escogido para evitar ser detectados.

La patrulla de reconocimiento conformada por el capitán Ben, los demás que mencioné y mi persona, dejamos nuestras mochilas y sólo íbamos a llevar lo necesario para tener una movilización rápida en el área. Bien, llegó el momento de irnos y durante la ruta pudimos notar que había bastante cobertura en caso de necesitarla. Después de caminar cuidadosamente llegamos a un punto en donde podíamos ver una planicie de arena, que hacía ver, que de continuar era hacia el desierto abierto. Fue allí donde se dedujo que los vehículos que vimos pasar, llevaban unos flagelos en las partes traseras para borrar las marcas de los neumáticos y así evitar ser detectados. No podíamos ver absolutamente nada de alguna presencia de la célula terrorista. El capitán ordenó que nos mantuviéramos bien cubiertos a esperar si se llegaban a dar algunos movimientos en el área. Avanzamos un poco más, con los antes mencionados, y a medida que avanzábamos, íbamos cada vez con más cuidado. El área donde se quedó el resto de la patrulla, era un área bastante segura, ofrecía cobertura y encubrimiento[3].

[3]*Encubrimiento: Es la protección para evitar la observación por parte del enemigo. Éste también puede ser natural o artificial.*

Durante nuestro desplazamiento con la patrulla de reconocimiento, el capitán Ben ordenó que todos colocáramos silenciadores a los fusiles, el cual podíamos retirar del fusil en caso de querer hacerlo. Veíamos toda el área tranquila, como si no hubiese existencia humana. Llegamos después de un kilómetro a un punto muerto que, de seguir, entraríamos a un área totalmente descubierta con pequeños arbustos que sólo ofrecían encubrimiento parcial.

Es ahí donde el capitán Ben ordena un alto de la patrulla de reconocimiento y nos dice que retrocedamos al punto anterior donde nos quedaríamos a esperar que hubiese algún movimiento en la parte de la planicie conformada en su mayoría por arena desértica. El punto exacto de las coordenadas fue dado por los informantes a la Central de Inteligencia con la ubicación de los terroristas. Y como dije, algunos arbustos estaban en la misma, pero en la observación de dicha área, aproximadamente a unos tres kilómetros y medio, en dirección recta se podía apreciar una pequeña colina no muy pronunciada cubierta de arena. El capitán Ben se puso a observarla con los binoculares sin poder detectar movimientos en ella.

Desde la posición en donde estábamos se podía divisar, ya que era una planicie de arena desértica, con pocos arbustos que ofrecían encubrimientos parciales. El capitán Ben y el cabo 1° Crof, se reunieron y pusieron la carta de situación en el suelo y le colocaron la brújula encima, con el propósito de orientarla. Una vez orientada, el cabo 1° Crof le empieza a decir al capitán Ben, el lugar del punto uno de la extracción con las coordenadas establecidas, en caso de que no hubiese cambio en los puntos de extracción señalados; también le señaló el punto donde se encontraba el resto de la patrulla anotando esas coordenadas, y finalmente, le indicó el punto exacto donde nos encontrábamos. Adicional a eso, le indicó la pequeña colina que se encontraba en nuestro frente, de la cual tomó también las coordenadas.

Una vez orientados y determinados los puntos, expresó el capitán Ben, que iba a proceder a llamar por radio al sargento 1° Estiven. Al hacerlo, le dijo que tendríamos que quedarnos en el área a esperar que la célula terrorista efectué algún movimiento, ya que no habíamos podido ubicarla en el área que se tenía indicada en el mapa, de acuerdo a las informaciones de los lugareños. También le dio las coordenadas nuestras, en caso de entrar en contacto con los terroristas, pidiésemos recibir el apoyo de ellos inmediatamente.

De por sí, en el lugar hacía un calor abrasador, y todos estábamos vigilantes del área. Al ver caer el sol en el horizonte, y ver entrar la noche, se pudo observar una pequeña nube de polvo de arena y de inmediato el capitán Ben con los binoculares pudo observar la salida de uno de los vehículos de la pequeña colina de arena. Al parecer, había una cueva con la entrada camuflada, aprovechando la poca claridad que todavía hacía. En eso, le pasa al cabo 1° Crof los binoculares y éste pudo también observar la salida de otro vehículo de la cueva en la pequeña colina. Nuevamente toma los binoculares el capitán Ben, y el cabo 1° Crof, mira en su carta de situación; confirma el punto exacto de la entrada de la cueva en la pequeña colina y escribe en un papel las coordenadas. En eso, todos estábamos ansiosos y alerta, ya que los tres vehículos venían en dirección nuestra, y a medida que se veían más cerca, podíamos divisar a los terroristas fuertemente armados en cada uno de los vehículos.

Al llegar los vehículos de los terroristas, aproximadamente a unos doscientos metros de nosotros, se podían apreciar todos sus movimientos. Los vehículos hicieron su alto separados aproximadamente veinte metros de distancia, uno del otro y procedieron a bajar unas tres 3 tiendas. Al parecer eran de fácil instalación con cubiertas alrededor; cada vehículo, a un costado de ellas, en donde posteriormente se veía que bajaban algunas cajas.

De uno de los tres vehículos, bajaban algunas antenas sofisticadas y algunas cajas que desembarcaban de los otros vehículos, eran un poco alargadas. El capitán Ben deducía, con el cabo 1° Crof, que esas cajas alargadas podían ser misiles tierra aire, y que en posesión de ellos era algo bastante serio. El capitán Ben seguía observando con los binoculares y pudo detectar en el área el AS DE COCADA, por tener la cara descubierta y visualizándole la cicatriz de referencia. Se encontraba a bordo del vehículo de la tienda instalada en el centro de las demás, siendo esta, por lo visto, el puesto de mando. Una vez el AS DE COCADA en el vehículo se dirige hacia la cueva, pero antes, otro terrorista se le acerca y el AS DE COCADA le da algunas indicaciones.

En eso, el guía Kar le pide los binoculares al capitán Ben y comienza a ver el área donde se encuentra la célula terrorista. Posteriormente, se pudo observar que tan pronto colocaron las cajas dentro de las tiendas, todo se quedó tranquilamente y procedieron a tapar con una lona los vehículos y entraron a las tiendas. Al parecer esto lo hacían para evitar que los aviones drones y satélites los pudieran detectar, evitaban los movimientos fuera de las tiendas para no ser detectados por las cámaras infrarrojas que detectan el calor que genera nuestro cuerpo.

El capitán Ben nos dijo que ya se divisó el objetivo, pero que éste se movilizó hacia la cueva, y que seguiríamos observando por turnos para estar alerta de cualquier movimiento, tanto de los terroristas en las tiendas como del AS DE COCADA en la cueva. Entró la oscuridad y, en verdad, nos manteníamos bien cubiertos para evitar ser detectados por binoculares infrarrojos que pudieran tener los terroristas; aunque en la observación que se le hizo antes que cayera la noche, no se les vio binocular alguno. Luego de unos minutos se pudo observar con el visor nocturno que los dos vehículos que se encontraban al lado de la tienda se movilizaban hacia la cueva sin los terroristas y todo continuaba en calma. El capitán Ben y el cabo 1° Crof, se reunieron y pusieron carta de situación en tierra. El cabo Crof le dijo al capitán Ben algo que lo alteró un poco, lo cual me llamó la atención. Me pude percatar que el cabo 1° Crof le pedía al capitán Ben que, de existir la posibilidad de la captura con vida del AS DE COCADA, debían transportarlo en un helicóptero adicional, en el punto que, posteriormente, se determine. Este punto podría ser donde se encuentra el resto de la patrulla descansando y afirmó que él tenía las coordenadas de ese punto.

El capitán Ben le respondió que las posibilidades son bastante remotas, por la gran cantidad de terroristas con que cuentan y que por lo que él analiza no le llamaría célula terrorista, sino un pelotón de unidades terroristas. Dijo que tendría que analizar bien la situación, para que, al dar inicio al asalto, aprovechando la sorpresa, se eliminara la mayor cantidad posible de terroristas, y que, al reaccionar el resto de sus fuerzas, esta sea una fuerza reducida.

—Tendremos una posibilidad, una vez eliminado el AS DE COCADA y de llegar al punto que hemos determinado para la extracción, posteriormente, trasmitiremos al almirante Estiper— dijo el capitán Ben.

El cabo 1° Crof, le insistía al capitán Ben, que, de existir la posibilidad de captura del AS DE COCADA, le daría a la Central de Inteligencia la posibilidad de recopilar valiosas informaciones que se podrían obtener en un interrogatorio del mismo. En eso, el capitán Ben sede un poco y le dice al cabo 1° Crof, que de existir la posibilidad, y para ello, se tendría que planear mejor las cosas en el asalto. Luego, el cabo 1° Crof, en una forma positiva le dice al capitán Ben que tomará las coordenadas del lugar donde está el resto de la patrulla; llamará por el teléfono satelital a su jefe de inteligencia, le dará las coordenadas y, posteriormente, la hora para recoger el paquete. La Central de Inteligencia mantiene en el portaviones Libertad, un helicóptero para ser usado en caso de que sea posible la captura con vida del AS DE COCADA.

El capitán Ben le dijo al cabo 1° Crof, que cómo le aseguraría él que el AS DE COCADA no quede con vida de no poder darse la extracción, y el cabo 1° Crof le contesta que él se aseguraría de eso.

—Bueno— contesta el capitán Ben — el día de mañana observarán bien el área, para realizar el plan con la posibilidad de capturar con vida el AS DE COCADA.

En eso, llamó por radio al resto de la patrulla, informándole al sargento 1° Estiven que pernoctaran en el lugar y que, posteriormente, se dirigieran hacia donde nos encontrábamos nosotros, hora de llegada a nuestro punto 06:30 horas, para que aprovecharan la poca visibilidad de la mañana (neblina). Una vez en el punto con nosotros, le darían los detalles del asalto y la misión de cada uno. El capitán Ben al terminar de hablar con el sargento 1° Estiven, ordena el descanso de todos nosotros, así como los turnos necesarios para observar cualquier movimiento de los terroristas, en especial antes del amanecer, donde supuestamente se retirarían a la cueva.

Gracias a Dios toda la noche fue tranquila, y aprovechando esta tranquilidad me fui a un lugar solo y me puse a orar. Al terminar, el capitán Ben me preguntó lo que hacía. Le dije que simplemente tenía una conversación con Dios en oración, para que le diera sabiduría en sus decisiones y que nos tuviera presente en los momentos más difíciles. Le dije que leía el Salmo 91, Salmo que me había dado mi madre antes de dirigirme a la base Pegaso a prepararme para esta misión, para la cual fui escogido.

El capitán Ben me da las gracias, y me dijo que, gracias a él, (señalando hacia arriba con su dedo), hemos llegado tan cerca de la célula terrorista sin tener ningún inconveniente por el camino, y con todos disponibles para realizar el asalto al día siguiente. Pero había algo que le preocupaba, por ser muy oscuras las noches donde se encontraban, tendrían que realizar el asalto antes de que empezaran a salir los vehículos de la cueva para retirar las tiendas. Pero, primeramente, tenían que asegurarse, que el AS DE COCADA esté en ellas y que no sea como en esta ocasión que se retiró en uno de los vehículos a la cueva. Confirmó que sólo se haría el asalto estando el AS DE COCADA en la tienda instalada, como lo están en estos momentos. Le dije:

—Capitán Ben, vamos a tener éxito.

— ¡Espero que así sea! — me respondió él.

Casualmente, el turno de la mañana antes de la salida del sol me tocó a mí, y fue allí donde pude observar con los binoculares movimientos en las tiendas. Eran aproximadamente las 05:30 horas, cuando pude divisar a lo lejos la nube de polvo de arena que causaban los vehículos, estos ya estaban por llegar a las tiendas. Le avisé al capitán Ben y éste tomó el binocular, pudo ver la llegada de los vehículos a las tiendas, dándose cuenta de que en ellos no venía el AS DE COCADA. Posteriormente, los terroristas comenzaron a subir las cajas largas y algunas cortas a los vehículos, y a desinstalar la antena que habían instalado. Los terroristas, al subir todo lo mencionado a los vehículos tipo Pickup, procedieron a desinstalar las tiendas, las cuales fueron colocadas en los vehículos. Al tener todo listo, procedieron a abordar los mismos. Según el capitán Ben eran aproximadamente veintiún terroristas, cinco en la parte trasera y dos adelante.

Eran tres vehículos, yo me pregunté: ¿cuántos habrá en la cueva?

Una vez realizada la movilización de los terroristas a la cueva, transcurre una media hora cuando comienzan a aparecer los primeros rayos del sol y podíamos observar una tranquilidad total en el área, como si nada hubiese estado pasando en ese punto.

En horas tempranas de ese nuevo día, se aproximaban a nuestro punto el resto de la patrulla. Al llegar, el capitán Ben les dice que se tomen un descanso sin descuidar la seguridad, por la proximidad de la célula terrorista. En total, todos estábamos atentos a reaccionar, de presentarse un contacto fortuito con los terroristas. Posteriormente, el capitán Ben comenzó a establecer la distribución de la patrulla en tres 3 grupos, siendo estos:

**Primer Grupo:**

- Capitán Ben (comandante de la patrulla)
- Cabo 1° Carter (explosivista)
- Cabo 1° Crof (analista de inteligencia)
- Soldado raso Kevin (mi persona).

**Segundo Grupo:**

- Sargento 1° Estiven (francotirador)
- Cabo 1° Pitter (radio operador)
- Guía Kar.

**Tercer Grupo:**

- Sargento 2° Richard (francotirador)
- Cabo 1° Michel (paramédico)
- Guía Berti.

Estos fueron los tres grupos que se conformaron. Sólo el primer grupo estaba conformado por cuatro, ya que era el grupo del capitán Ben y era a la vez el que se encargaría de la tienda número uno. Tienda donde estaría el AS DE COCADA y que podría ofrecer más resistencia que las otras.

El capitán Ben empezó a llamar por grupo. El primer grupo que llamó fue al grupo número tres, poniendo la carta totalmente orientada, también lo acompañaba el cabo 1° Crof. Le dio la misión al jefe de ese grupo que era el sargento 2° Richard y, de igual manera, el resto de ese grupo oía la misión.

La misión del tercer grupo era encargarse de destruir a todos los terroristas de la tercera tienda, el aproximado de los terroristas en la tercera tienda era de cinco a seis, puesto que el conductor, instalada la tienda se retiraba con su vehículo hacia la cueva.

Esa tienda era la primera de derecha a izquierda. En sí, tenían que neutralizarlos a todos, asegurar y controlar ese punto. Una vez controlada esa tienda y las demás por los otros grupos, el explosivista cabo 1° Carter, se dirigiría a cada una de ellas para colocar las cargas; el capitán Ben le diría el tiempo a colocar en ellas.

Una vez colocadas las cargas y el tiempo, ordenaría la retirada hacia el punto de extracción. De presentarse una situación, en donde se alerten a los terroristas de la cueva, nos dirigiríamos al punto de extracción uno, a paso ligero, para evitar ser alcanzados por los demás terroristas de la cueva. Tan pronto el sargento 2° Richard (francotirador), cumpliera su misión con su grupo, éste delegaría su mando de ese grupo al cabo 1° Michel, para él, dirigirse con el cabo 1° Carter del grupo número uno, a colocar explosivos en la ruta de nuestra retirada y así poder detener el avance de los vehículos en persecución nuestra, camino por donde llegaron los vehículos a la cueva el primer día que los vimos. El cabo 1° Carter (explosivista) colocaría unas tres cargas, separadas unas de otras para que estas puedan hacer explosión por simpatía, con el propósito de que si los tres vehículos emprenden la marcha hacia nosotros, puedan ser neutralizados por estos explosivos.

—Sargento 2° Richard, la importancia de usted en esto, es que estas cargas no tendrán un tiempo determinado para estallar, será por medio de un botón el cual usted, a una distancia determinada, cuando vea que el primer vehículo pase al lado de la carga, las pueda hacer estallar con un disparo— dijo el capitán Ben, recalcándole al sargento 2° Richard que dependíamos en gran parte del explosivista cabo 1° Carter, pero la mayor responsabilidad la tenía él. Un disparo preciso y que de ellos dos dependía nuestra retirada.

—Delo por seguro capitán Ben— le contestó el sargento 2°
Richard.

Adicional, el sargento 2° Richard, le dijo al capitán Ben, que
él comprendía esa gran responsabilidad y que para eso él estaba
con su fusil preparado y, de igual manera, el cabo 1° Carter.

Una vez realizado esto, el sargento 2° Richard tenía que
movilizarse lo más rápido al punto de extracción y para ello, el
Sargento 1° Estiven cubriría su retirada, así ambos se
alternarían deteniendo lo más posible y dando de baja a la
mayor cantidad de terroristas.

En eso, el cabo 1° Crof, le dice al capitán Ben que
necesitaba hablar con él aparte. Estando solos, el cabo 1° Crof,
le dice al capitán Ben, que, con la posibilidad de atrapar con
vida el AS DE COCADA, habría más posibilidades de
sobrevivir al ataque de los terroristas, ya que desconocíamos
cuantos más había en la cueva. El capitán Ben le dice al cabo
1° Crof:

— ¿Cuál era su sugerencia?

El cabo 1° Crof, le da a conocer su sugerencia. Una vez
tomado el AS DE COCADA vivo, él procedería a llevárselo
fuera del área de las tiendas, lo más rápido posible, al lugar
donde se encontraba anteriormente el resto de la patrulla. Él,
con el teléfono satelital le daría a conocer a su jefe de
inteligencia las coordenadas del punto de extracción para
recoger al AS DE COCADA, dándole la misma hora de
extracción que se tenía para toda la patrulla. La patrulla en su
retirada llevaría una camilla improvisada, haciendo las veces
que en ella llevan el AS DE COCADA. De ser perseguidos por
la célula terrorista ellos evitarían disparar al grupo, porque

deducirían que en esa camilla improvisada llevan el AS DE COCADA. El capitán Ben le dice al cabo 1° Crof, que acepta su sugerencia y le dice algo más:

— ¿De dónde saca tantas ideas?

—Por algo soy un analista de inteligencia— le contesta.

El capitán Ben nuevamente se reúne con el grupo número tres y le da a conocer la sugerencia agregada y la hora del disloque[4], para dirigirse lo más cercano a las tiendas y esperar la hora del ataque o asalto. De igual manera, le hace saber al grupo número uno y al grupo número dos.

La hora prevista para avanzar a la línea de disloque, de no haber contratiempo alguno (no lo hubo), era a las 03:00 horas del día siguiente. En un avance táctico (arrastre bajo), teníamos que llegar a un punto cercano de las tiendas sin ser detectados. La hora del ataque o asalto sería a las 05:00 horas, se tendrían treinta 30 minutos para neutralizar, colocar los explosivos, y capturar el AS DE COCADA; tiempo suficiente para que el cabo 1° Crof lo trasladase a este punto donde estamos y realice las coordinaciones necesarias para la extracción del mismo. En el punto donde pernoctó el resto de la patrulla, mientras nosotros hacíamos el reconocimiento, sería extraído en dicho punto con el paquete, el cabo 1° Crof. Reúne entonces a los jefes de grupo, diciéndoles que deberán neutralizar y destruir a todos los terroristas, con excepción de la tienda número uno, dijo que haría todo lo posible para detener con vida el AS DE COCADA y proceder a llevárselo.

[4]**Disloque:** *Un punto claramente definido en la ruta en donde las unidades pasan bajo control de su respectivo jefe.*

La sorpresa la mantendremos con el uso de los silenciadores en los fusiles, asegurándonos de la neutralización y destrucción total de todos los demás terroristas.

Una vez que el capitán Ben les transmitió las misiones a cada grupo, los dejó para que coordinaran lo necesario entre ellos y la ubicación de cada uno.

El capitán Ben llamó al cabo 1° Pitter (radio operador) y le solicitó que lo comunicara con el almirante Estiper. El cabo 1° Pitter rápidamente procedió a realizar la llamada por la radio y logró establecer la comunicación con el portaviones Libertad. Al estar en la línea, el almirante Estiper se lo pasa al capitán Ben. De inmediato, le informa al almirante, que habíamos logrado la ubicación de la célula terrorista y el AS DE COCADA, también agregó que en esos momentos se estaban preparando para realizar el asalto a las 05:00 horas, para finalizar con el mismo en treinta minutos.

Le agradecía que los helicópteros para la extracción estuvieran en las coordenadas del punto uno, y procedió a darle las coordenadas, que, de existir algún contratiempo, él, le informaría oportunamente. También le hizo de su conocimiento al almirante Estiper, las coordinaciones que se harían con el jefe de inteligencia que estaba en su portaviones. Indicó, que ellos hablarían en el portaviones con detalle; y posteriormente, lo volvería a llamar por radio, para saber, si se procede de esa manera o no.

El almirante Estiper le recuerda que debe asegurarse la eliminación del AS DE COCADA y que hablará con el jefe de inteligencia Navas que está en el portaviones, y posterior a eso, le dará una respuesta. El capitán Ben le responde afirmativamente y el almirante Estiper cierra la comunicación con las palabras de cambio y fuera.

El capitán Ben llama al cabo 1° Crof y le dice:

—Bueno, ¿en qué quedamos cabo 1° Crof? Realice sus coordinaciones por el teléfono satelital y comuníquese con su jefe de inteligencia que está en el portaviones.

El cabo 1° Crof, se comunicó con su jefe de inteligencia que estaba en el portaviones Libertad, y éste comenzó a explicarle las posibilidades de llevarse al AS DE COCADA al portaviones Libertad. Le dijo que consiguiera la autorización con el almirante Estiper, debía tener esta posibilidad antes de que el capitán Ben llamara nuevamente al almirante Estiper. Entonces el jefe de inteligencia al parecer le dijo que inmediatamente hablaría con el almirante Estiper sobre lo planeado.

Al pasar media hora, el capitán Ben se comunicó nuevamente con el almirante Estiper, para preguntarle de la decisión tomada después de haber conversado con el jefe de inteligencia del portaviones Libertad. Al tener comunicación por radio con el almirante Estiper, éste le dice al capitán Ben que sólo de existir la posibilidad, de no ser así, debe asegurarse que el AS DE COCADA fuese eliminado.

—Entendido Señor.

—Cambio y fuera— contesta el almirante nuevamente

Una vez que toda la patrulla fue informada de la operación, distribución y la función de cada uno en la misma, sólo tocaba esperar la madrugada para moverse hacia las tiendas, y estando en posición prepararnos para el momento indicado del asalto. Se pudo observar con los binoculares que la célula terrorista realizaba como algo de rutina lo siguiente: al desaparecer el sol, salían con sus vehículos para instalar las tres tiendas y bajar de los vehículos el material que antes había mencionado, y, de igual manera, el AS DE COCADA se encontraba en la primera tienda. Esta vez los vehículos se movieron solos con sus conductores a la cueva y él permanecía en la primera tienda. Era la oportunidad de realizar el asalto y dar cumplimiento a la misión. Al recibir todos estos detalles, no hubo pregunta alguna.

Pasaron las horas y al aproximarse la hora exacta para llegar al punto de disloque, recibe el radio operador una llamada por radio del almirante Estiper; se la pasa al capitán Ben y le dice que lo estaba llamando para informarle dos cosas. La primera era que la unidad de meteorología, de acuerdo al tiempo que ellos tenían en pantalla del área, la claridad aparecería más temprano y que tendrían una temperatura alta y calurosa a medida que avancen las horas. La segunda era que de darse o no, de todas maneras, habrá un tercer helicóptero cuyo comandante es el teniente Flecher y que éste se dirigirá a las coordenadas establecidas para la extracción del cabo 1° Crof y el paquete. En caso de que el AS DE COCADA sea abatido en el asalto, deberá informarlo de una vez para abortar la misión del tercer helicóptero; de no recibir ninguna llamada por radio o por el satelital, la operación del tercer helicóptero continua. Finalizó diciendo que era todo; a la vez le deseaba éxitos en la misión, y que esperaba verlos a todos nuevamente.

—Cambio y fuera.

Una vez todos listos, el capitán Ben ordena el avance hacia el punto de disloque de la patrulla, para que cada grupo determinado proceda a acercarse lo más posible y sin ser detectado a la tienda de su responsabilidad y realizar el asalto a la hora indicada. El capitán en esos momentos, ordenó el silencio de red, indicando que la misma sólo se usaría de darse una emergencia.

Todos revisamos las armas, y yo de mi parte antes de iniciar el avance hacia el punto de disloque, tuve tiempo de leer el Salmo 91, que me dio mi señora madre escrito en un papel. Luego procedí a avanzar junto a los demás.

Al llegar al punto de disloque, aproximadamente eran las 04:00 horas, y por lo previsto, era la hora que deberíamos estar en ese punto. Cada quien, con su grupo y yo, pertenecía al primer grupo del capitán Ben. Éste les dijo a los grupos:

—Les deseo suerte a todos en la misión.

Antes del disloque de la patrulla, les dijo que llegaran lo más cerca posible sin exponerse a ser detectados. El primer grupo del capitán Ben, grupo al cual yo pertenecía también, avanzamos en forma sigilosa y en arrastre bajo, llegamos a un punto bastante cercano a las tiendas. El capitán Ben se asegura con su binocular que el AS DE COCADA estuviese en la tienda. Haciendo una seña en forma positiva, le dice al cabo 1° Crof que el AS DE COCADA estaba en la primera tienda. En eso, mira el reloj, ya que todos los teníamos sincronizados para que cuando se diera el asalto, éste fuera al unísono. Me pude percatar que faltaban unos quince minutos para el asalto y, de igual manera, pensé que todos los demás, estaban en sus puestos listos.

Fue entonces cuando el capitán Ben les informó a los demás grupos, que el cabo 1° Carter había sido picado por un alacrán; al parecer era de aquellos alacranes que contenían una alta toxina y requería atención lo más rápido posible. Si no era atendido de inmediato tendría un paro cardiaco.

Por tal motivo, había que abortar la misión y retirarse sigilosamente al punto de disloque de la patrulla, para que el paramédico lo pudiese atender de inmediato. Todos comprendieron la gravedad del cabo 1° Carter, puesto que, en realidad, había que atenderlo por la importancia de su misión asignada.

Todos adoptando posiciones de arrastre bajo, regresaron al punto de disloque. Los de mayor dificultad fuimos nosotros, trasladando al cabo 1° Carter, que empeoraba cada minuto que pasaba, y fue allí en el punto de disloque donde el cabo 1° Michel, nos esperaba con un antídoto para alacranes de esa especie y de inmediato se lo aplicó; también procedió a colocarle una venoclisis para hidratarlo. Una vez el paramédico hizo esto, nos retiramos al punto que era de descanso y más seguro, ese que el cabo 1° Crof tenía escogido para conducirse posteriormente al otro punto establecido en coordenadas, para la extracción del paquete y detenerlo vivo. Cuando ya estábamos allí, el capitán Ben hizo que el cabo 1° Pitter (radio operador) llamara al almirante Estiper para que abortara la misión de extracción. Al tenerlo en la radio, el capitán Ben le pide al almirante Estiper abortar la misión de extracción de la patrulla y le explica el motivo y que, posteriormente, se comunicaría con él para informarle la activación de la operación, también confirmó que hasta el momento sería la misma hora de extracción, sólo cambiaba el día, el cual él se lo informaría. El almirante Estiper le dice al capitán Ben que atiendan al cabo 1° Carter y que esperaba su pronta recuperación, también le dijo que estaría atento al llamado para el inicio nuevamente de la operación. Cambio y fuera.

El cabo 1° Carter, al ser atendido oportunamente, se estabilizó y, según el cabo 1° Michel, tenía que estar en reposo hasta el otro día. Si aceptaba bien el antiofídico que le suministró volvería a la normalidad, y de acuerdo a la fortaleza de él, podríamos dar inicio nuevamente a la misión. Mientras tanto, ya amanecía y los terroristas volvieron a desinstalar todo, subieron todo a los vehículos y, nuevamente, se dirigieron a la cueva. Al parecer no fuimos detectados, pero todo el personal ya se estaba desesperando, puesto que las provisiones logísticas (comida) empezaban a escasearse. Fue cuando el capitán Ben nos habló a todos y nos dijo que un comando tenía que superar las situaciones difíciles, y que lo sucedido era una pequeñez para un Fuerzas Especiales. Exclamó que esta clase de situaciones lo que logran es subir nuestro nivel de combate y que procediéramos a descansar de acuerdo a los turnos que nos implementaría el sargento 1° Estiven. La seguridad tenía que mantenerse en todo momento.

Luego, acompañé al capitán Ben a donde se encontraba el cabo 1° Carter y, según el cabo 1° Michel, la fiebre y los otros efectos de la picada del alacrán estaban bajando más de lo esperado, permanecería con él para observarlo constantemente durante todo ese día.

El capitán Ben se retiró a descansar un poco. Me dijo que procediera a descansar, agregó que de estar bien el cabo 1° Carter en la noche, se daría inicio con la operación: dar cumplimiento a la misión, y evitar que el AS DE COCADA se mueva del área y no regrese. Esto empeoraría más las cosas.

Al llegar la noche, la fiebre que tenía el cabo 1° Carter había desaparecido, pero se encontraba muy débil para participar en la operación de asalto a las tiendas terroristas y en la colocación de los explosivos. Nuevamente empezó a darse una tensión y preocupación en todos los integrantes de la patrulla y nuevamente el capitán Ben tuvo que persuadirlos a que mantuvieran la calma. Dijo que lo dejaran analizar un poco la situación, tendríamos que recordar los entrenamientos y una de las cosas primordiales era que no debíamos abandonar a ninguno de nuestros compañeros y mucho menos, en una situación como esta.

—Hay poca ración de agua y comida, recuerden los entrenamientos de supervivencia— dijo el capitán Ben. Éste también le recordó a uno de los instructores, al instructor Martirio, que teníamos que aplicar el máximo de ingenio con mínimo de esfuerzo, teníamos que seguir manteniendo la calma. Si lográbamos eso, teníamos un mayor porcentaje de sobrevivir y en estos momentos se nos estaba presentando esa situación. Agregó algo más, nos recordó que todos éramos Fuerzas Especiales nuevamente, que seguiríamos adelante con lo planeado para el asalto a las tiendas terroristas y si había que esperar un día más, lo íbamos a hacer. Finalizó diciendo que, los que tenían un poco más de comida le dieran a los que tenían menos y, de igual manera, se distribuyeran el agua entre todos.

Posterior al asalto a las tiendas terroristas, teníamos una carrera de aproximadamente cinco a siete kilómetros, la misma era en terreno plano en arena, esto aumentaría el agotamiento por el calor, por lo tanto, sólo debíamos llevar los chalecos *keblar* y el *camebak* con el arreo de combate, para llevar la mayor cantidad de proveedores y por supuesto, el fusil.

Con referencia a las mochilas, estarían encubiertas y serían recogidas de ser posible, por el helicóptero A-3 piloteado por el comandante Flecher, adicional a la misión de extracción del paquete y del cabo 1° Crof.

Con respecto al equipo adicional del paramédico, éste sólo llevará lo necesario en los bolsillos de los pantalones de todos nosotros, y el equipo de radio, no podíamos dejarlo, nos lo turnaríamos en la carrera. Con el explosivista no íbamos a tener problema, ya que este colocaría todas las cargas entre las tres tiendas terroristas y el camino de la ruta de los vehículos que podrían seguirnos. De esta manera procederíamos a realizar la misión.

Vi que todos reaccionaron positivamente y el capitán Ben le ordenó al sargento 1° Estiven que procediera a ejecutar lo dicho, tomando todas las medidas de seguridad. El servicio de turnos continuaba hasta el día próximo, que sería el decisivo para realizar el asalto a las tiendas de los terroristas. Por último, nos dijo, que rogáramos a Dios que el AS DE COCADA no se moviera del área. En eso, procedió a llamar al almirante del portaviones Estiper por la radio, le dijo que la operación se extendería un día más por las circunstancias que ya él conocía. El almirante le dijo al capitán Ben, que está consciente de los inconvenientes. Era razonable esperar, que el cabo 1° Carter estuviera bien, por la gran cantidad de efectivos de los terroristas. Agregó que él estaría pendiente a la llamada para mandar los helicópteros al área de extracción estipulada. El capitán Ben le agradeció y procedió a cortar la comunicación.

Al caer la noche se mantenía una vigilancia de los movimientos de los terroristas y, por suerte, realizaban la misma rutina. Uno de los vehículos se retiró del lugar y, por lo visto con el binocular, era el conductor del vehículo, el copiloto y dos terroristas más en el vagón del Pickup. Sin saber si entre esos terroristas iba el AS DE COCADA porque no se le pudo ubicar en ninguna de las tiendas terroristas al momento de instalarlas, ya que tanto el conductor del vehículo que se retiró y su copiloto no se bajaron de él. Lo más probable era que el AS DE COCADA iría en ese vehículo. Posteriormente, a medida que iba avanzando el tiempo en horas de la madrugada, se pudo divisar con los binoculares la llegada nuevamente del vehículo con sus ocupantes, suponiendo que el AS DE COCADA estaba entre ellos.

Todos miraron al cabo 1° Carter, como agradeciéndole, ya que estando en la posición para el asalto el capitán Ben nos hubiese retirado del punto de asalto por no tener la certeza de que en esas tiendas estaba el AS DE COCADA. Los terroristas antes que amaneciera retiraron las tiendas y nuevamente se dirigieron a la cueva. A todos nos inquietaba por qué ellos hacían ese tipo de movimiento. Pero de algo si estábamos seguros, que lo que estuviesen haciendo, no era nada bueno y que al neutralizarlos íbamos a destruirle todo lo que hubiese en las tiendas terroristas.

Al llegar la claridad del día, los centinelas de turnos, le notificaron al capitán Ben que los terroristas se encontraban en la cueva. No quedaba otra que esperar la noche y que esta misma pasara, para dar inicio nuevamente con la operación y cumplir de una vez por todas con la misión. De esperar un día más, la operación se pondría en riesgo, quizás se hubiese cumplido. Pudiendo asegurar que, el almirante Estiper no iba a saber, si se cumplió la misión o no, porque todos estaríamos muertos, ya que en la debilidad que teníamos en nuestros cuerpos y en un área desértica, la puntería nos fallaría, perdiendo la sorpresa y teniendo en poco tiempo, al resto de los terroristas encima.

Cuando llegó la noche, nuevamente el capitán Ben realizó otra llamada por radio al almirante Estiper y le dijo que iniciaría el movimiento al punto de disloque de acuerdo a la hora establecida, y, de igual manera, la hora del asalto. Dijo que le agradecía que los helicópteros estuvieran en el punto de las coordenadas conocidas para la extracción y a la hora estipulada. El almirante Estiper le asegura que allí estarán los helicópteros en las coordenadas y hora estipulada. El capitán Ben se despide dándole las gracias al almirante Estiper por su total apoyo.

Ya todo estaba hablado y coordinado. En eso, me pude percatar que todos estaban colocando sus mochilas en un lugar y extrayendo de ellas lo necesario para llevar. Por cierto, yo también procedí a realizar lo mismo, al igual que el capitán Ben. Cuando todos estábamos listos y al ver que ya era la hora del movimiento hacia el punto de disloque, tuve la oportunidad de tener un momento para orar por todos y que el cumplimiento de la misión fuese exitoso. Que de caer en el cumplimiento de la misión se acordara de mí en el día de la resurrección y de mis compañeros en caso de ser abatidos en el combate como yo. Pude leer una vez más el Salmo 91, después me ubiqué en el grupo número uno del capitán Ben.

El capitán Ben me preguntó, si me encontraba listo para la misión y le contesté que sí, y me dijo:

—Bueno, entonces avancemos al punto de disloque. Es la hora apropiada, para llegar al mismo.

Durante la marcha, antes de que el capitán Ben diera la orden de silencio de red, el sargento 1° Estiven le manda un mensaje al cabo 1° Carter, que, de haber otro alacrán, lo agarre y le quite la ponzoña y procediera a comérselo para que los demás le tengan miedo. Eso fue algo jocoso y de motivación en el momento. Como regresando a la vida, el cabo 1° Carter contesta:

—Mi sargento 1° Estiven, tenga por seguro que me lo comeré.

En eso, el capitán Ben ordena el silencio de red. Al llegar al punto de disloque, los grupos se dirigieron a las tiendas en arrastre bajo muy sigilosamente. El capitán Ben pudo observar que en la tienda número uno, alguien salió por la parte frontal de la misma y caminó hacia adelante, mirando hacia el cielo y, posteriormente, dio la vuelta y pudo apreciar con los binoculares el rostro de AS DE COCADA; éste nos transmite a todos lo visto y comunicaba nuevamente el silencio de red. Los jefes de grupos con su equipo en posición, al ver en sus relojes la hora establecida para el asalto, avanzamos simultáneamente a realizarlo, y así fue.

Avanzamos sigilosamente a las tiendas terroristas y procedimos a la neutralización de los terroristas. En la tienda terrorista número uno 1, logramos neutralizar al AS DE COCADA y el cabo 1° Crof procedió a colocarle una inyección durmiéndolo totalmente y poniéndole al instante una capucha en la cabeza, le ato las manos y los pies.

Cuando terminó todo esto, el capitán Ben se comunicó con los otros jefes de grupos y estos le informaron que la tienda terrorista número dos, estaba neutralizada, y, de igual manera, la tienda terrorista número tres y, por supuesto, la tienda terrorista número uno con el AS DE COCADA estaba totalmente neutralizada. En eso, el sargento 1° Estiven, llama por la radio y le pide al capitán Ben que se le presente a la tienda número dos, y procedimos a la misma. También fue el cabo 1° Crof, quedando en la primera tienda terrorista con el AS DE COCADA el cabo 1° Carter a esperar que regresáramos nuevamente.

El capitán Ben pudo observar lo que en realidad contenía la segunda tienda, éste se impresionó. Al parecer era una plataforma de misiles para lanzar cohetes de tierra-aire y con una gran capacidad de recorrido, esto daría gran posibilidad que dieran en el blanco. Pero la interrogante era ¿por qué lo tenían instalado en esa área? Lo que sí estaban seguros era que tenían que destruirlos. En eso, regresamos a la tienda terrorista número uno 1 nuevamente y fue allí donde el capitán Ben le da la orden al cabo 1° Carter de colocar las cargas en todas las tiendas terroristas y que una vez colocadas, él diría el tiempo que se le colocaría al reloj en las cargas explosivas.

El cabo 1° Crof comenzó a tomar toda la información posible de la tienda número uno y entre esas recopilaciones estaba una computadora, la cual era un poco incómoda para llevar. Procedió a extraerle todo con un potente USB que tenía. El jefe del tercer grupo, el sargento 2° Richard, informó al capitán Ben que tenían lista la camilla improvisada en caso de llegar a usarla. Una vez colocadas todas las cargas en las tiendas, el cabo 1° Carter le informa al capitán Ben que estaba realizado el trabajo y que él podía colocarles a las cargas el tiempo que él estipulara. En eso, se comunica el sargento 2° Richard, diciendo que se movería al punto indicado con el explosivista para colocar las cargas en el camino. El capitán Ben le autoriza al Sargento 2° Richard que procediera con el cabo 1° Carter, tan pronto pusieran las cargas explosivas en las tiendas terroristas.

Pasaron algunos minutos y le informa el cabo 1° Crof al

capitán Ben que ya tenía toda la información necesaria. En eso, el sargento 2° Richard, le informa por la radio al capitán Ben que habían colocado las cargas en el camino y que procedería a dirigirse al otro punto para estar preparado y hacer estallar las cargas colocadas en el camino, una vez los vehículos se movilizaran en persecución de ellos en la retirada. El cabo 1° Carter le dijo, que él podía regresar y asegurarse de que no se cometiera ningún error en la colocación del tiempo de explosión de las cargas. El capitán le dijo que esperaríamos por él y a la vez nos ordenó a todos que le quitáramos los silenciadores a nuestros fusiles, que era hora que los terroristas oyeran también nuestras armas. En eso, el cabo 1° Crof le pide permiso al capitán Ben para retirarse con el paquete y toda la información obtenida. El capitán Ben le autoriza la retirada de la tienda terrorista al cabo 1° Crof con el paquete. Nos deseó suerte a todos en la retirada y recordándonos que llegáramos a tiempo al punto de extracción que teníamos establecido, aproximadamente entre cinco y siete kilómetros.

Sale el cabo 1° Crof con el paquete llevándolo en hombros. Posteriormente, estaba llegando el cabo 1° Carter y le preguntó al capitán Ben cuál era el tiempo decidido para las cargas. Faltaba poco tiempo para que los vehículos salieran de la cueva y se dirigieran a las tiendas terroristas. En eso, suena una ráfaga de AK47 de uno de los abatidos terroristas y es neutralizado por una de nuestras unidades. Al parecer, en su agonía de muerte, logró realizar una ráfaga de su AK47 sin dirección alguna. Su intención era avisarle al resto de los terroristas que estaban en la cueva y, por cierto, lo logró.

En una reacción rápida el capitán Ben le ordenó al cabo 1° Carter, que el tiempo en las cargas sería de unos cinco minutos, y que, en ese periodo, ellos llevarían una buena distancia.

Cuando los terroristas entrasen en las tiendas para verificar si su jefe estaba en el lugar, tendríamos la oportunidad de eliminar a una gran cantidad de la célula terrorista. Al ver que su jefe no estará entre los eliminados, emprenderán una persecución feroz en sus vehículos, es allí donde el sargento 2° Richard neutralizará en gran medida ese avance hacia nosotros. Para entonces, ya habrían salido los primeros rayos del sol.

En ese momento, el cabo 1° Carter, le informó al capitán Ben, que todo estaba listo para que estallaran las cargas colocadas en las tiendas en cinco minutos, fue allí donde emprendimos la retirada a paso ligero hacia el punto de extracción. Con la falsa de la camilla improvisada, en la que iba un maniquí improvisado con la ropa de la parte superior del AS DE COCADA. En eso, el guía Kar le dice al capitán Ben que él se iba a quedar tácticamente fuera de las tiendas de los terroristas, como si estuviese muerto. El capitán Ben le dijo que eso era una locura y que viniera con nosotros, sin embargo, él insistió y le dijo:

—Cuando usted me prestó los binoculares para ver los vehículos, pude observar a uno de los terroristas, responsable de la muerte a sangre fría de mi hijo, lo único que tenía y se me fue arrebatado, por esa razón, quiero quedarme y tener la oportunidad de eliminarlo— dijo el guía Kar, así eso le costara la vida, estaba preparado, pues quería moriría en paz.

Por el tiempo apremiante y al ver que los terroristas se acercaban rápidamente con los vehículos, el capitán Ben no le insistió y se dieron un abrazo dándole las gracias por todo y, de igual manera, lo hizo conmigo. Fue emotiva la despedida. Los vehículos apestados de terroristas habían salido de la cueva y ya estaban próximos a llegar a las tiendas.

Una vez emprendida la retirada a paso ligero, llegaron los terroristas a las tiendas y nos divisaron a lo lejos, y de seguro divisaban el atuendo de su jefe, ya que éste iba de una forma que fuera visible para ellos. Algunos entraron en las tiendas, y al hacerlo, fue cuando todas las tiendas hicieron explosión, y al parecer se escucharon ráfagas de AK47 en el lugar y, de repente, un silencio. Espero que el guía Kar haya logrado eliminar al terrorista asesino de su hijo.

Los terroristas restantes, al ver que no estaba el cuerpo del AS DE COCADA, procedieron a subirse a los vehículos y conducirse al camino para darnos persecución a nosotros, estos evitaban dispararnos a distancia para evitar herir a su jefe el AS DE COCADA. En realidad, esta medida de engaño de la camilla improvisada, aunque un poco incómoda, la cual nos la teníamos que turnar constantemente entre nosotros, para mantener la velocidad en el trote, nos sirvió de mucho. El cabo 1° Crof, le informó al capitán Ben por radio, que ya estaba próximo al lugar donde, posteriormente, iba a ser extraído por el tercer helicóptero piloteado por el teniente Flecher y que, una vez en el lugar, tendría que estar pendiente, ya que pudo divisar a lo lejos unos cinco terroristas que venían en su dirección, pero él los estaría esperando para eliminarlos a todos.

Eso le preocupó al capitán Ben y le recordó lo acordado; el cabo 1° Crof le dijo que tenía eso presente. En ese momento, el sargento 2° Richard, se comunicó con el capitán Ben mientras corríamos hacia el punto de extracción, éste le dijo que de la cueva había salido un cuarto vehículo repleto de terroristas y pudo divisar a uno con un fusil de francotirador, que por tal motivo no le dispararía al pasar el primer vehículo y aprovechará para eliminar al francotirador, para no darle oportunidad de realizar ningún disparo. En eso, le contesta el sargento 1° Estiven, que él se encargaría del primer vehículo una vez realizada la explosión de los otros dos, mientras continuábamos corriendo hacia el punto de extracción. El sargento 2° Richard con su fusil, al parecer pudo tener en su mira al terrorista francotirador y efectuó su disparo, dando en el blanco. Digo esto, porque le comunicó al capitán Ben que había eliminado el blanco y que el mismo había caído del vehículo, garantizando que ningún otro terrorista pudiera hacer uso del fusil de largo alcance. Al minuto, se escucharon dos fuertes explosiones, en donde el segundo y tercer vehículo eran neutralizados en su avance, volteándose, pero quedando con vida algunos terroristas. Suponíamos que eso lo había provocado el sargento 2° Richard, y fue allí donde el sargento 1° Estiven le informa por radio que se comience a replegar en dirección al punto de extracción. Luego le comunica al capitán Ben que continuáramos nosotros, que él cubriría la retirada del sargento 2° Richard y la de nosotros; y cuando el sargento 2° Richard estuviera en una posición de retirada ideal, él lo apoyaría a él, y así sucesivamente. El capitán Ben le dijo que entendía perfectamente y que al llegar al punto de extracción lo iba a esperar.

El sargento 1° Estiven con su fusil, logró neutralizar al conductor del primer vehículo y al parecer otro iba a manejarlo. Éste también fue neutralizado y decidieron dejar el vehículo y comenzar a correr en dirección nuestra. El último vehículo hizo un alto informado por el sargento1° Estiven, en donde los terroristas procedían a bajar dos morteros ochenta y un milímetros y éste tenía un gran alcance, por lo tanto, había que neutralizarlos lo más rápido posible. En eso, el sargento 2° Richard le dice al sargento 1° que él se encargaría del que estaba a su derecha y que el sargento 1° Estiven se encargará del de la izquierda, antes que realizaran los disparos con mortero. Quizás pensaban utilizar los morteros ochenta y un milímetros para que las granadas cayeran un poco delante de nosotros, detener nuestro avance, poder acercarse más y eliminarnos. Como dije, antes que pudieran realizar los disparos de mortero, el sargento 2° Richard le disparó al que tenía la granada para ser introducida en el mortero, cayendo esta con la punta en dirección hacia él y realizó otro disparo, dándole a la punta haciéndola estallar.

Toda esta conversación la tenía con el sargento 1° Estiven y viceversa. En eso, el sargento 1° Estiven neutralizaba al conductor del cuarto vehículo, quien trataba de usarlo nuevamente, impidiendo su avance, y todos los terroristas bajaron de él, corriendo también en dirección nuestra. En el momento en que los terroristas del segundo mortero intentaban realizar el disparo, el sargento 1° Estiven realizó un buen disparo, dándole al terrorista, pero éste logró introducir la granada en el tubo del mortero. El disparo de mortero, fue en dirección hacia donde se encontraba el sargento 2° Richard, impactando cerca de donde él se encontraba y en la preocupación del sargento 1° Estiven, lo llamó repetidas veces, ya que, por lo cercano, pudo haber sido alcanzado por una de las esquirlas. El radio de muerte de una granada de mortero ochenta y uno es muy amplio y por eso era la insistencia, hasta que el sargento 2° Richard le contestó que se encontraba mal herido por una esquirla de la granada de mortero, en eso, cae otra granada más cerca del sargento 2° Richard y no volvimos a escuchar su voz.

El sargento 1° Estiven, estaba un poco encolerizado por lo que decía por radio, en eso, miré hacia atrás, lo vi tendido en el suelo disparándole a los terroristas, lo que sí puedo asegurar era que no fallaba en ninguno de sus disparos, porque no se escuchó ninguna otra explosión de granadas de morteros. Se veían terroristas avanzando por todos lados y en ese momento el sargento 1° Estiven se levantó para correr en dirección nuestra y, posteriormente, se volteó para hacer un disparo de pie, pero al hacerlo, fue impactado en su hombro izquierdo y cayó en la arena; se acomodó en posición de tendido y como podía seguía realizando sus disparos. Le dije al capitán Ben que por mi juventud tenía más resistencia que los demás, que me permitiera quedarme apoyando al sargento 1° Estiven, puesto que lo habían herido. Por fortuna, el capitán Ben me autorizó ir. Cuando me dirigía a apoyar al sargento 1° Estiven, fue herido en una pierna el cabo 1° Pitter. Para evitar ser retrasados, fue colocado en la camilla improvisada llevada por el guía Berti y el cabo 1° Carter, ya que estábamos próximos a una curva que presentaba ondulaciones y ofrecían cobertura en la ruta hacia el punto de extracción, al tomar a la izquierda hacía esa pequeña pronunciación que nos daba cobertura, de allí al punto de extracción, eran aproximadamente dos kilómetros.

Continué hasta donde estaba el sargento 1° Estiven. Cuando llegué, no podía realizar un disparo más. Fue entonces que tomé su fusil que era de mayor precisión que el mío, y pude dar de baja a varios terroristas deteniendo un poco su avance. En el momento en que me preparaba para llevarme en hombro al sargento 1° Estiven, al inclinarme con una rodilla en tierra para colocármelo en hombros y poder llevarme al sargento 1° Estiven en un estado inconsciente, le dije a mi Dios Todopoderoso que éste era un momento apremiante y que necesitaba de su ayuda para salir de esa. En eso, sucedió algo extraordinario y sobrenatural, difícil de creer, quizás para otros, no para mí.

Antes de colocarme al sargento 1° Estiven en hombros, pude escuchar al cabo 1° Crof diciendo que se había enfrentado a los cinco terroristas tomándolos por sorpresa. Los había eliminado a todos, pero recibió un disparo en uno de sus costados y dijo que no nos olvidáramos de recoger el paquete y dejó de transmitir. Por suerte, el capitán Ben y los demás habían doblado ya el punto que les ofrecía cobertura. Digo, por suerte, porque cuando estaba con una pierna en rodilla para llevarme en hombros al sargento 1° Estiven, comencé a oír una voz y sentí que el tiempo se detuvo, éste me dijo:

—Cuando tenía hambre, me viste y me diste de comer. Cuando tenía sed, me viste y me diste de beber; y cuando tenía frio, me viste y me diste tu capa. Ahora me llamaste y aquí estoy para ayudarte. Puedo decirte que tus enemigos, son también mis enemigos y sentirán mi poder defendiendo a los míos. Ahora bien, toma a tu compañero en hombros y dirígete en dirección a los demás y no mires hacia atrás.

Sin hablar y un poco atontado, tomé al sargento 1° Estiven, y al voltearme en dirección hacia nuestros compañeros, se levantó una nube de polvo de arena con un fuerte rugido, que por más que hubiese querido abrir los ojos, en ese momento no podía hacerlo. Fue entonces cuando esa nube de polvo de arena rugiente se dirigió hacia dónde venían los terroristas y al pasar un momento, sólo podía oír gritos desgarradores. Mientras seguía avanzando, seguía oyendo esos gritos cada vez más lejos, y supongo que esa nube de polvo de arena rugiente que se desplazaba como un torbellino llegó hasta lo más adentro de la cueva, porque todavía a lo lejos se podían oír los gritos desgarradores. Luego llegó una calma en todo mi alrededor. Por fortuna, el capitán Ben se asomó en la inclinación de la pequeña elevación que le ofreció cobertura al personal de nuestra patrulla para llegar al punto de extracción. Éste apareció después que pasó lo que les acabo de contar, porque si él hubiese aparecido antes, también hubiese estado muerto como todos los terroristas. El capitán Ben, al ver sólo cuerpos carbonizados a lo lejos, se sorprendió y me dijo que si yo tenía alguna explicación de lo que él estaba viendo. Yo le dije que posteriormente le contaría. Después de salir de allí, voy a tener que contar esto nuevamente.

Llegamos al punto de extracción y sólo tuvimos que esperar unos diez minutos para que aparecieran los helicópteros. Entró el helicóptero A-2 del comandante Pérez al punto de extracción, en donde se procedió a abordar en el mismo al sargento 1° Estiven y al cabo 1° Pitter que también estaba herido y que en realidad necesitaban atención medica lo más rápido posible. En el mismo helicóptero abordó el cabo 1° Michel, ya que él era paramédico y también abordó el guía Berti.

Mientras el helicóptero A-1 piloteado por el comandante Mark, radió al piloto del A-2 piloteado por Pérez que decolora rápido, ya que se podía divisar dos vehículos con terroristas acercándose rápidamente. Al parecer, los terroristas que estaban en la cueva, solicitaron apoyo a otra célula cercana a ellos. Al salir el primer helicóptero con el primer grupo, el segundo helicóptero se preparaba para realizar el aproche y aterrizar en el punto de extracción; pero en ese momento, uno de los disparos, que al parecer fue de algún francotirador, porque según el comandante Mark estaba un poco lejos y nos permitirían hacer la extracción, pero no fue así. Deduje que fue un francotirador que logró darle en el rotor de cola haciendo que éste aterrizara bruscamente.

El primer helicóptero no podía aterrizar nuevamente, llevándose a los heridos al portaviones Libertad. En eso, recibió por radio el comandante Mark una llamada del tercer helicóptero piloteado por el coronel

Flecher, diciendo que había aterrizado en el punto de extracción, y extrajeron al cabo 1° Crof que se encontraba inconsciente, pero con vida, al igual que al paquete. Estos se dirigían al portaviones Libertad; eso fue lo que le contó posteriormente el comandante Mark al capitán Ben. Pero, al momento de la caída del helicóptero del comandante Mark, logramos llegar a él y gracias a Dios los dos pilotos y el mecánico ametrallador estaban ilesos. Fue allí donde el capitán Ben le informó al helicóptero A-2 que le comunicaran al almirante Estiper, que dentro de una hora estarían en el punto inicial de desembarque de la patrulla, para que fuéramos extraídos por otro helicóptero, pero que éste viniera con otro de apoyo bien artillado que nos sirviera de apoyo de fuego en nuestra extracción, y que a la vez le comunicaran al almirante Estiper que estaban con vida.

Posteriormente, salieron del helicóptero caído y el mecánico extrajo del mismo la ametralladora. El capitán Ben le dijo que nos serviría de mucho. En eso, el comandante Mark comenzó a preparar ciertas conexiones para hacer estallar el helicóptero, incluyendo su rotor de cola. Yo tenía en mis manos el arreo de combate del sargento 1° Estiven y su fusil de francotirador. Realicé un análisis de la situación rápidamente, procedí a quitarme el mío y me puse el arreo de combate del sargento 1° Estiven. Conjuntamente nos dirigimos al otro punto de extracción, y la distancia iba a aumentar porque teníamos que ir en zigzag aprovechando todas las coberturas posibles, y evitar que nos hirieran detener a la vez el avance de los terroristas, hasta que llegara el helicóptero de apoyo y se encargara de ellos.

En el avance hacia el punto de extracción pudimos oír la explosión del helicóptero, y muy próximo a esa área estaban llegando los dos vehículos pickups con los terroristas y nos comenzaron a disparar.

Le dije al capitán Ben que yo me retrasaría un poco para retenerlos a una buena distancia con el fusil de francotirador. El capitán Ben aceptó lo que le dije y procedí a buscar una posición ventajosa.

Al estar en esa posición, pude divisar al francotirador, que por fortuna lo pude observar buscando una posición para realizar sus disparos. No permití que realizara disparo alguno, continué realizando múltiples disparos, dando de baja a varios terroristas y deteniendo su avance. Pero se me comenzó a presentar un problema: ellos comenzaron a avanzar en línea horizontal y disparando, lo cual dificultaba mis disparos.

El capitán Ben se había colocado en otra posición clave con la ametralladora del helicóptero y comenzó a disparar logrando retardar en gran medida el avance de los terroristas. Pero el fuego de las armas de los terroristas era insistente, en eso, traté de avanzar hacia el punto de extracción y colocarme en otra posición ventajosa, pero por desgracia recibí un disparo en mi pierna derecha, y golpeándome con algunas piedras que estaban muy cercas de mí, entré en un desmayo progresivo, hasta quedar totalmente desmayado.

Me contó el capitán Ben que, al ver mi situación, él intentó acercarse al lugar donde yo me encontraba y en eso, recibió un rosón de un proyectil en su cabeza, cayendo al instante muy atolondrado y sin poder reaccionar.

Cuando pude reaccionar nuevamente, pude observar que a distancia los pilotos comenzaron a disparar y los retuvieron un poco, mas ellos seguían avanzando insistentemente hacia donde nos encontrábamos nosotros. Al llegar los terroristas donde nos encontrábamos, nos retuvieron y comenzaron a retirarse como si se fueran a olvidar de los pilotos. Al parecer tenían otras intenciones porque en uno de los dos pickups tenían a un norteamericano atado y con una camisa color naranja. Pude darme cuenta, porque nos unieron a él. Todos procedieron a subir al pickup y nos alejábamos de los pilotos. Estando un poco consciente, también pude observar al capitán Ben un poco atolondrado, por una herida en la cabeza. De repente, se detuvieron y nos bajaron del pickup, sacaron dos camisas de color naranjas de unas fundas y bruscamente me quitaron el arreo de combate y, de igual manera, los del capitán Ben. Procedieron a colocarnos las camisas y ya tenían escrito un mensaje en otra tela, la cual colocaron detrás de nosotros y sostenidas en cada extremo por dos terroristas.

Tres terroristas más se colocaron detrás de cada uno de nosotros con cuchillo en mano y otro al frente con una cámara para grabar lo más rápido posible. La intención era grabar un mensaje, degollarnos y retirarse del área porque sabían que lo más probable era que íbamos a recibir apoyo. En ese instante me encomendé a Dios y le dije que, si era por disposición de él yo terminar así, que así fuera. Pero que se acordara de mí en el día de la resurrección Divina Trinidad.

De repente, sucedió lo inesperado para los terroristas y lo esperado para nosotros. La llegada del apoyo aéreo y los helicópteros llegaron al punto de extracción. El helicóptero artillado venía con cuatro francotiradores, dos en cada lado del helicóptero, desembarcaron en el punto de extracción para asegurar el área, permitiendo la entrada del segundo helicóptero. Al observar a distancia, uno de los francotiradores le comunicó al resto de ellos que tomaran posición por lo apremiante de la situación y muy coordinadamente. Cuando los terroristas se preparaban para degollarnos, recibieron los disparos de los francotiradores cayendo ellos detrás de nosotros y, posteriormente, cayendo los que sostenían la tela escrita con un mensaje.

El resto de los terroristas, al ver todo lo que había sucedido con sus compañeros terroristas, emprendieron la retirada en los dos pickups velozmente. En eso, el helicóptero artillado se suspendió en el aire y se acercó a ellos rápidamente descargando una gran cantidad de municiones sobre ellos, haciendo que los dos pickups hicieran explosión. Luego pasa nuevamente y suelta otra descarga de municiones para asegurarse de que todos los terroristas estuvieran eliminados.

El helicóptero de extracción procedió a acercarse a nosotros y nos subieron a bordo, dándonos la bienvenida los pilotos, quedándose en tierra el mecánico del helicóptero del comandante Mark, quien fue recogido, posteriormente, por el otro helicóptero de apoyo. Pero antes de abordar nos quitaron las camisas color naranja, pedí por favor que me dieran mi camisa y me la pusieran. Estando todos en el helicóptero, el norteamericano resultó ser un periodista y expresaba que él pertenecía a una cadena de televisión, éste no dejaba de abrazar a los pilotos y de dar gracias a Dios.

Me desmayé y desperté luego en una sala de recobro, en la parte de enfermería del portaviones Libertad. En realidad, me sentí libre, una vez más. A los pocos minutos, el almirante Estiper me hace la visita y me da la bienvenida, le pregunté por los demás compañeros y por el capitán Ben, contestándome, que ellos estaban bien y que se estaban recuperando igual que yo.

Al pasar unos días, se presentaron a mi cama todos mis compañeros que fueron extraídos y el capitán Ben, quien de parte de mis compañeros me agradecían todo lo que hice por ellos; yo les dije que éramos un solo equipo y que por eso habíamos tenido éxito. Le dije al capitán Ben que él era un buen comandante, porque en todo momento supo aplicar correctamente el don de mando militar.

En eso, llegó la enfermera y los retiró a todos para realizar una revisión de mi herida en la pierna, al parecer necesitaba de una operación un poco complicada y tenía que separarme de mis compañeros y ser trasladado a tierra, a un hospital militar para que realizaran dicha operación.

Cuando era trasladado a uno de los helicópteros que estaban en el portaviones Libertad, había una calle de honor de la tripulación, quienes me decían que tuviera una pronta recuperación.

Cerca del helicóptero que me transportaría a tierra, estaba el almirante Estiper, el capitán Ben y los demás compañeros que sobrevivieron, para darme la despedida; ellos posteriormente, iban a ser llevados a la base militar Pegaso. Recibí igualmente un caluroso saludo del cabo 1° Crof. Al subir al helicóptero, el piloto del mismo, era el comandante Mark.

En tierra me esperaba una ambulancia de nuestro Ejército y fui trasladado a urgencias del hospital militar en la base militar Saturno en el país de Carania, ya que contaba con los equipos necesarios para mi intervención quirúrgica.

Sentí que todos me recibían con alegría y eso me hizo sentir bien. De inmediato me comenzaron a hacer radiografías de la pierna herida y eso me inquietó un poco y pregunté qué estaba pasando y los médicos me dijeron que presentaba una situación complicada en la pierna y tenían que proceder a operarme para tratar de salvar la misma. Comprendí que era apremiante y les dije que procedieran de una vez. Empecé a buscar el papel en donde estaba escrito el Salmo 91, y no lo encontraba, eso me comenzó a preocupar. Cuando pedí que buscaran en la camisa que yo traía, ya me habían puesto la anestesia en la venoclisis y me dormí, sin saber del Salmo 91 escrito en el papel que me dio mi madre.

Pasada la operación, comencé a despertar. Una vez despierto pude ver a mis padres en ambos lados de mi cama. Ellos al ver que estaba reaccionando me comenzaron a hablar, y me abrazaron. Yo le dije a mi madre que lamentaba mucho haber perdido el papel que ella me había dado, que contenía el Salmo 91. Ella me dijo que no se me había perdido, que cuando ella llegó, al momento de quedar inconsciente, lo vio en la mesita que estaba al lado de mi cama y procedió a colocarlo debajo de mi almohada cuando me conducían a la sala de operaciones. Una vez terminada la operación, cuando me trajeron nuevamente a la cama, tomó el papel que había puesto debajo de la almohada y me lo puso en el bolsillo de la camisa que llevaba puesta. Finalizó diciéndome que, si lo hubiese perdido, me lo reclamaría, pero que ya no tenía uno, sino dos, porque me traía otro papel con el Salmo 91 escrito.

Entonces les pregunté a mis padres sobre la operación de mi pierna, y ellos me dijeron que la operación fue exitosa, aunque quedaría con poca movilidad en ella. En eso, se me salieron las lágrimas y les dije a mi madre y a mi padre que, gracias a ellos, estaba de regreso. Gracias a la formación espiritual que me dieron en la Divina Trinidad, no sólo pudimos cumplir con nuestra misión, sino, que sobreviví a situaciones imposibles las cuales Dios hizo posible. Mi madre me dijo que el Salmo 91 dicho con fe, hace que las puertas y ventanas de los cielos se abran.

Pasaron dos meses y al salir del hospital militar, en la parte de afuera estaban mis compañeros y el capitán Ben. De igual manera, el comandante de la base Saturno nos dio las gracias por todo lo que hicimos, nos informó que seríamos transportados en un avión a la base militar Pegaso, y que en ese avión podían viajar mis padres. En el avión comenzamos a recordar los caídos y al guía Kar, debo hacer mención de él, porque su lealtad se mantuvo en todo momento, y espero que le hagan saber al guía Berti, mi respeto y admiración.

—Cuando llegamos a la base militar Pegaso, fuimos recibidos por las unidades de Fuerzas Especiales de la base y, posteriormente, conducidos aquí donde usted comandante Wen. Es todo lo que tengo que decir, a lo que a mí respecta.

El comandante Wen le dijo al soldado raso Kevin, delante de todos los comandantes generales, que, dentro de poco el presidente de los Estados Unidos, condecorará a toda la patrulla y se dirigirá en un discurso a la nación y al mundo. En eso, entró el almirante Estiper y saludó con un apretón de mano al comandante Wen y a los demás comandantes generales de la base. Se dirigió al soldado raso Kevin y le dijo que su guía

Berti, que estaba casualmente con él, le contó lo sucedido en la patrulla y lo felicitaba, nuevamente; se dirigió también al comandante Wen diciéndole que si no quería en su base al soldado raso Kevin, él muy gustosamente se lo llevaba para el portaviones Libertad. La respuesta del comandante Wen fue la siguiente:

—Almirante Estiper, no tengo en mis manos ninguna petición o solicitud de traslado del soldado raso Kevin, y de mi parte no hay ningún interés de trasladarlo. Por lo tanto, el soldado raso Kevin sigue y seguirá perteneciendo a la base y Brigada Pegaso. Sé que en su portaviones Libertad hasta el último marino cuenta y aquí pasa igual, hasta el último soldado cuenta.

El almirante Estiper agregó, delante del soldado raso Kevin, que el AS DE COCADA le brindó informaciones valiosas a la Central de Inteligencia. Una de ellas se refería a que los misiles tierra aire eran para derribar al avión que trasportaría a valiosas personalidades del Ejército de los Estados Unidos y de los países aliados (con altos mandos de estos países). Estos se reunirían con otros en un área determinada y controlada en la zona de conflicto, en la búsqueda y destrucción de células terroristas.

Al finalizar el almirante Estiper dicha información, todos los comandantes se comenzaron a movilizar hacia el área donde llegaría el presidente de la nación, que es considerada como la primera potencia del mundo.

El capitán Ben condujo a todos los integrantes de la patrulla a una furgoneta para ser trasladados al área en donde iba a estar el presidente de los Estados Unidos. Cuando llegaron al sitio, fueron conducidos por el personal del Servicio Secreto a un salón en donde el presidente iría a saludarlos. Una vez en el salón, entró el señor presidente y le dio un apretón de mano a cada uno. Estaba el capitán Ben, sargento 1° Estiven, cabo 1° Carter, cabo 1° Pitter, cabo 1° Michel, cabo 1° Crof, guía Berti, y el soldado raso Kevin. El presidente les dijo, que todos son merecedores de la medalla al valor y procedió a colocárselas a cada uno, diciéndoles que, en el acto, en donde el diría unas palabras, sólo mencionará la patrulla mas no sus nombres ni la presentación de ustedes físicamente, por la protección de todos y la de su familia. Indicó que la nación entera estaba agradecida por todo lo que hicieron, al devolverle esa fe de esperanza, en donde el bien siempre triunfará sobre el mal.

Posteriormente el presidente se retiró del salón y toda la patrulla se dirigió al salón contiguo discretamente como uno más de los invitados.

En ese salón estaban entidades del gobierno, comandantes del Ejército de los Estados Unidos y representantes de los Ejércitos de los países aliados que conjuntamente realizaban operaciones, para neutralizar y destruir organizaciones terroristas de toda índole, que amenacen la paz y las democracias en el mundo. También se encontraban en dicho salón, periodistas y camarógrafos de las distintas cadenas televisivas del mundo.

En ese momento hace su entrada al salón el señor presidente de los Estados Unidos y dirigiéndose al atril, expresa lo siguiente ante todos los presentes:

—La razón por la que estamos hoy reunidos en la base militar Pegaso es para honrar la memoria de los siete soldados asesinados en el país de Carania, pertenecientes a la base militar Saturno y aquellos que han caído en el cumplimiento del deber en múltiples misiones contra el terrorismo. En referencia al asesinato a sangre fría de los siete soldados, se había podido determinar quiénes eran los autores de éste vil acto.

Por motivos de seguridad y evitar la fuga de información inconsciente, se determinó escoger la Brigada Pegaso, y con esto le quiero decir al comandante de la Brigada Saturno, que ellos también estaban y están en la capacidad de cumplir con estas clases de misiones. ¡Todos somos una fuerza y siempre nos encontrarán unidos! A los valientes soldados que fueron escogidos para la misión a la cual llamamos, sin el sentido de venganza, sino de justicia: "LLAMADA DE SANGRE", mi consideración y respeto— continúo diciendo el presidente — Sabemos que la misión se cumplió con éxito, y en ella perdimos dos valiosas unidades. No pudimos rescatar sus cuerpos, pero sí sus cenizas, las cuales fueron entregadas a sus familiares y a uno de los guías que participó en la misión, con una ceremonia militar, como honramos a todos nuestros soldados caídos en combate y también a los que regresaron con vida, algunos heridos, pero vivos, gracias a Dios.

En la lucha contra el terrorismo siempre nos encontrarán allí, y los terroristas no tendrán lugar alguno para esconderse, porque estaremos detrás de ellos, para neutralizarlos, destruirlos o traerlos ante la justicia norteamericana. Felicito, nuevamente, a los soldados que cumplieron esta delicada misión, la cual cumplieron a cabalidad, en donde la célula terrorista fue destruida por completo, incluyendo al responsable del vil asesinato de nuestros siete soldados, los cuales hoy pueden descansar en paz, porque se les hizo justicia. Que no nos desestimen, porque siempre estaremos ahí, al lado del bien y sabemos que nosotros estamos del lado de Dios y él está con nosotros. Saludos y felicitaciones a todos los comandantes involucrados en esta misión, desde el secretario de defensa hasta el comandante general del Ejército. Hago mención, de igual manera, del almirante Estiper, que en todo momento le brindó sabiamente el apoyo incondicional a la patrulla, haciendo uso del buen don de mando militar. Felicitaciones también al comandante Wen y a sus comandantes de la Brigada Pegaso por tener unidades élites y ser ejemplos para todos los demás del Ejército; y para todos aquellos que se dedican a combatir el terrorismo. ¡Que Dios los Bendiga y siempre esté con ustedes!

En eso, se retira del salón el señor presidente con un caluroso aplauso. El capitán Ben en esos momentos con todos los demás integrantes de la patrulla, se dirigieron al soldado raso Kevin. Él sabía de su próxima boda y que indiscretamente preguntaba si ellos estaban invitados. El soldado raso Kevin le dijo que sí y que él sería el padrino de bodas.

Pasaron varias semanas y llegó el momento de la boda del soldado raso Kevin con su novia Elsa, en donde todo el resto de la patrulla estuvo presente. Todos se divirtieron correctamente en la fiesta.

El capitán Ben en conversación con el soldado raso Kevin le dijo, que siempre estará en su mente lo sucedido en aquella operación y que le agradecía a Dios que a esa misión haya ido él. En eso, se le aparece el sargento 1° Estiven y delante del capitán Ben le dice al soldado raso Kevin que él antes de perder el conocimiento en aquel momento crítico, pudo ver una nube de polvo de arena y en el fondo oír una voz, y de allí perdió el conocimiento.

—Dime Kevin, ¿qué paso allí?

—Lo único que puedo decir es que recibí una orden y simplemente la cumplí. Le respondió Kevin.

Posterior a su boda con Elsa, pasaron muchos años y el soldado raso Kevin, estaba en su retiro anticipado por el problema de su pierna. Él y Elsa tenían una hija a quien llamaron Elsa como su madre. Esta, ya tenía la mayoría de edad y estaba estudiando en la Academia Militar de West Point. Llegó el momento de su graduación como oficial del Ejército. Llegaron a la graduación su padre Kevin y su madre Elsa, y éste muy emocionado la abrazó y le dijo:

—Ha llegado el momento de darte un tesoro que me dejó mi madre y quiero que lo conserves, lo leas y te lo aprendas. Llévalo contigo en todo momento, tenlo presente en los momentos más difíciles de tu vida y con la fe en las tres divinas personas, de seguro tus peticiones serán oídas. Sé humilde y no olvides hacer caridad.

Elsa emocionada, abrazándolo a él y a su madre le dice:

—Y tú, ¿ya no la tendrás?

—Sí, la tendré— le contestó Kevin —Cuando estaba en el hospital militar despertando después de la operación de mi pierna, allí estaban mis padres y le dije a mi madre que lamentaba mucho haber perdido el papel que ella me dio en donde estaba escrito el Salmo 91, y ella me dijo que no me preocupara, que ella traía otro papel escrito con ese mensaje. Que al llegar ella, vio en una mesita que estaba a mi lado el papel y lo tomó e incluyó el que traía y me lo puso en mi camisa, diciéndome que uno más, no estaba de más. Tengo éste otro, y he esperado este momento para darte uno y pedirte que lo conserves por siempre.

Elsa contestó que siempre lo tendría con ella.

Al pasar los meses, su hija Elsa llegó a la casa de sus padres para darle una buena noticia. Estos ansiosos le preguntaron que cuál era esa noticia, y ella les dice que había terminado satisfactoriamente el curso de Fuerzas Especiales, que posteriormente sería trasladada a las Fuerzas Especiales destacadas en Europa. Kevin al oír esto, se inquietó un poco y le dijo a su hija Elsa:

—¿Tienes el papel que te di y que debes llevar contigo siempre?

Elsa le responde:

—Sí, aquí lo tengo junto a mi placa.

Al ver esto, Kevin quedó más tranquilo y le dice:

—Recuerda que en los momentos más difíciles en donde creas que no puedes, sólo llámale, y él estará allí contigo. Nada te pasará, te lo aseguro. Te amamos, y te cuidas.

Cuando la oficial Elsa llega a la base de Fuerzas Especiales destacadas en Europa, es recibida en la oficina del comandante de las Fuerzas Especiales destacadas allí. La secretaria encargada se dirige a la oficial Elsa y le indica que pase adelante, y es recibida por el comandante general Ben. Éste le da la bienvenida, le dice que ya vio su expediente y quería saber si su padre Kevin tenía una lesión en su pierna derecha y si éste era de las Fuerzas Especiales. Ella le dice que gracias a Dios sí y que él estaba bien.

—Bueno, cuando se comunique con él, me lo saluda— dijo el comandante general Ben. En eso, le hace otra pregunta. — ¿Por casualidad lleva usted consigo un papel que contiene el

Salmo 91 escrito en él?

Ella un poco impresionada le dice que sí y se lo enseña. El Comandante Ben también saca uno, se lo enseña, y le dice:

—Por nada lo pierdas, consérvalo siempre.

Elsa le dijo, que su padre Kevin le recalcó mucho eso.

—Oficial Elsa, usted cumpla la orden y siempre esté preparada para cumplir la misión que se le ordene. Puede retirarse— le dijo el comandante general Ben.

La oficial Elsa con un saludo militar se pone a las órdenes y procede a retirarse. Cuando ella llega a la puerta para salir de la oficina, el comandante general Ben le dijo una vez más:

—Oficial Elsa, estoy a las órdenes y quiero que sepa que soy el padrino de boda de sus padres, con esto quiero decirle que aquí en esta unidad de Fuerzas Especiales soy su mejor amigo. No dude en cualquier solicitud de apoyo, que su padre fue mi subalterno en una ocasión, hoy y siempre seremos compañeros de la patrulla LLAMADA DE SANGRE.

# CAPÍTULO CUATRO

## OPERACIÓN RELÁMPAGO

Elsa, hija del soldado raso Kevin, y el cargo, porque teniendo ese grado militar, fue enviado a una misión de alto riesgo. Logró con la ayuda de su fe en Dios, que la mayoría de los integrantes de la Patrulla de Combate regresaran al punto de extracción y fueran extraídos al cumplir (todos), con la misión encomendada. Posteriormente, a su matrimonio con Elsa (esposa), Kevin se sintió emocionado por el nacimiento de su hija, a la cual llamaron Elsa, en honor de su madre.

Al pasar el tiempo, Elsa creció y en estos momentos es una oficial de Fuerzas Especiales del Ejército de los Estados Unidos, con el rango de teniente.

Elsa se encuentra destacada en una base militar en Europa. Pertenece al Batallón de Fuerzas Especiales de la Brigada Relámpago. El comandante del Batallón de Fuerzas Especiales y de la Brigada Relámpago es el comandante general Ben, quien llamó a su despacho a la teniente Elsa y pudo darse cuenta de que es la hija de su mejor amigo y hermano.

También le recordó que estuviera pendiente a cualquier llamado para el cumplimiento de alguna misión de importancia. El general Ben le hace saber que, al revisar nuevamente su expediente, pudo darse cuenta de que también tiene el título de ingeniera en sistemas. La teniente Elsa le responde afirmativamente.

El comandante general Ben le hace saber a la teniente Elsa, que hay una misión muy especial. Una misión solicitada por la Central de Inteligencia, en la cual, está preparando un equipo de suma importancia para ser colocado en un área de interés. Propiamente el equipo especial, es la misión.

El lugar donde se colocará este equipo, es dentro de una población llamada Jarum, un poco grande comparadas a las demás aledañas, le dice el comandante general Ben a la teniente Elsa. La teniente Elsa le pregunta:

— ¿Para cuándo sería la misión?

El comandante general Ben le respondió que no podía darle detalles de la misma, ya que no contaba con los mismos. Le informó que le comunicaron de la misión superficialmente, y que en un máximo de tres meses le hablarían en concreto. Le dijeron que por el momento fuera seleccionando a un oficial con conocimientos en computadoras.

—Esa es la razón por la cual la he seleccionado para esta misión, sin saber a fondo la misión— le dijo el comandante general Ben.

La teniente Elsa se alegró. Le dice al comandante general Ben que, casualmente, ella quería hablar con él, de algo de suma importancia para ella. El comandante general Ben le dice que él es todo oído a lo que le quiere decir. La teniente Elsa, muy emocionada le hace saber que en esos momentos ella estaba solicitando una licencia de dos meses, la razón era porque en el siguiente mes, ella tenía previsto casarse. El general Ben le dice que puede gozar de esa licencia.

Ésta le entrega la invitación para la boda y le dice que si él asiste sería una gran sorpresa para su padre, poder volver a verlo. El comandante general Ben le contesta que primero Dios, allí estará.

—Bueno teniente Elsa, ¿alguna otra cosa?

La teniente Elsa le contesta que es todo.

—Entonces, puede retirarse.

La teniente Elsa adopta la posición de firme y con un saludo militar da su media vuelta y se retira.

Estando fuera de la oficina del comandante general Ben, Elsa llama por teléfono a su novio y futuro esposo (civil), de nombre Jesé. Éste era hijo único, su padre murió y fue criado por su madre, y que, por su edad, está viviendo con ella para poder atenderla. Ella le dice que le aprobaron la licencia solicitada y que estaría viajando el día de mañana para terminar los detalles de la boda. Jesé le dice muy feliz, que él, estará en el aeropuerto esperándola.

Al siguiente día, la teniente Elsa fue llevada al Aeropuerto Internacional de Oretia (nombre del país), por unos compañeros del batallón de las Fuerzas Especiales de la Base Relámpago. Los compañeros le desearon suerte y felicidades en su próxima boda, y que la esperaban de regreso. La teniente Elsa al llegar se despide de todos ellos con un abrazo de agradecimiento y de compañerismo.

Sin darse cuenta, Elsa, ni sus compañeros, estaban siendo vigilados por dos personas con facciones características de las personas de ese país. Al parecer les interesaba la teniente Elsa. Podría ser un blanco seleccionado por ellos o simplemente tenían algunas otras razones de seleccionar en especial a ese blanco. Una de esas razones podría ser, que, sabían que la teniente Elsa era la hija del entonces soldado raso Kevin. Quizás conozcan la historia de lo sucedido en la Patrulla "LLAMADA DE SANGRE".

La teniente Elsa procede a entrar al aeropuerto, dirigirse a la línea aérea correspondiente, posteriormente pasa todos los controles de seguridad del y al llegar a la puerta de abordaje, se sienta a esperar el llamado de abordar. En eso, una de las personas que le estaba dando vigilancia comenzó averiguar el destino y el retorno de la teniente Elsa. Al conseguir la información por medio de sus contactos, se retira del aeropuerto.

La teniente Elsa al oír el llamado de abordaje, enseña su boleto a la chequeadora y procede a abordar. Estando sentada en el avión cuyo destino era EE.UU., donde estaban sus padres y por supuesto, su novio y futuro esposo. Cerró sus ojos quedándose dormida.

La teniente Elsa, posteriormente, fue despertada por la voz de la aeromoza del avión en donde anunciaba que en unos minutos estarían aterrizando. Ya en el aeropuerto, en el área de espera estaba su novio Jesé. El recibimiento entre los dos fue bastante emotivo y de felicidad. Jesé subió el equipaje de Elsa a su vehículo y emprendieron la marcha. Jesé le dijo a Elsa que irían directo a ver la casa que les interesa obtener. Elsa muy positiva le dice que estaba bien.

Al llegar a la futura residencia, la cual anhelaban, Elsa emocionada abrazó a Jesé y lloró de felicidad.

— ¿Nuestro amor será para siempre? — Elsa le preguntó a Jesé.

—Dios está en nosotros y así será— le respondió Jesé.

Elsa le contesta con un gran beso.

Jesé le dijo a Elsa que había hablado con la inmobiliaria para que le prestaran la llave y poder ver la casa por dentro, y que la inmobiliaria se la prestó para tal fin. Elsa se llenó de alegría y le dijo que sí, que ella quería verla por dentro. Jesé procedió a abrir la puerta de la casa, cuando Elsa entró, lo primero que vio fueron a sus padres Kevin, Elsa y Sara la madre de Jesé. Corrió hacia ellos y los abrazó, incluyendo a la madre de Jesé.

Kevin le da a Jesé y a Elsa otro par de llaves de la casa, cosa que Jesé no sabía, diciéndoles:

—Éste es el regalo de nosotros, ya que somos y seguiremos siendo una familia.

Elsa se les arrodilla y llorando les da las gracias y a la vez les dice que ella con Jesé quieren atenderlos a los tres en su vejez. Kevin le dice a Elsa, que eso lo conversó con Jesé y tomaron una decisión. Les pide que salieran afuera. Le dice Kevin a Jesé:

—Otra cosa que habías conversado, pero la decisión la tomamos los tres sin que tú supieras, hasta este momento— le dice Kevin a Jesé y a Elsa— ¿Ven esa casa al frente de la de ustedes? Sí, bueno allí pasaremos nuestra vejez los tres. Con el compromiso que nos dejen ver y atender a los nietos.

Elsa le dice que sus hijos serán también de ellos.

—Bien, empecemos a arreglar lo de la boda— le dice Jesé a Elsa

—Así es. La boda se realizaría en una semana— le respondió Elsa a Jesé, agregando también que ella le tenía una sorpresa a su padre para ese día.

Pasaron los días y llegó la fecha de la boda, y antes de empezar la ceremonia en la Iglesia Católica, se encontraba sentado Kevin en una de las primeras bancas. Éste siente que le ponen la mano en su hombro. Al mirar hacia arriba, se dio cuenta que era el comandante general Ben. En eso, trata de levantarse y Ben le dice que se quedara sentado, que después hablarían, y le dice una vez más:

—Kevin, adivina, ¿quién crees que es el padrino de bodas?

— ¡Tú!

—Así es— le respondió Ben.

La celebración de la boda fue bastante emotiva. Al llegar a la residencia de Kevin, lugar donde se dio la celebración; festividad familiar, donde hubo alegría y felicidad en ambas familias. Sostuvieron una larga conversación Kevin y Ben. Sólo ellos sabían de lo que hablaron. En cuanto a los recién casados compartieron con todos los invitados, todos se sentían en familia. En resumidas cuentas, fue una excelente boda. Se llegó el momento en que los recién casados procedieron a despedirse de todos los invitados y, de igual manera, de sus padres. La luna de mie que tendrían los recién casados, era en la casa de al frente, casa esta de la madre de Jesé. Esta se mudó a la vivienda de los padres de Elsa, dejándole su casa sólo para ellos dos.

Pasaron los días y llegó el momento en que Elsa tenía que regresar a la base de las Fuerzas Especiales destacada en Europa. Se despidió de Jesé y de su suegra; posteriormente, de su madre y de su padre Kevin. Kevin le recordó todas las cosas anteriores y de los cuidados que debía tener. Ella le dijo, que, en la luna de miel, ayunó con Jesé, para que su matrimonio y su familia fueran bendecidas. Kevin en ese momento, le pone la mano en la cabeza y procedió a bendecirla. Jesé se dirige al vehículo y, de igual manera, su esposa Elsa. Procede a llevarla al aeropuerto, Elsa le pedía que cuidara de su madre y de sus padres. Se recostó del hombro de Jesé cerrando los ojos y en silencio.

Una vez en el aeropuerto, lista para pasar aduana y migración, se abrazaron, con un beso se despidieron, diciéndole Jesé, que la esperaría con los brazos abiertos. Elsa le dice que lo tendrá presente en todo momento.

Ya en el avión, tomó su asiento y procedió a descansar, sabía que al llegar a la base Relámpago de Fuerzas Especiales, tendría que volver a reentrenar y ponerse en forma, es decir, en buenas condiciones físicas. Al llegar el avión al aeropuerto en Europa, y salir del mismo, estaban en la entrada principal, el mismo grupo de Fuerzas Especiales que la había despedido. Le dieron una conmovedora y alegre bienvenida. En eso, a una distancia prudente, las mismas personas que la siguieron hasta el aeropuerto para viajar a Estados Unidos, estaban observando su llegada.

Los compañeros de Elsa procedieron a subirle el equipaje a la furgoneta. Una vez todos en ella, se dirigieron a la base de Fuerzas Especiales Relámpago. Al llegar a la base, se instaló nuevamente en su habitación, sentada en un sillón, comenzó a ver las fotos de su matrimonio y algunas de ellas las colocó en un lugar especial de la sala.

Luego, recibió una llamada del comandante general Ben, en donde le da la bienvenida a la base y a la vez le notifica que en el día de mañana necesitaba hablar con ella, la esperaría en su oficina a las 09:00 horas. Ella le respondió que a primera hora estaría en su oficina.

La teniente Elsa, en horas tempranas, procedió a realizar sus ejercicios rutinarios para mantenerse en buenas condiciones físicas. Posteriormente, se preparó para estar a la hora indicada en la oficina del comandante general Ben. Al llegar a la oficina del comandante, fue llamada para reunirse con el general. El comandante general Ben la recibe muy bien, y antes de entrar en detalle sobre la reunión, primero hicieron remembranzas de la boda y del grato encuentro con su amigo y hermano Kevin.

—Teniente Elsa, creo que antes de su viaje a Estados Unidos le había comentado superficialmente de una misión de la Central de Inteligencia. Bueno, quiero decirle que la Central de Inteligencia me ha informado que tiene el equipo especial, en sí, la razón de la misión es ese equipo. Usted ha sido elegida por su especialidad en computadoras— le dijo el comandante.

La teniente Elsa le dice que está a las órdenes para darle cumplimiento a la misión. El comandante general Ben le hace saber que tendrá un entrenamiento sobre el equipo a llevar, ya que el mismo tiene que programarse y conectarse a uno de los satélites de Inteligencia. No sólo conectarlo con el satélite, sino ponerlo a funcionar en el área de interés.

—En el día de mañana, vendrán dos personas de la Central de Inteligencia a informarla con detalles más profundos, con la posibilidad de traer con ellos el equipo especial del cual le he hablado. Ellos estarán esperándola en el salón de operaciones de las Fuerzas Especiales el día de mañana a las 10:00 horas— le confirmó el comandante.

— ¡Allí estaré comandante! — exclamó Elsa.

—También quiero manifestarle, que, antes de partir a la misión, estaré presente, para desearle éxito en la misión y esperar su pronto regreso. Puede retirarse— finalizó el comandante.

La teniente Elsa se retiró con un saludo militar.

En el dormitorio, un poco melancólica, extrañando a su esposo, procedió a llamarlo, teniendo una conversación bastante agradable. Le dice que en unos días saldrá a una misión, pero que pronto estará de regreso. Jesé le pidió que se cuidara y que tome todas las medidas de seguridad. Lo que ella le recalcaba a su esposo Jesé, era que, cuidara de su madre y de sus padres. Jesé le respondió, que eso era seguro, que siempre estaría pendiente de los tres.

Nuevamente, en horas tempranas, la teniente Elsa retoma su rutina de ejercicios, para dirigirse posteriormente a la reunión establecida.

Llegó la teniente Elsa al salón de reuniones donde se encontraban los dos señores de la Central de Inteligencia.

Fueron presentados, para su sorpresa, por el comandante general Ben:

—Elsa, he venido por la importancia de esta misión, queriendo saber todos los detalles de la misma y estar pendiente de usted dentro del área de operaciones, lugar donde se colocará el equipo especial. Saber que usted tendrá todo el apoyo, en su extracción del área de la misión.

La teniente Elsa, le agradece al comandante general Ben por estar pendiente y velar por su bienestar antes, durante y después de la misión. Especialmente, de su extracción del área de situación. El comandante general Ben se dirigió a los dos personajes de la Central de Inteligencia, diciéndoles:

—Señores, pueden ustedes empezar a dar la orientación del equipo especial que llevará e instalará la teniente Elsa en el lugar que se le indique.

El número uno, se dirige a la teniente Elsa, indicándole que él dará la explicación y el número dos procederá a señalar y mostrar las partes que se puedan del equipo, ya que, era muy complejo.

—No se pueden cometer errores en mover o quitar piezas, estas están sincronizadas. De realizar un movimiento de piezas con una equivocación, se activará automáticamente el dispositivo interno de una bomba. La bomba tiene un radio de destrucción de unos veinticinco 25 metros a su alrededor. Una vez instalado este equipo, con los detalles que le seguiremos mostrando, sólo podrá ser desinstalado y desarmado por nosotros, ya que, conocemos la secuencia de desarme.

Es resistente a golpes, queriendo decir, que su transporte

será seguro. Bueno, teniente Elsa, vamos a profundizar más en el equipo, lo que usted tiene que realizar una vez en el lugar que, posteriormente, se le indicará— explicaron las personas de la Central de Inteligencia— Éste es un equipo muy valioso, para la recolección de información y de suma importancia. El lugar donde queremos que sea instalado, es un lugar ideal seleccionado por los informantes que tenemos en el área. En dicha área se ha detectado la presencia de varios blancos de interés para nosotros.

Muchos de esos blancos que han sido detectados, es necesaria su neutralización o destrucción. Son blancos muy influyentes en la parte logística y operacional de grupos o células terroristas, inclusive, conexiones con otros terroristas o seguidores en otros países. Es importante para la central de inteligencia recolectar la mayor cantidad de información de nuestros informantes, para poder realizar una neutralización a gran escala de estos grupos terroristas, ya sea, golpeando su estructura de mando e inclusive sus mandos medios.

Queremos decirle que el área a operar es muy tranquila. Teniendo presente, que, si nosotros tenemos informantes, ellos, de igual manera, lo tendrán, quizás nos superan en informantes. Por ser un área escogida por estos grupos terroristas, se han asegurado que la tranquilidad sea mantenida, aparentando la no presencia de ellos en el lugar. Para realizar reuniones de coordinación y establecer futuras acciones terroristas— finalizaron los señores. En eso, el comandante general Ben, se despide de la teniente Elsa, para dejarla sola y para que reciba en detalle la información del equipo a llevar (ya que la instalación del equipo, era la misión).

El número uno y el número dos, continuaron en la

explicación y demostración del equipo. La teniente Elsa estaba concentrada en toda la información sobre el equipo, para no cometer errores en su instalación.

Al transcurrir un par de horas, dan por finalizada la orientación del equipo especial a la teniente Elsa. El número uno, le proporcionó tres nombres (Alan, Carlos, Alberto).

—Sus verdaderos nombres son otros. El jefe de estos tres es Alan. Ya él tiene su nombre, no el de Elsa, sino, Telmis. Alan estará con los otros dos esperando en el lugar que él ha determinado para el desembarque del helicóptero, esta es la coordenada: 05689358. Posteriormente, cumplida la misión, el área de extracción será en dichas coordenadas anteriores, o sea, donde fue el punto de desembarque. Tendremos un vigilante permanente del área a utilizar para la extracción. De esa manera, aseguraremos su extracción.

De presentarse alguna novedad en la misión, los demás informantes nos lo harán saber y veremos qué acciones podríamos tomar. Se estará pendiente, desde el inicio hasta la finalización de la misión. Mantendremos al comandante Ben informado de todo — informó el sujeto número uno.

El número uno y el número dos le preguntan a la teniente Elsa:

— ¿Tiene alguna pregunta del equipo o de la misión en general?

Respondiéndole que ella espera que sus informantes le presten todo el apoyo para entrar al área y salir de la misma. El número dos le dijo que sus informantes son guerreros desde su juventud y que confían plenamente en ellos. Le recomendaron un arma liviana con silenciador. La teniente Elsa le da las gracias por todo al número uno y al número dos y procede a retirarse. Llamó por teléfono al comandante general Ben y le informó de la finalización de la información del equipo. Respondiéndole el comandante Ben, que la espera el día de mañana a las 09:00 horas, en su oficina para coordinar el día y la hora de su traslado al área de la misión y de cualquier otro detalle.

—Comandante general Ben, mañana estaré en su oficina a la hora indicada— le dijo Elsa, cerrando la llamada y procediendo a realizar otra, en este caso, a su esposo Jesé. Hablaron largo y tendido de ellos y de sus padres.

En horas de la noche, la teniente Elsa, antes de acostarse para el descanso, buscó en su uniforme el Salmo 91, se arrodilló y comenzó a leerlo pidiendo primeramente a Dios sabiduría y entendimiento. Al finalizar, nuevamente guarda el Salmo en uno de los bolsillos de su uniforme.

A parte del Salmo que llevaba en su uniforme, tenía una placa de identificación personal, donde estaba inscrito el Salmo 91. Se acostó y apagó la luz de su cuarto.

En horas tempranas, la teniente Elsa se levanta y realiza su rutina de ejercicios. Antes de finalizar sintió un pequeño malestar (fatiga) y no le tomó importancia. Procedió a tomar su ducha, desayunar y prepararse para ir a la reunión con el comandante general Ben. En trayecto a la oficina del comandante general Ben habló con Jesé de sus planes, una vez regresara nuevamente a los Estados Unidos. Que quizás después de cumplir con sus obligaciones podría ser trasladada y estar cerca de la familia y cumplir como esposa. Jesé le dijo, que ella es su amor y que, si él tenía que estar viajando a donde ella estuviese, lo haría.

—Gracias amor, sé que lo harías. También sé que vamos a estar cerca muy pronto— se despidió Elsa de Jesé.

La teniente Elsa llegó a la oficina del comandante general Ben, saludándolo militarmente, y éste, de igual manera.

—Teniente Elsa, siéntese y hablemos un poco referente a la misión. Es importante que sepas que los riesgos serán eminentes en todo momento. Por tal motivo, quiero que me hagas todas las preguntas e inquietudes que tengas, le pido esto para minimizar el peligro que puedas tener en el área de la misión. Queremos tenerte de regreso sana y salva— le dijo el comandante.

—Comandante general Ben. Una recomendación que me hicieron, era llevar un arma liviana y con silenciador— le respondió Elsa.

— ¿En qué arma has pensado?

—Bueno, he pensado en un arma calibre 22, será un poco más liviana, menos visible, más silenciosa y menos pesada. Con respecto a la vestimenta, no podré estar uniformada. Tendré que utilizar la vestimenta que usan las mujeres de ese lugar y pasar desapercibida. Estaré con uno de los guías permanentemente y dos más, que estarán bajo el mando de él. Éste estará conmigo desde el momento de pisar tierra. Tiene la misión de conducirme hasta el punto donde tengo que colocar el equipo. Tengo que conducirme a través del lugar habitado, por tal motivo debo utilizar vestimentas similares a las que usan las mujeres de ese lugar y caminar al lado del informante que estará conmigo todo el tiempo, como dije, hasta la finalización de la misión. Esta sería cuando él me deje en el área de extracción— le respondió muy segura Elsa.

El comandante general Ben, le dijo que él ve en ella una gran seguridad para tomar y cumplir la misión. También le dice que el día y la hora de extracción será cuando los informantes le indiquen al número uno, a través de la Central de Inteligencia.

—Teniente Elsa, ese será el momento más esperado para mí.

—El Dios Todopoderoso está conmigo y sé que voy a regresar. Es más, comandante Ben, una vez cumplida esta misión, me gustaría estar más cerca de mis padres para poderlos atender un poco más y, de igual manera, estar cerca de mi esposo y de su señora madre, madre que, es también para mí, porque soy como una hija para ella— le dijo la teniente Elsa.

—Tendré en cuenta su petición. Esperaré su regreso de la misión y usted hágame la solicitud de su traslado para una base en Estados Unidos cerca de sus padres y poder atenderlos frecuentemente. Estoy de acuerdo en su petición, no podría desestimarla, proviniendo de la hija que considero mi sobrina. Hago constar que mi actuación es sin preferencia. Actuaría así con cualquier otra unidad, ya sea soldado raso, clase u oficial. Siempre velaré por el bienestar de mis subalternos, aunque sea tan especial como lo es usted, teniente Elsa.

Otra cosa que quería comunicarle personalmente, es que en la misión en la que estuvimos su padre y yo, los superiores que tuvimos nos hicieron énfasis antes de la misión en esto: "Son ustedes los que, al darle cumplimiento a la misión encomendada, levantarán el espíritu combativo de nuestros soldados y mantendrán en alto el prestigio de su unidad y base a la cual están destacados". Esto mismo le digo a usted, teniente Elsa.

Con referente al apoyo en la misión, estaré pendiente en todo momento para que éste sea oportuno.

En el día de mañana tendremos una reunión aquí en mi oficina con el número uno y el número dos de la Central de Inteligencia, el piloto del helicóptero que la transportará al punto de desembarque. Mañana se determinará el día del comienzo de la misión. Le recomiendo estar preparada desde este momento. Se le hará entrega del equipo a instalar en el área, lugar que le indicarán los informantes establecidos en el área, escogidos para esta misión.

De no haber alguna otra inquietud, nos veremos mañana a esta misma hora. — finalizó el comandante.

Se levantó de su silla la teniente Elsa y optando por la posición de firme, saludó al Comandante Ben, y antes de bajar su mano le dijo que no tenía ninguna otra pregunta ni inquietud, por tal motivo, solicitaba poder retirarse. Autorizando el comandante general Ben su retiro.

La teniente Elsa, al llegar a su dormitorio dentro de la base, procedió a comunicarse con su esposo Jesé y sus padres, como usualmente lo había estado haciendo desde que llegó destacada a la base Relámpago en Europa. Gracias a Dios todo lo referente a la familia estaba bien. Era importante que su estado de ánimo fuese positivo en esos momentos. Al caer la noche realizó religiosamente sus oraciones sin olvidarse de leer el Salmo 91.

Al llegar la mañana, realizó su rutina de ejercicios y esta vez no sintió aquel pequeño dolor que sintió en su última rutina. Ya preparada para dirigirse a la oficina del comandante general Ben, se miró al espejo y se dice:

—Teniente Elsa para mantener tu silueta, tendrás que reducir un poco lo que comes. ¡Huuuu, pero estás bien, no te preocupes!

Sale muy animadamente de su dormitorio y se dirige a la oficina del comandante general Ben. Al llegar, es conducida al salón de reuniones y allí estaba el número uno, número dos y el piloto encargado de su al punto de desembarque que se determinará en la reunión, y será el mismo que realizará la operación de extracción.

Una vez estuvieron todos los personajes que debían estar en la reunión, empezaron las preguntas y respuestas. Lo importante era que, al salir de ella, todo tenía que estar claro y coordinado. Durante la reunión se estableció que la operación empezaría desde las 04:00 horas del día siguiente, por la premura del inicio de la operación. Por parte de la teniente Elsa no había objeción, ya que estaba preparada.

Ella sabía que, al llegar al punto de desembarque, allí estaría el informante Alan esperándola para darle protección, guiarla al punto establecido, instalar el equipo especial, dejarlo operativo y dirigirse al punto de extracción y listo. También sabía de las medidas de seguridad que tenía que tomar por ser un área concurrida por terroristas.

Al estar todo claro para dar inicio con la misión a la hora establecida, el comandante general Ben, da por finalizada la misma.

—Bueno, teniente Elsa, nos vemos a las 04:00 horas en la Fuerza Aérea de la base.

— ¡Allí estaré, lista para dar inicio a la misión! — exclamó Elsa.

Quince minutos antes de la hora prevista, la teniente Elsa estaba en la base de la Fuerza Aérea. En eso, se aproximaba una camioneta deteniéndose en el hangar donde esta se encontraba. Al detenerse, bajaron de la misma, el comandante general Ben, el número uno y dos. Se dirigieron a la teniente Elsa y mirando hacia arriba le manifestaron que las condiciones meteorológicas estaban un poco en contra, lluvia con fuertes vientos.

Uno de los pilotos se dirigió al comandante Ben, diciéndole que por el mal tiempo era recomendable esperar a que mejorara.

—Eso es correcto, viniendo la sugerencia de ustedes, esperaremos a que mejore el mal tiempo— respondió el comandante Ben.

Siendo aproximadamente las 06:00 horas, se presentaba un buen tiempo para poder volar. Los pilotos le hacen saber al comandante general Ben, que están listos para salir. Mientras esperaban el mejoramiento del mal tiempo, el número uno y dos, le habían dicho al comandante general Ben, que por la hora no había ningún inconveniente, ya que, el lugar de desembarque seleccionado por los informantes era un lugar despejado y seguro.

Al salir a las 06:00 horas, se vulnera un poco la seguridad por la visibilidad expuesta en el movimiento. Aun así, se mantuvo en pie, la continuación de la misión, a pesar de que a esa hora comenzaban a darse movimientos del personal que realizaba trabajos en la base aérea: desde la parte externa de la Fuerza Aérea, para mayor especificación, en las afueras de la base Relámpago, ya que la Fuerza Aérea estaba dentro de ella. Dos terroristas dentro de un apartamento a distancia, con un telescopio de alta potencia, observaban los movimientos de la Fuerza Aérea.

En esa observación, concentraron la misma en el hangar donde se encontraba la teniente Elsa. Pudiendo observar el momento en que ella recibía el equipo a llevar, colocándolo en una mochila táctica, observando también el momento de la despedida del comandante general Ben y del número uno y dos, para dirigirse al helicóptero. Fue allí, la sorpresa de uno de los terroristas cuando pudo verle el rostro a la teniente Elsa vestida con ropa que usaban las mujeres islámicas de esa área, podían observar su abordaje en el helicóptero. Al levantar vuelo el helicóptero y ver la dirección que tomó, comenzaron a deducir, que en esa dirección se iba para la población de Jarum. Los terroristas realizaron varias llamadas por celular, notificando la salida del helicóptero y con el blanco de interés para ellos con vestimentas que usaban las mujeres islámicas del lugar. Los Terroristas que recibieron la información, comenzaron a activar a todos sus informantes en esa área y más en la población de Jarum.

El traslado en helicóptero duraría aproximadamente dos horas dentro de las fronteras de Oretia y al traspasarla, una media hora de vuelo rasante dentro del país Alsamira, donde se encontraba el punto de desembarque, allí en ese punto estaría Alan, encargado de llevarla a la población de Jarum. Lo del cumplimiento de las horas estimadas, dependerán de las condiciones meteorológicas en la ruta de vuelo. No se coordinó esta misión con Alsamira, porque en dicho país se establecen muchos jefes terroristas y se mantienen bien informados de cualquier movimiento que realice el gobierno externa e internamente. Era un país que no pertenecía al grupo de países aliados a Estados Unidos. La teniente Elsa agradeció la información del comandante del helicóptero que la transportaba. Posteriormente, cerró los ojos y en oración se encomendó a Dios, después pudo leer el Salmo 91, que llevaba dentro de sus vestimentas. Al finalizar, lo guardó y se puso a observar a lo lejos por la ventana del helicóptero.

Transcurrido el tiempo, el copiloto le hace seña a la teniente Elsa para que se preparare con todo su equipo y le dijo.

—Teniente Elsa, en pocos minutos estaremos llegando a las coordenadas indicadas para el desembarque, le recuerdo nuevamente tener todo el equipo a bajar listo.

En ese momento, el piloto jefe le desea éxitos en su misión:

—Una vez finalizada, vendremos a buscarla y llevarla nuevamente a la base Relámpago.

La teniente Elsa agradece a los pilotos y al mecánico del helicóptero, diciéndoles que regresará al punto nuevamente para volver a casa. En eso, el copiloto le dijo que estaban en el lugar y realizarán el desembarque. La teniente Elsa tomó todo su equipo y al abrirse la puerta del helicóptero procedió a bajar en dirección hacia las once del helicóptero, evitando de esta manera el rotor de cola. Al bajar y retirarse el helicóptero del área de desembarque, apareció Alan (nombre ficticio de fácil pronunciación para Elsa). En eso, Alan habla y dice:

— ¿Tú eres Telmis?

—Sí, yo soy Telmis y tú, ¿eres Alan?

—Sí.

—Entonces será bueno que nos movamos de este lugar rápidamente.

Alan quiso ayudar a Telmis con su mochila, pero ella le dijo que era mejor que ella la llevara. Insistió Alan sugiriendo que era mejor colocarla en un asno, que tenía en ese momento allí y cubrirla con una frazada. Esto haría parecer una simple carga que llevaba el asno y ellos caminarían como pareja. De esta manera podrían entrar al poblado disimuladamente y dirigirse al lugar indicado para la colocación del equipo especial. Telmis analizó lo dicho por Alan, dándole la razón, y ella misma colocó su mochila en el asno. Cuando todo estaba listo para partir, salieron de sus posiciones encubiertas, Carlos y Alberto, quienes fueron presentados a Telmis.

Alan le dice a Telmis que, Carlos y Alberto, estarían en lugares cercanos a ellos, para darles un apoyo oportuno de llegar a necesitarlo. Con respecto a las armas, las mismas estarán en lugares estratégicos ocultas.

—Nosotros, sólo portamos cuchillos de forma disimulada. La razón es que, por ser un lugar de bastante tranquilidad, los lugareños evitan tener o portar armas visibles, sólo se atreven a portar estas armas visiblemente los informantes de los terroristas que están bien organizados, protegiéndose unos a los otros. Ellos mantienen armas en lugares estratégicos para reaccionar en su defensa y cuando sus jefes de algunos grupos o células terroristas realizan sus reuniones de coordinación, para sus futuras acciones terroristas o establecer ordenanzas y coordinaciones internas, se colocan en lugares establecidos y no se mueven de ahí, hasta que, sus jefes terroristas hayan finalizado su reunión y retirado del lugar.

Bueno Telmis, ya conoces a Carlos y a Alberto, ellos tomaran otro camino, e inclusive, habrá ocasiones en donde estarán separados, realizando su trabajo de recolección de información. Estarán ahora como yo, empeñados en su misión y de salvaguardar su vida— le dijo Alan.

Carlos y Alberto antes de retirarse se despidieron de Telmis y ella, de igual manera, lo hizo. Cuando Telmis quedó sola con Alan, le dice que tiene dos inquietudes.

—Dígamelas, Telmis. Es necesario estar claro en todo.

Telmis le dice que ella carga en su cintura y de manera bien cubierta, un arma calibre 22.

—Sí, yo no lo he notado. No hay problema, siempre y cuando tenga el cuidado de no hacerla visible. ¿Cuál es su otra inquietud? — respondió Alan con otra pregunta.

—De verme en la necesidad de llamarlo delante de otras personas, el nombre de Alan podría ser no muy oportuno. Es más, causaría problemas.

—Es cierto Telmis. Entonces llámame como mis compañeros: Shalem. Con respecto al nombre verdadero de mis compañeros, sólo ellos podrían dártelo— le respondió Alan.

—Bueno, Shalem, ahora si podemos continuar a Jarum. Es más, ¿a qué distancia estamos de ella?

—A unos diez kilómetros— respondió Shalem.

Comenzaron el avance hacia la población de Jarum, pero Shalem le sigue dando instrucciones a Telmis sobre las costumbres de las mujeres del lugar, sus formas de vestir y de las costumbres del pueblo. El pueblo era tranquilo, pero a la vez peligroso. En ocasiones, pasaban incidentes graves, pero sabían cómo disolverlos rápidamente.

—Cuando lleguemos a Jarum, pasaremos por un punto seguro en donde pernoctaremos y recibiremos información de Carlos. Él nos informará de cómo está todo actualmente, y de qué manera nos conduciremos al siguiente punto. Punto donde se encuentra Alberto. En dicho lugar es donde se colocará el equipo especial que usted trae— le dijo Shalem a Elsa.

Al transcurrir el tiempo, divisan la población de Jarum. En eso, Shalem le recuerda a Telmis que actúe normalmente. Llegan y entran a la población de Jarum, proceden a dirigirse al punto donde se encontraba Carlos. Durante ese trayecto, pudieron apreciar un gran movimiento de personas, siempre actuando como los lugareños del poblado. Por suerte, llegaron al punto donde se encontraba Carlos. Shalem tocó la puerta de una forma inusual, al parecer, transmitiéndole a Carlos que podía abrir la puerta de forma segura. Abrió la puerta, los hizo pasar, luego la cerró quedando él afuera, para llevar al asno por la parte de un costado de su casa. Colocó el asno en un corral y desmontó la mochila, la llevó consigo y entró por una puerta lateral desde donde había dejado al asno. Se encontró con Shalem y se dan un buen saludo, posteriormente, saluda a Telmis. Los saludos realizados a Telmis son de acuerdo a las costumbres de ellos. Le hace entrega de su mochila, Telmis les dice que el equipo que lleva en la mochila es un poco delicado.

De pasarle algo a ella, que no los lleguen a manipular, puesto que la central de inteligencia les mandaría una persona especializada y conocedora del equipo. Telmis levantó la mochila y la colocó en un lugar seguro. Cuando quiso sentarse, nuevamente sintió un dolor un poco más fuerte en su cintura encogiéndose unos segundos. Shalem pudo observar lo que le pasaba a Telmis y le preguntó:

— ¿Telmis, ese dolor te empezó desde el inicio de la misión?

—Bueno, Shalem, estando en la base y a la finalización de mis ejercicios de rutina, sentí un pequeño dolorcito en la misma área, pero esta vez, es un poco más fuerte— le respondió ella.

— ¿Está usted casada?

—Sí, hace unos meses atrás.

—Bueno, Telmis. Creo que ese dolorcito es la gestación de una nueva criatura.

—No, no puede ser. ¡No puedo estar así, estando en una misión! — exclamó Telmis.

—Telmis, no se preocupe, vamos a tener que planear todo con precisión, para evitar que usted haga esfuerzos innecesarios, que la puedan afectar.

—Gracias Shalem, le voy agradecer siempre sus buenas atenciones hacia mi persona.

—Telmis, mi objetivo es protegerla en su misión. Carlos y Alberto, también están claros en esto. Primero nuestras vidas, antes que la suya. Ahora nuestra misión de protección se redobla, porque, no es usted solamente, hay uno que viene en camino y desde su vientre, ya está cumpliendo una misión—añadió Shalem.

Telmis agradece nuevamente a Shalem y éste le dice:

—Ahora, sólo queda comer algo y descansar. El día de mañana Carlos irá donde está Alberto. Llevará su mochila con el equipo especial y observará la ruta que vamos a tomar, para que no haya ningún peligro en nuestro movimiento. Al regreso de Carlos, nos dirá cómo está todo, de ser favorable realizaremos el movimiento hacia donde esta Alberto.

Vamos a minimizar los riesgos, una vez colocado el equipo. Planearemos la salida de Jarum, comunicaremos a nuestro contacto de la Central de Inteligencia, para que procedan a enviar el helicóptero y realizar su extracción en las coordenadas previstas. En sí, realizaremos todo a la inversa. Alberto, Carlos, salida de Jarum, tomar ruta hacia el lugar de extracción. Uno de nuestro grupo de informantes, estará pendiente de nuestra salida de Jarum, para informar y solicitar el helicóptero. De estar todo normal, una vez estemos en el punto de extracción, el helicóptero estaría llegando unos treinta minutos después. Tiempo para asegurar el área con Carlos, Alberto e incluyendo al que ya tenemos en dicho punto. Carlos y Alberto llegarán al punto de extracción por otra ruta diferente a la nuestra. — explicó Shalem a Telmis.

—Estoy clara en todo lo que me ha dicho, seguiré todas sus indicaciones.

—De estar todo claro, descansaremos y empezaremos a ejecutar lo planeado— dijo Shalem.

Telmis se retiró a un lugar asignado para su descanso. Se arrodilló a solas y comenzó a orar, diciéndole a Dios, que no fue su intención venir a tal misión de esta manera. Ahora le pedirá doble protección. La oración de Telmis se extendió un poco más de lo usual. Al transcurrir unos minutos, se puso cómoda y se acostó con precaución. Acostada comenzó a tocarse su vientre, se lo sintió un poco grande y se dijo:

—Elsa, ¿cómo no te diste cuenta antes?, tuviste avisos y no le tomaste importancia. Ahora tendrás que tener mucho cuidado y llevar a casa, el que viene en camino, niña o niño.

A la mañana siguiente, se levantó cuidadosamente. Para sorpresa de Telmis, su desayuno ya estaba preparado por Shalem.

—Señora Telmis, cuando esté lista puede pasar a la mesa y alimentarse, recobrar sus fuerzas, le fue incluido un vaso de leche de cabra— dijo Shalem.

Telmis le agradece, y se prepara para desayunar, preguntando por Carlos.

—Carlos salió en horas muy tempranas al encuentro con Alberto, esperaremos su regreso. Dependiendo, de lo que él nos diga, nos movilizaremos hasta donde se encuentra Alberto. Carlos se movilizó con su mochila que contiene el equipo especial, ellos saben que no lo deben manejar— le informó Shalem a Telmis.

Telmis entiende y continúa desayunando. Shalem continúa hablando y le dice a Telmis:

—En caso de que nunca haya montado un asno, en esta

ocasión lo hará.

— ¿Cómo así, Shalem?

—Telmis, al salir de Jarum, usted irá montada en el asno, no irá caminando al punto de extracción. De esta manera, protegeremos su embarazo.

—Pobre asno, espero no caerme.

—Como le dije, al salir de Jarum, uno de nuestro grupo de información notificará a nuestro contacto de la Central de Inteligencia sobre nuestro movimiento hacia el punto de extracción, gestionarán la salida del helicóptero para su extracción— indicó Shalem.

Telmis le dice a Shalem que ella necesitaba saber, si el equipo funcionaba o no.

—Es una gran oportunidad de utilizarlo para saber si todo está bien— le respondió Shalem.

—Tiene usted razón, lo vamos a utilizar. Mandaremos la información de nuestro movimiento de las dos maneras— Telmis le dice que la información que se enviará por medio del equipo una vez instalado, será también recibido por la Central de Inteligencia, transmitirán la información a los dos agentes que están en la base de Fuerzas Especiales Relámpago. Ellos comunicarán al comandante general Ben, para enviar el helicóptero. De inmediato le hizo una pregunta a Shalem:

— ¿Cómo reciben ustedes requerimientos y respuestas de la información que envían?

—Bueno Telmis, para su conocimiento ese es el lugar más

discreto que tenemos. El grupo de informantes dedicados a transmitir y recibir los mensajes, su éxito es el de pasar desapercibidos y estar alejados de los problemas que se susciten en el área.

—El nuevo equipo estará sincronizado con el equipo que ustedes ya tienen, lo que pasa es que éste tiene otras funciones adicionales que me explicaron superficialmente. Creo que tiene otras funciones más.

Transcurridas las horas, llegaron al punto donde estaba el informante Carlos. Notificó a Shalem que vio todo en calma y normal en la ida, pero al regreso pudo percatarse que algunas de las personas que se encontraban vendiendo sus productos en el área, no estaban. Algo que no es normal y también pudo observar a dos personas que se movían rápidamente hacia una de las entradas de Jarum. En eso, Telmis le pregunta a Shalem:

— ¿Qué estaba pasando?

—Carlos tiene ciertas inquietudes, por lo que pudo observar al regresar a nosotros. Debemos esperar un poco más, de esta manera podemos darnos cuenta si los informantes de los terroristas realizan algún movimiento inusual. De no darse y todo permanezca tranquilo, realizaremos nuevamente el movimiento de Carlos hacia donde se encuentra Alberto. Debemos saber que todo está correctamente. ¡Quiero asegurarme que su desplazamiento sea seguro! — exclamó Shalem.

Carlos se estaba preparando para salir hacia donde estaba Alberto, haría el recorrido con mayor precaución. Una vez listo, se despidió y salió de la casa para dirigirse donde Alberto.

En el trayecto, Alberto pudo darse cuenta que algunas personas abordaban a las mujeres, en especial, a aquellas que se movilizaban solas. Al llegar, un poco preocupado por lo que pudo observar, éste también le dice que él había salido y pudo observar lo mismo. Hizo contacto con uno de los informantes de otro grupo que observó otra clase de movimientos de estos informantes terroristas, afirmándole que cuando ellos hacen ese tipo de movimiento es porque se preparaban para recibir algunos terroristas que estaban por llegar. Carlos le da las gracias a Alberto por la confirmación de lo que pudo observar y por la posible llegada de algunos terroristas.

Carlos se preparaba nuevamente para salir del sitio donde se encontraba Alberto y trasladarse nuevamente al lugar donde estaban Shalem y Telmis. Al salir como persona lugareña, en ese mismo instante llegó un vehículo con cuatro personas y pasan cerca de él. Pudo observar un punto de mira de un AK47. Al ver esto, sabía que un jefe de alguna célula terrorista viajaba en dicho vehículo. Siguió normalmente caminando hacia donde Shalem.

Al llegar, Carlos les cuenta todo lo observado y de la posible llegada de un terrorista a Jarum. Esto preocupó a Shalem y le dijo a Telmis que por hoy no habría ningún movimiento hasta saber el porqué de la revisión de las mujeres. Los otros eran movimientos normales en el área. Shalem se dirigió a Telmis para ponerla al tanto de toda la situación:

—Tengo que asegurarme de que llegue hasta donde se encuentra Alberto y pueda poner a funcionar el equipo. Por su condición, tengo que ser más cuidadoso.

Telmis le manifiesta que ella se regirá por las medidas de

seguridad que se tomen, que ella sabía de su condición. Shalem y Carlos se preparaban para salir a las calles del pueblo de Jarum. Salen y dejan en la casa a Telmis, pero antes le dijeron que en caso de algún inconveniente se refugiara en un lugar secreto que estaba dentro de la casa. Telmis quedó sola y un poco preocupada de lo que podría pasar.

Preocupada por el bebé en camino. Su esposo y familia no sabían lo del bebé. En eso, se arrodilla y se pone a orar. Al finalizar la oración, procede a leer el Salmo 91. Una vez sentada, nota que su vientre está más grande. Se acuesta y se queda dormida. De repente, se despierta un poco alterada y se dice en voz alta:

—Telmis, tienes que estar alerta, pendiente a todo lo que pasa.

Se levanta de la cama, arregla sus vestiduras colocándose la pistola calibre 22 en su cintura de una forma cómoda. Comienza merodear por dentro toda la casa, aunque un poco pequeña, pero interesante. Por último, pudo observar desde una ventana el asno en su establo comiendo tranquilamente.

Transcurría el tiempo, Shalem y Carlos no aparecían. Esto comenzó a preocupar a Telmis, pero sus instintos le decían que debía esperar y confiar en sus compañeros. Telmis se decía:

— ¡Recuerda que la paciencia es una virtud!, ellos vendrán.

Se fue a la cocina y buscó algunos alimentos para cocinar, tanto para ella como para Shalem y Carlos. Suponía que al llegar tendrían hambre. Bueno, esperando que les gustara lo que ella iba a cocinar.

Su padre mientras tanto, estaba orando por ella, pidiendo a Dios protección, sabiduría y que su estos fuera permanentes.

De repente, en la casa donde se encontraba Telmis, tocaron la puerta, con los toques de contraseña. Telmis se acerca a la puerta y la abre. Entran Shalem y Carlos. Shalem llama a Telmis y le dice:

— ¡La mujer a la que buscan es a ti! Me enseñaron una foto en dónde estabas con otro grupo de soldados americanos en el aeropuerto. Nos preguntaron si te hemos visto, al parecer tienen un gran interés por ti. Ofrecen dádivas por el que les proporcione información. Las cosas se comienzan a complicar más todavía.

La red de informantes de los terroristas está activada en todos los lados del pueblo de Jarum, pero han disminuido esa búsqueda porque el jefe terrorista al parecer se retiró de Jarum. Espero recibir información de los demás informantes que tenemos y analizar toda esa información, para determinar si hay algún plan visible de los informantes terroristas.

—Bueno, Shalem y Carlos, podemos hacer un alto. Los invito a comer de lo que cociné, esperando que les guste— respondió ella.

Pasaron a la mesa, empezaron a orar y, posteriormente, a comer reflejando un gesto agradable manifestando el buen sabor de la comida, diciéndole de esa manera a Telmis que la comida estaba buena. Mientras comían todos permanecían en silencio. Al finalizar de comer dieron gracias a Dios. Telmis al ver esto se conmovió, le hizo recordar a su padre. Cuando que él se sentaba a la mesa a tomar sus alimentos, siempre oraba y lo hacía una vez más al finalizar.

Nuevamente Shalem se reunió con Telmis y comenzó a decirle que no se movilizaran de allí, hasta haber recibido todas las informaciones necesarias de sus informantes.

—Después de realizar el análisis como les dije antes de sentarnos a comer, realizaremos un plan de movilización hasta donde se encuentra Alberto— dijo Shalem.

Durante todo el día y la noche, Shalem recibía información referente al pueblo de Jarum y las actividades de los informantes terroristas.

Al otro día, Shalem se reunió con Carlos y comenzaron a analizar todas las informaciones recibidas proporcionada por los encargados de recibir las informaciones. Luego de realizar el análisis de las informaciones, determinan que la hora más apropiada para movilizarse hasta donde se encontraba Alberto era la hora de la cena, había menos vigilancia por los informantes terroristas y menos gente en la calle.

Shalem se reunió con Telmis y le dijo que para la tarde debía de estar lista para ser trasladada hasta donde estaba Alberto.

—Carlos irá adelante, teniéndonos visibles. En cuanto a mi persona iré con usted, por cualquier inconveniente con los informantes durante el camino, deje que yo arregle todo. Una cosa que les diré es que usted está preñada y es mi esposa, para evitar más preguntas e inquietudes por parte de ellos— dijo muy seguro Shalem.

Telmis le dice a Shalem que estará lista a esa hora para partir y darle cumplimiento a la misión de instalar el equipo y, posteriormente, prepararse para regresar a la casa de Carlos y de allí salir al punto de extracción. Shalem le pide a Telmis, que a él le gustaría saber por qué la estaban buscando a ella tan afanosamente los jefes terroristas y si había algún inconveniente. En eso, Telmis le responde que no había ningún inconveniente, que ella supone, que el interés de los jefes terroristas de querer capturarla es realizar venganza por lo que les causó su padre. Pero todavía ella se pregunta, cómo ellos se dieron cuenta de que era la hija de Kevin. Sería que al llegar a la base Relámpago en Europa, se generó algún rumor sobre su llegada diciendo que había llegado a la base la hija Kevin.

—Quizás conocen en parte, la historia de mi padre, en donde la única misión que tuvo, misión de mucho riesgo, fue exitosa. Este rumor quizás ha llegado o por lo visto llegó a los terroristas— dijo Telmis.

Shalem le dice a Telmis que a él le gustaría oír sobre su padre y su misión. Telmis le dice que con gusto le contará sobre su padre y su misión.

—Mi padre era, en ese entonces, un soldado raso de Fuerzas Especiales. A pesar de ser un soldado raso, fue escogido para una importante misión. Esta era encontrar a un jefe terrorista que participó en una emboscada de unos soldados estadounidenses, pero uno de nuestros soldados antes de morir logró ver al jefe terrorista y con su sangre dejó una pista para que supieran quién lo había hecho.

La Central de Inteligencia pudo deducir quién era el jefe terrorista. Se determinó realizar una misión para la neutralización y destrucción de esta célula terrorista con su jefe. Se escogió al personal y dentro de ese personal seleccionado, estaba mi padre.

# CAPÍTULO CINCO

## LO INESPERADO

Durante la misión, mi padre me contó que, en la ruta hacia el objetivo, se encontraron con lugareños del área. Pero lo interesante es que cada uno presentaba una situación diferente. Que uno no tenía agua, otra no tenía comida y el que más le conmovió fue uno con su esposa e hijo, pues tenían agua y comida, pero no tenían cómo abrigarse, en especial al niño. Otra cosa es que, mi abuela le había dado a mi padre escrito en un papel, el Salmo 91, y mi padre lo leía constantemente.

La neutralización del objetivo se estaba llevando sin contratiempos, de repente, una ráfaga de un AK47 irrumpe en el lugar, ya que las únicas armas que realizaron disparos, fueron los de la misión de mi padre con silenciador.

Los disparos del AK47 eran de uno de los abatidos terroristas, que antes de morir, con esa ráfaga avisó al resto de los terroristas que se encontraban en otro lugar. Eso causó un enfrentamiento con los terroristas. Ellos superaban en número a los de la misión.

En la retirada, dirección al punto de extracción ya estaban siendo alcanzados por los terroristas, y mi padre por ser el más joven del grupo, se regresó para auxiliar a uno de sus jefes del grupo que estaba herido.

Cuando él se preparaba para tomar a su amigo en hombros y llevárselo, sintió que el tiempo se detuvo, cubriéndolo una nube de polvo de arena en donde oyó una voz que le dijo: "Tenía hambre y me diste de comer, tenía sed y me diste de beber, tenía frío y me diste tu abrigo. Aquí estoy contigo, toma a tu compañero y regrésate, no mires hacia atrás". En eso, la nube de polvo de arena se hizo un torbellino tan fuerte que rugía y se dirigió hacia los terroristas quedando todos carbonizados. Debe de ser que, posteriormente, llegaron otros terroristas al lugar o de alguna manera les llegó la información de lo sucedido mencionando el nombre de mi padre.

Por lo que has dicho, sobre la foto, de seguro han estado tratando de dar con mi padre, al no encontrarlo y saber que soy su hija, quieren atraparme. ¡A saber, Dios para qué! — le contó Telmis a Shalem la historia.

Shalem al oír todo lo que le contó Telmis de su padre, se conmovió y le dijo:

—Por lo que veo, al grupo o los grupos terroristas que saben lo que sucedió en esa misión con su padre, ya no les interesa él, ahora el interés es usted.

— ¿Por qué yo? — le responde Telmis.

—Porque ellos quisieran tener un descendiente con esas cualidades espirituales. Se sentirían protegidos y realizarían sus actos terroristas con más confianza. Quisieran ellos capturarla para que usted tenga relaciones sexuales con uno de sus jefes. Con el propósito de que los venideros sean terroristas con gracia divina. Como usted está preñada van a querer esa hija o hijo, para criarla o criarlo en las costumbres religiosas de ellos, digo de ellos porque han tomado el camino de la violencia y de la barbarie. Ven en su padre, ahora transmitida a usted, esa gracia divina y ellos la quieren.

Bueno Telmis, descanse y le aviso con tiempo para que se prepare. De estar todo bien, haremos el movimiento— se despidió Shalem de Telmis.

Al llegar la hora para realizar el movimiento hacia el lugar de Alberto, esta se suspendió por el mal tiempo: un fuerte viento acompañado por una nube de polvo de arena. Shalem al ver esto se extrañó. Le dijo a Telmis que tendrían que esperar que el tiempo cambiara y cuando todo estuviese normal realizarían el movimiento. El mal tiempo continuaba, esto le estaba preocupando a Shalem, porque los informantes se mantenían a la expectativa de ubicar a Telmis, a pesar que desconocían que Telmis se encontraba entre ellos (en el pueblo de Jarum). Carlos salía constantemente en busca de provisiones, a pesar del mal tiempo. Pudo ver algunas personas moviéndose en el lugar con la observación de que ninguna era mujer. Recomendó esperar.

Al pasar tres semanas, el comandante general Ben se comunicó con el número uno y dos de la Central de Inteligencia que se encontraban en la base Relámpago. Una vez reunidos, le preguntó sobre la operación, ya que habían pasado algunas semanas y le gustaría tener algún reporte de la misma en caso de querer sus superiores alguna información.

—Creo que ustedes comprenden mi situación y no quisiera quedar mal ante ellos, siendo yo el comandante del Batallón de Fuerzas Especiales— les dijo el comandante general Ben.

—Comprendemos todo lo que nos dice señor comandante. Por ese motivo lo pondremos al tanto de la situación con respecto a la misión de la teniente Elsa. Antes de irnos a los detalles, haremos una llamada a la Central de Inteligencia para pedirle la última información que se tiene de la teniente Elsa y su misión. Pueden tomar cualquiera de los teléfonos que hay aquí. El número dos le da las gracias, pero la realizaremos con un teléfono especial satelital que portamos para recibir y transmitir información. De usar su teléfono, en este caso, tendría que responder a varias preguntas a la Central de Inteligencia por medidas de seguridad. En ese caso, realice sus llamadas con su teléfono satelital. El número dos realiza la llamada, le responde la Central de Inteligencia y él se identifica. En eso, toma el teléfono el número uno y también se identifica. Le hace el requerimiento. La Central de Inteligencia le responde que recibirá la respuesta por la impresora portátil. A los pocos minutos reciben la información escrita, pero en clave. El número uno le solicita unos minutos para traducir el mensaje y hacérselo saber al comandante general Ben.

Una vez descodificado el mensaje, el número uno se lo da a conocer con el resto de las demás informaciones que ya tenían:

—La situación actual es la siguiente: La teniente Elsa se encuentra en el poblado de Jarum, esperando que las condiciones del mal tiempo pasen, fuertes vientos con polvos de arena impiden la visibilidad, inclusive la movilización en el pueblo. Nuestro informante que se encuentra con la teniente Elsa, nos ha informado que el equipo está en el lugar donde se instalará, están esperando el momento apropiado para trasladar a la teniente a ese lugar. Una de las situaciones que se ha presentado en Jarum, es la presencia de uno de los jefes terroristas que frecuentan dicho poblado. Cuando esto pasa, nuestros informantes tratan de averiguar el porqué de la presencia de un jefe terrorista en el área. En esta ocasión, pudieron averiguar, que los informantes terroristas que también se encuentran en esa área están mostrando una foto de una mujer. Resulta ser que la de foto es de teniente Elsa.

— ¿Cómo puede ser eso? — expresó el comandante general Ben — ¿Cómo tienen ellos una foto de la teniente Elsa? Y, ¿cómo saben que está en esa área? Podrían ustedes decirme la situación de la teniente Elsa, ella está bien o existe algún riesgo en el lugar donde está.

El número uno le responde al comandante general Ben que los riesgos aumentaron al momento de la llegada de uno de los jefes terroristas a Jarum, y según sus informantes, fue él quien les dio la foto a sus informantes del área. De alguna manera, ellos se dieron cuenta de la salida de la teniente Elsa.

—La foto que le mostraron a uno de nuestros informantes de la teniente Elsa, era cuando ella estaba en el aeropuerto con un grupo de unidades, al parecer para despedirla— dijo el número uno.

—Mmmm, quiere decir que ellos saben que ella es la hija de Kevin. Tienen interés en capturarla y eliminarla, ya que no han podido hacerlo con su padre. Señores número uno y dos, quiero decirle que la teniente Elsa está corriendo mucho peligro, comuníquele a sus informantes que tomen todas las medidas necesarias para garantizar la vida de la teniente. Que cumpla con la misión, pero que tengan presente eso— dijo el comandante.

El número uno le dice al comandante general Ben, que tienen que decirle otra cosa muy importante y un poco delicada.

— ¡Soy todo oídos! — responde el comandante.

—Para que usted tenga conocimiento, la teniente Elsa está embarazada. Tiene aproximadamente cinco meses y medio, va en camino hacia los seis meses, un estado de preñez muy avanzado. Información obtenida por los últimos reportes de nuestros informantes. Tendrán que esperar por el mal tiempo, que bajen la guardia los informantes terroristas del área.

— ¡Carajo! Con lo seria que es la teniente Elsa, les aseguro que ella no lo sabía. Infórmele a sus informantes que ellos evalúen detalladamente todo, no importa el tiempo que tengan que esperar. Que acá estaremos pendiente de la información que ustedes reciban, para mandar el helicóptero al punto de extracción que ellos nos indiquen. Número uno y dos, por lo oído, tendremos el helicóptero listo para la misión de extracción, pero esta vez saldrá de otra posición más discreta dentro de la base— exclamó el comandante general Ben, quedándose luego en silencio.

Posteriormente, comenzó a caminar de un lugar para otro. Se acercó a los números uno y dos diciéndoles:

—Quiero que sepan que el padre de la teniente Elsa es mi mejor amigo y a quien considero un hermano. Con eso quiero decirles que la teniente Elsa, además de ser un oficial bajo mi mando, la considero mi nieta. Pero actuaré, de igual manera, como si fuera el soldado más nuevo de mi unidad en la base.

En esta ocasión, le pediré al padre de la teniente Elsa y a su esposo que viajen de Estados Unidos a nuestra base aquí en Europa. De pasarle algo y no informarles antes, no me lo perdonarían. Cuando ellos vengan, y de seguro que vendrán, quiero que ustedes estén en mi oficina y darles a conocer lo de la teniente Elsa. Con esto, quiero darles a entender que haremos todo lo posible para que la teniente Elsa retorne sana y salva una vez cumplida la misión— El comandante general Ben se despide del número uno y dos, pidiéndoles que cuando lleguen los familiares de la teniente Elsa, ellos puedan estar con él para poder explicarle su situación actual.

—Con gusto estaremos aquí con usted comandante, para apoyarlo en todo— dicen el número uno y dos despidiéndose.

Posteriormente, el comandante general Ben se comunicó con Kevin y le dice que le gustaría que él viajase con su yerno Jesé a la base Relámpago que está bajo su mando, que el propósito es hablar de Elsa. Primeramente, le habló de Elsa y que ella estaba bien, pero que, necesitaba que ellos vinieran a Europa. Kevin le dijo que hablaría con Jesé para viajar a la base Relámpago lo más pronto posible. Se despidió del comandante general Ben sin preguntar más detalles.

Kevin llamó a su yerno Jesé por teléfono y cuando Jesé le contesta, le dice:

—Jesé, necesito hablar contigo lo más pronto posible.

Jesé le dice que está llegando en su carro, que de inmediato se dirigirá hacia donde él estaba.

—Te espero, Jesé— le respondió Kevin.

Al llegar Jesé, saludó con un abrazo a Kevin y le dijo que estaba a su disposición. Kevin comenzó a hablar con él, pidiéndole que viajara a la base Relámpago en Europa y saludara a su hija. Jesé le dice que él no tiene ninguna objeción en acompañarlo a ver a su esposa.

—Bueno Jesé, compra los boletos para viajar mañana mismo.

— ¡¿Para mañana?! — dice Jesé.

—Sí, para mañana y no preguntes más.

—Listo, compraré los boletos por Internet.

Jesé compró los boletos aéreos por Internet con destino a Oretia.

—Señor Kevin, los boletos están listos, salimos a las 09:00 a. m. — le confirmó Jese a su suegro.

Kevin llamó al comandante general Ben y le informó del vuelo y la hora de llegada. Ben le respondió que allí estaría esperándolo. Luego se dirigió a su yerno diciendo:

—Ahora le informaré a Elsa y a tu madre en la cena. Les diré que tú y yo iremos a ver a Elsa, en caso que me pregunten: ¿Por qué un viaje tan rápido? Les diré que, como ella está en la base Relámpago, le llegaremos como el "relámpago", así de rápido. Ellas se quedarán tranquilas, de esa manera podemos viajar sin preocupación.

En la cena, Kevin les habló sobre su viaje repentino con Jesé. Al comienzo se hicieron un poco de preguntas y finalizó con un de acuerdo, que ellas los esperarían de regreso y que le dieran abrazos y besos a Elsa de parte de ellas dos.

Al día siguiente, Kevin y Jesé se despidieron y se dirigieron al aeropuerto, para salir hacia Oretia y, de allí dirigirse al Batallón de Fuerzas Especiales de la brigada Relámpago, donde se reunirán con el comandante general Ben. Al estar llegando a Oretia, Kevin mira por la ventanilla del avión y le dice a Jesé que esos lugares le traen muchos recuerdos.

Aterriza el avión y al salir por la puerta, en la terminal aérea, estaba esperándolo el comandante general Ben y se dan un gran abrazo y, de igual manera, saluda a Jesé.

— ¡Bienvenidos a Oretia! Por medidas de seguridad no vamos a salir por la puerta principal del aeropuerto. He coordinado con migración y aduana para salir por otra puerta de manera discreta, para así evitar que se conozca la presencia de Kevin en dicho país. Cuando estemos en la base y en mi oficina hablaremos largo y tendido— les indicó el comandante.

Ya en el vehículo, salieron del aeropuerto discretamente y se dirigieron a la base. Por el camino conversaron sobre el estado de salud de cada uno de ellos y de la familia. En eso, llamó por teléfono y le preguntó a su secretaria si había dos personas esperándolo. Ella le responde que sí.

—Por favor, dígales que ya estoy por llegar— le dijo el comandante a su secretaria.

Luego se dirigió a sus invitados Kevin y Jese:

—Kevin y Jesé, en mi oficina están dos personas pertenecientes a la Central de Inteligencia, vamos a conversar con ellos referente a la teniente Elsa, quien se encuentra en una misión. Ella está bien. Les explico otros detalles cuando lleguemos a la base.

Al llegar a la base Relámpago, se dirigieron a la oficina del comandante general Ben. Kevin bajó del vehículo cuidadosamente por su problema en la pierna, la cual tiene poca movilidad. Una vez en la oficina se reunieron con las otras dos personas, que en realidad son el número uno y dos. Kevin y Jesé son presentados con ellos. El comandante general Ben, le dice a Kevin y a Jesé cuál era el interés de él, que ellos viajaran a la base Relámpago.

—Por motivos de seguridad, no podía dar explicaciones por teléfono con referente a la teniente Elsa. Ahora que están aquí, podré darles más detalles.

La teniente Elsa fue designada a una misión por su especialidad en computadoras, una misión sugerida por la Central de Inteligencia. Debía colocar un equipo especial en un área donde jefes de células terroristas se reúnen para coordinar las operaciones violentas a realizar y la logística.

Una vez instalado el equipo especial, ella retornaría al punto de extracción, sería extraída y retornada a la base. Ahora los números uno y dos les darán más detalles— les dijo el comandante.

Kevin le pregunta al comandante general Ben, si a su hija le ha pasado algo malo. El comandante general Ben le responde que su hija está bien, que al oír a los números uno y dos se dará cuenta de la situación.

El número uno comienza a explicarle la situación a Kevin y a Jesé, diciéndole:

—Me voy a concretar en dos cosas. La primera, es que su hija está en estos momentos en el poblado de Jarum y está protegida por tres informantes nuestros que trabajan en el área. Como bien sabe, la misión era colocar un equipo especial y ponerlo a funcionar. Ya el equipo está en el lugar, pero la

Teniente Elsa no se puede movilizar porque al área llego uno de los jefes terroristas. Cuando ellos llegan, se activa una red de informantes para asegurar el lugar mientras él o ellos estén en Jarum. En esta ocasión, no era una reunión sino para distribuir entre sus informantes terroristas la foto de su hija. Quizás saben de su pasado y la quieren capturar a ella. Por tal motivo, no se puede mover del lugar donde está. Se está a la espera de que disminuya la guardia de los informantes terroristas para poder moverse al punto donde se encuentra el equipo especial que sólo ella puede instalar.

La segunda, es que, de acuerdo a Carlos, quien es el jefe de los informantes en esta misión, nos hizo saber a través de la Central de Inteligencia que la teniente Elsa tiene aproximadamente entre seis y medio a siete meses de embarazo. Hizo saber a nuestros informantes que desconocía de su embarazo, por tal motivo, el informante Carlos está tomando todas las medidas de seguridad necesarias para que la teniente Elsa pueda cumplir su misión y salvaguardar la integridad de ella y de la criatura que viene en camino— concluyó el número uno.

Jesé le pide al número uno que le transmita a su informante Carlos, que no importa el tiempo que tengan que demorarse en la misión, que primero sea la seguridad de su esposa. De igual manera, le responde Kevin, y también le da las gracias al comandante general Ben por haberle avisado y confiado todo esto, al ser una misión de seguridad y extiende su agradecimiento a los números uno y dos.

— ¡Por lo visto, lo que queda es esperar! — exclamó Kevin.

—Así es — le contesta el comandante general Ben. —

Además, quiero que permanezcan en la base, donde esperaremos que el informante Alan nos dé a conocer la situación actual y cuándo procederá a moverse al punto donde se encuentra el equipo especial a instalar y de su salida de Jarum.

Contamos con un helicóptero, pero voy a asignar a otro para que apoye y asegure la extracción. Tengo el helicóptero disponible en otro punto de la base, lo mandaré a él y al helicóptero de apoyo a un punto cercano a la frontera con Alsemira, que salgan reabastecidos de allí, para que tengan autonomía de vuelo a su regreso hasta la base Relámpago— dice el comandante.

Kevin le agradece por tal disposición. El comandante general Ben le dice:

—Kevin, es una de mis unidades, aparte, que la considero como mi nieta. Sé que tú harías lo mismo, si uno de mis hijos, fuera una unidad tuya y estuviese en situaciones parecidas. Quizás actuarías mejor que yo, como comandante.

—Lo que estás haciendo lo haría igual que tú. Lo estás haciendo bien. Gracias, eres mi hermano ahora y siempre— le respondió Kevin. Se dan la mano y un gran abrazo.

Ya habían pasado varias semanas. Los informantes encargados de la comunicación con la Central de Inteligencia le transmiten un mensaje de Alan. Éste decía que el área dentro de Jarum, casi ha llegado a la normalidad y que estarán realizando el movimiento hacia donde se encontraba Alberto. Escogerán el día más apropiado para realizar el movimiento. También decía que Telmis se encontraba bien de salud y en condiciones para movilizarse.

La Central de Inteligencia les transmite la información necesaria a los números uno y dos, para que tuvieran conocimiento de la situación actual y pudieran realizar las coordinaciones necesarias para la extracción de Telmis, una vez finalizada la misión. El número uno le hace saber al comandante general Ben de la información y él a su vez le hace saber lo necesario a Kevin y a Jesé.

—Bueno, nosotros acá estamos listos, ya tenemos los dos helicópteros en el punto seleccionado cerca de la frontera con Alsamira— confirmó el comandante.

En el poblado de Jarum, se reunió Alan y Carlos para determinar el día del movimiento hacia Alberto. Alan (Shalem) le dice a Telmis (Elsa), que han escogido el día viernes para realizar el movimiento. Telmis le dice a Shalem, que ella se sentía bien para el movimiento. Shalem le dice que ese día, ella saldrá con él y que Carlos irá adelante para informarles de cualquier anormalidad en el camino y poder reaccionar inteligentemente.

—Ese día caminaremos tranquilamente y de seguro llegaremos al encuentro con Alberto. Hoy es miércoles, tiene el día de mañana para prepararse y estar lista en horas de la mañana del viernes para realizar el movimiento— informó Shalem a Telmis.

Telmis le agradece una vez más a Shalem por tomar todas las medidas de seguridad pensando en ella. Éste responde:

—Éste es mi trabajo, quiero paz para mis pueblos, para mis hermanos que desean vivir una vida tranquila y ver a sus hijos crecer en sus tierras como hermanos. Telmis, tú eres una persona muy espiritual, no veo odio en tus ojos, veo ternura en tu corazón. Durante toda esta misión estaré cerca de usted, salvaguardando su vida. ¡Todo saldrá bien!

Shalem se dirigió hasta donde se encontraba Carlos, habló con él y, de repente, Carlos recoge algunas cosas, se despide y sale de la casa. Shalem le hace saber a Telmis que Carlos seguirá verificando la ruta para tener la certeza que el movimiento de mañana se haga seguro. Shalem también comienza a preparar lo necesario a llevar para simular un movimiento normal, como todos los demás del pueblo de Jarum.

Al trascurrir un tiempo, retorna Carlos y le notifica a Shalem que, hasta el momento, todo está normal y tranquilo. Mantendrían la salida para el día siguiente en horas tempranas. Carlos sale nuevamente y toma otra ruta para ver el ambiente cercano a la ruta del día siguiente, y avisar, a la vez, a los otros informantes que se dedican a transmitir las informaciones a la Central de Inteligencia. De allí regresó por otra ruta a la casa donde estaba Shalem y Telmis.

La información le llegó a la central de Inteligencia e informaron a sus agentes número uno y dos. Estos, de igual manera, le informaron al comandante general Ben. Éste último llamó por teléfono a Kevin que se encontraba dentro de la base Relámpago y le pidió que esté ese día temprano en su oficina con Jesé.

Llegó el día esperado para realizar el movimiento. En horas tempranas en la oficina del comandante general Ben, ya estaban Kevin y Jesé. El número uno les hace saber del movimiento que realizará Alan con Telmis y Carlos al lugar donde se encontraba Alberto.

—Ahora sólo queda esperar que la Central de Inteligencia nos informe de la llegada con Alberto. Esperemos que no haya novedad alguna— dice el comandante.

Kevin le pide al comandante general Ben un buen café, para esperar ese mensaje.

Carlos estuvo preparado desde muy temprano, de igual manera, Shalem. Telmis, en su vestimenta, trataba de disimular el vientre crecido y colocaba su pistola calibre veintidós con silenciador en una canasta pequeña tapada con un mantel. Shalem le pide que se cubra bien la cara y, de esa manera, pareciera una de las mujeres del área.

Todos listos y preparados. Carlos sale de la casa. Shalem esperó unos tres minutos y salió con Telmis. A muy corta distancia, Shalem puede ver a Carlos que avanzaba con normalidad. Telmis iba muy cerca de Shalem. Ya faltaba poco para llegar al sitio donde se encontraba Alberto.

De repente, Telmis tropieza con una piedra y cae arrodillada sin lesionarse. Pero al tratar de meter las manos, la pistola calibre veintidós sale de la canasta y cae en el suelo. Telmis la tomó rápidamente y la metió nuevamente en la canasta y la tapó. Shalem a la vez intentaba levantarla.

Una vez incorporada y al ver que Telmis estaba bien, continuaron caminando. Al momento de lo sucedido no había personas cerca de ellos, pensando que todo había pasado desapercibido. Doblaron la esquina de la calle y siguieron su camino hacia donde se encontraba Alberto. Carlos, en realidad, no pudo darse cuenta de lo sucedido a Telmis porque él había doblado la esquina mucho antes. Pensaron que nadie había visto lo sucedido con Telmis. Pero en una ventana semiabierta de una de las casas cercanas, observaba uno de los informantes terroristas. Él, hubiese pasado por alto lo de Telmis, mas no fue así, pudo ver el arma al momento que Telmis la recogía.

Muy lentamente se movió el informante terrorista de la ventana. Trató de ver mejor de otro lugar de donde estaba sin poder lograrlo, ya que Telmis y Shalem habían doblado la esquina. Comenzaron a buscar parte de su vestimenta y se la colocó encima, sale apresuradamente y a los pocos minutos llegó a la esquina, al doblarla empieza a buscar entre los transeúntes a la mujer del arma y al hombre que la acompañaba.

Al no poder divisarlos, se dirigió a la casa de otro informante terrorista (al parecer su jefe) y le informa de lo sucedido. El otro informante terrorista oía con atención y le hizo una pregunta muy importante:

— ¿Por casualidad le viste el rostro?

—No, no le pude ver el rostro, por la distancia y aparte lo llevaba cubierto en su gran mayoría. Estaba acompañada de un hombre que la ayudó a levantarse. La mujer al estar de pie nuevamente, se colocó las manos en el estómago, pareciera estar preñada.

— ¡¿Preñada?!

—Sí, preñada. Era una mujer de un metro setenta y cinco. Sí, más o menos. Podría ser la mujer de la foto, pero lo que no entiendo, es, lo de la preñez. Bueno ha pasado bastante tiempo desde que nos trajeron la foto de una mujer. Saldremos de duda. Mantente nuevamente en tu casa; allí estarán contigo cuatro más, cuando la vean, verifiquen si es ella o no. De no ser ella, pueden dejarlos ir, y de ser ella quiero que la capturen y me la traigan— el informante terrorista se retiró y se dirigió a su casa.

Al poco tiempo, llegaron cuatro informantes terroristas para permanecer con él, hasta tener la oportunidad de volver a ver dicha dama y verificar si es la mujer de interés para ellos o no.

Mientras tanto, Telmis y Shalem, ya habían llegado al lugar donde se encontraba Alberto. Shalem les contó lo sucedido. Telmis sólo tenía un raspón en su rodilla derecha sin consecuencias.

Telmis después de descansar un poco, se preparó para armar el equipo muy cuidadosamente, para luego colocarlo en el lugar estratégico escogido con anticipación. Cuando Telmis terminó de colocar el equipo especial, expresó:

— ¡Lo hemos logrado!

—Así es Telmis— le dijo Shalem.

Carlos y Alberto sólo se comunicaban con Telmis con gestos sencillos y de agrado. Telmis entendía que eso era por sus costumbres. Alberto preparó una cena muy buena, especialmente para que pudiera comer Telmis. Shalem se lo hizo saber. Ella se emocionó y le dijo a Shalem:

—Ustedes se han preocupado por mí desde que llegué aquí, y más con lo de mi embarazo. Me han dado cobijas, de beber, de comer, leche de cabra para que mi bebé nazca fuerte y saludable. ¡Son ustedes formidables!

—Tranquila, Telmis. Es nuestra costumbre servir a nuestro prójimo, y de cumplir con nuestro trabajo. Come lo que te prepararon y quiero que después descanses para planear mañana y, de todo estar bien, movilizarnos el siguiente día para la casa de Carlos— le contestó Shalem.

Estas palabras animaron a Telmis, esta se dispuso a comer la comida que les preparó Alberto.

Posteriormente, Carlos sale de la vivienda de Alberto y se dirigió a otra casa donde se encontraba uno de los puntos de recepción y transmisión de los mensajes a la Central de Inteligencia, para que retransmitiera la información:

— ¡Equipo instalado sin novedad! El próximo paso será el de movilizarse hacia la casa de Carlos. Una vez allí, planear la retirada de Jarum, con destino al punto de extracción estipulado.

Cuando la Central de Inteligencia recibió el mensaje, se alegraron de que la misión se pudo cumplir. Ahora estaban en la espera de la extracción de la teniente Elsa para traerla a casa. Procedieron a retransmitirles la información a sus agentes en la base Relámpago, y que estos se la hagan saber al comandante general Ben.

Carlos regresó de la casa de Alberto y le comunicó a Shalem que el grupo de informantes de ellos dedicados a recibir y retransmitir información comenzaron a probar el equipo y ahora es más rápido todo. Es más, pudieron oír algunas conversaciones en donde se les impartía la orden a todos los informantes terroristas, que estuvieran pendiente de la mujer de la foto distribuida. También que la Central de Inteligencia activó su satélite y ya está monitoreando todas las llamadas del pueblo de Jarum, aparte de su área de interés y que el equipo, verdaderamente, es de gran potencia para intervenir todas las aplicaciones de los celulares y computadoras portátiles.

—Dele las gracias a Telmis. Por ella estamos mejor comunicados y podemos recibir las respuestas oportunas de muchas otras cosas que suceden en Jarum, y que desconocemos a veces.

El número uno y dos, le hacen saber al comandante general Ben, Kevin y Jesé, de la información recibida por la Central de Inteligencia.

—Bueno Kevin y Jesé, falta menos para el retorno de la teniente Elsa.

—Así es— le responde Kevin mirando a Jesé, con una sonrisa entre sus labios, y Jesé, de igual manera.

Shalem analizando la situación llama a Carlos diciéndole:

—Carlos, quiero que ahora mismo vayas donde los informantes Kalit e Ilina. Diles que vengan mañana temprano, cuando los contactes te regresas acá nuevamente.

Carlos contacta a Kalit y a Ilina. Pasado el tiempo, llega nuevamente a la casa de Alberto, le notifica a Shalem que ya saben y estarán temprano. Shalem se reúne con Telmis y le dice que mañana saldrán para la casa de Carlos, pero regresarán por otra ruta, y que en la mañana temprano llegarán Kalit e Ilina.

—Ellos tomarán la misma ruta que utilizamos nosotros para llegar aquí, pero a la inversa. Por lo tanto, intercambiarán los vestidos externos solamente— le dijo Shalem a Telmis.

Telmis le responde a Shalem que es una buena medida de

seguridad por lo de la caída.

—Entonces, Telmis, prepárese a descansar y saldremos mañana— se despidió esa noche Shalem.

A la mañana siguiente, llegaron temprano Kalit e Ilina a la casa de Carlos, como se les había ordenado. Shalem les dijo lo que tenían que hacer. Ilina se reúne con Telmis en una habitación, y al poco tiempo salen intercambiadas de vestidos. Una vez listos, se preparan a salir. Primeramente, salen Kalit e Ilina por la ruta asignada, a los pocos minutos sale Carlos por la otra ruta establecida y, de igual manera, a los pocos minutos salen Shalem y Telmis. Telmis, con la ropa de Ilina por la ruta de Carlos.

La nueva ruta era bastante segura, pero un poco más larga, Shalem y Telmis realizaban altos para que Telmis pudiera descansara. En uno de esos descansos, Telmis le dice a Shalem que el bebé se le está moviendo más seguido dentro de su vientre, sin embargo, continuaron caminando sin ningún contratiempo.

Al llegar a la casa de Carlos, éste abre la puerta y los hace pasar. Telmis se pone cómoda y en su rostro sc reflejaba una alegría. Sabe que su regreso está a la puerta de la esquina.

Telmis se acercó a Shalem y al extenderle la mano, estaba en ella la pistola calibre 22 con silenciador y le dice:

—Es para usted.

— ¿Es para mí? — Shalem reaccionó.

—Sí, es para usted.

— ¿Por qué?

—Porque usted se la merece, usted está en mejores condiciones en estos momentos que mi persona. Lo que quiero decirle es que dependo de usted para poder regresar en este estado que estoy— le dijo Telmis a su compañero.

Shalem la recibe y le agradece por su obsequio. Él le hace entrega de una piedra preciosa para que al venderla pueda comprarle un obsequio a su hija o hijo de su parte. Telmis le dijo, que siempre lo recordará y que espera poder volverlo a ver. Shalem le respondió que era poco probable, ya que su familia estaba en el pueblo de Jarum, que su destino era pelear por el bienestar de su familia y encaminar a sus hijos por el camino correcto: El camino del amor al prójimo y buscar la paz siempre.

En eso, llamó a Carlos y comenzaron a hablar sobre la salida al punto de extracción. Temprano en la mañana se trasladarán a uno de los puntos donde se encuentran los receptores y difundidores de las informaciones recibidas a la Central de Inteligencia. Se le debía dar uso al equipo instalado. Carlos expresó:

—Quiero que no haya falla en el movimiento del día de mañana. Lo haremos temprano, no podemos seguir esperando más tiempo. La información a transmitir es, que saldremos al amanecer del día siguiente a las 04:00 horas, y estaremos en el punto de extracción aproximadamente entre las 07:00 y 08:00 horas para la extracción de Telmis, ya que ella no puede moverse con rapidez por su estado.

En horas tempranas, salió Carlos a transmitir la orden de Shalem. Cuando la Central de Inteligencia recibió tal información, se la retransmiten a sus agentes números uno y dos. Y estos, con agrado, se la hicieron saber al comandante general Ben, quien puso en alerta a las unidades preparadas para esta misión de extracción. En eso, realiza una llamada a Kevin y le dice que lo espera en su oficina para darle buenas noticias.

Al poco tiempo, aparece en la oficina del comandante, Kevin y Jesé. Éste les dice que en dos días la teniente Elsa estará de regreso a la base. Kevin abrazó a Jesé, y ellos dos al comandante general Ben.

—Kevin, sólo es de esperar esos dos días y la tendremos aquí— dijo el comandante.

De repente, alguien tocó la puerta, pero realizó los toques claves y Shalem la entreabre y al ver que era Kalit lo deja entrar. Shalem lo saluda y le pregunta cómo le fue y él un poco preocupado le hace saber que después que dobló una de las esquinas de la calle, se le aparecieron unas cinco personas. Procedieron a revisar a Ilina, haciéndola que se descubriera y también le revisaron la canasta. Al ver que no dimos resistencia a sus exigencias nos dejaron ir. Pero uno de ellos, no quedo muy conforme retirándose con los demás.

En eso, llegó Carlos a la casa y Shalem le abrió la puerta. Le informa que ya la orden fue transmitida a la Central de Inteligencia. Kalit se despidió de Shalem y Carlos. Al quedar solos Shalem y Carlos, Shalem le informó a Carlos lo sucedido a Kalit y esto lo preocupó en gran manera. Estaban de acuerdo en que debían movilizarse rápido, que mantenían la hora para la salida en la madrugada del siguiente día. Shalem le dijo a Carlos que saliera primero que él, una media hora antes, él lo seguirá hasta el punto de extracción. Carlos le respondió que él estará preparado para salir a esa hora, aunque las madrugadas eran un poco frías y oscuras, pero que conocía bien el lugar donde vivían, al igual que él.

En hora temprana, Carlos se preparó y al despedirse de Shalem, Alberto y Telmis, salió de la casa y se dirigió a la suya. Después de media hora se preparaban Shalem y Telmis. En el momento en que se despedían de Alberto, un grupo de informantes terroristas, repentinamente irrumpen en la casa de Alberto, abriendo la puerta violentamente, reaccionando Shalem y usando la pistola calibre 22 con silenciador logrando abatir dos de los seis informantes terroristas que entraron. Lastimosamente Shalem también fue alcanzado por uno de los disparos de las AK47.

Alberto trató de buscar su AK47, pero sin éxito, siendo abatido antes de tomarla. Telmis logró salir por la puerta trasera y se escondió. Una vez los informantes terroristas tomaron el control de la casa, salieron por la puerta trasera en busca de Telmis.

La búsqueda desesperada de Telmis fue exitosa, lograron encontrarla detrás de unos escombros. La tratan con violencia, pero al darse cuenta que estaba embarazada hacen un alto y le descubren el rostro, quedando impresionados al ver la mujer de la foto.

Telmis estaba con lágrimas en sus ojos, porque en su interior le dolía la muerte de su amigo Shalem. Al momento de ser capturada, se protegió su vientre evitando que la golpearan en esa parte. Uno de los informantes terroristas llamó por teléfono a su jefe y le informó. Éste le ordenó que se la llevaran a su casa. La casa del jefe de los informantes terroristas se encontraba también en el poblado de Jarum. Por el estado de gravidez de Telmis, el avance hacia dicho lugar fue lento. El líder de los informantes terroristas llamó a su jefe de una célula terrorista que se encontraba en Alsamira a cinco horas de Jarum.

—Quiero que me la traigas acá— le dice el jefe.

—Ella está embarazada en un estado bastante avanzado— le dicen que sería difícil también por el mal camino.

—Entonces mantenla segura hasta que llegue, voy en camino.

Carlos logro oír a lo lejos los disparos, se regresó y al llegar cerca de la casa de Alberto, ya había pasado lo inesperado, Telmis había sido capturada por los informantes terroristas. Carlos los siguió desde lejos y pudo ver cuando llegaban a una casa en donde entraron todos.

La Central de Inteligencia con el equipo nuevo instalado por Telmis, pudo darse cuenta por las llamadas telefónicas que se realizaron los terroristas de lo ocurrido, de la captura de Telmis y del movimiento de uno de los jefes de una célula terrorista hacia Jarum, a Telmis la mantendrían en Jarum.

Carlos se comunicó con los informantes retransmisores de información, dándoles toda la información de lo sucedido para que informaran a la Central de Inteligencia. Retransmitieron la información y recibieron la orden de esperar indicaciones, y que mantuvieran vigilada la casa donde se encontraba Telmis. Le hacen saber el mensaje a Carlos y éste procede a contactarse con otros de su grupo de informantes para vigilar la residencia donde se encontraba Telmis.

La Central de Inteligencia se comunicó con sus agentes número uno y dos. Le hacen saber de lo sucedido lo más pronto posible al comandante general Ben, para que proceda a realizar las coordinaciones necesarias, sólo transmitiéndole la información él sabría qué hacer.

Al recibir el comandante general Ben la información, por parte de los agentes de la Central de Inteligencia número uno y dos, se conmovió y mandó de inmediato a que los dos helicópteros cercanos a la frontera de Alsamira abortaran la misión de extracción y se mantuvieran en el lugar inicial. Le preguntó al número uno y dos:

— ¿Qué distancia hay de Alsamira a Jarum en vehículo?

—Bueno, aproximadamente unas siete horas, ya que el camino es un camino de tercera (no asfaltado) — respondieron ellos.

—Ok, eso quiere decir que hemos perdido una hora aproximada, nos quedan seis a partir de este momento. Nuestros helicópteros tomarían en llegar al punto donde se encuentran los otros dos helicópteros para la extracción, dos horas a máxima velocidad. Al llegar a ese punto doblarán inmediatamente hacia la frontera con Alsamira y llegarían al pueblo de Jarum en una hora y media. En total tres horas y media. Ha pasado una hora. Eso quiere decir que tenemos tres horas para planear y la media hora para realizar el rescate de Telmis, antes que llegue la célula terrorista con su jefe a Jarum. No quiero utilizar los drones en esta operación, por la seguridad de Telmis— dijo el comandante.

El comandante general Ben llamó por teléfono al centro de operaciones y les informó que iba para allá y quiere al jefe de operaciones con todo su equipo de trabajo; sólo a él, puesto que tenían una alerta roja de prioridad con movimientos discretos y normales dentro de la base. Llamó al Jefe del grupo de los helicópteros, dándoles la orden que movilizaran dos helicópteros Chinook con combustibles, para reabastecer seis helicópteros de inmediato. En eso, llamó a Kevin y Jesé:

—Los espero en el salón de operaciones, sólo le informan al conductor y él los traerá.

Pasados unos minutos, llegó Kevin y Jesé al centro de operaciones. El comandante general Ben ya estaba reunido con el personal y su jefe para comenzar a planear, por lo apremiante del tiempo. Kevin le preguntó:

— ¿Todo está bien?

—No como quisiéramos. Los informantes terroristas en Jarum capturaron a Telmis antes de salir al punto de extracción. Perdimos dos informantes que la protegían. La tienen en casa del jefe de los informantes terroristas en Jarum. La quieren viva por el hijo que viene en camino para adoctrinarlo, piensan que tiene la gracia divina, y lo quieren con ellos. A Telmis también la quieren viva para procrear, y tener terroristas con la bendición divina— le respondió el comandante general Ben.

Kevin le dice al comandante general Ben que procediera a traerla con vida:

—Jesé y yo esperaremos aquí. ¡Confiamos en ti, hermano Ben!

— ¡La traeremos! — exclamó el comandante.

El jefe de operaciones le dice al comandante general Ben que ya tienen la carta de situación lista, el calco de inteligencia del enemigo en el área y la ruta que llevaba la célula terrorista con su jefe hacia Jarum. En eso, el comandante general Ben, por su experiencia y haber realizado diferentes misiones, le dijo al jefe de operaciones:

—Vamos a confeccionar un plan, y una vez discutido y todos de acuerdo lo pasaremos a una orden de operaciones[5].

—Eso es correcto— le responde el jefe de operaciones.

—Por ser tan apremiante la situación llamaremos a esta orden de operaciones como nuestro Batallón de Fuerzas Especiales y como nuestra base "RELÁMPAGO".

[5]***Orden de Operaciones:*** *Instrucción que imparte un comandante a comandantes subordinados con el fin de realizar la ejecución coordinada de una operación para la operación especificada.*

# CAPÍTULO SEIS

## EL PLAN DE OPERACIONES

Apreciación de Inteligencia (Ver Calco de Inteligencia).
Al plan de Operaciones Relámpago.

### Situación

El área a operar, área del poblado de Jarum, en donde las células terroristas tienen informantes armados con AK47, alrededor de la casa del jefe de los informantes terroristas donde tienen a la teniente Elsa. La teniente Elsa tiene aproximadamente ocho 8 meses de embarazo. Su movilización tiene que ser cuidadosa.

El jefe de la célula terrorista la quiere viva para adoctrinar a la criatura una vez que nazca (sea un terrorista) y a la teniente Elsa mantenerla viva para embarazarla nuevamente y tener otro con descendencia de ellos. Un jefe terrorista, con su célula, se están movilizando en tres vehículos fuertemente armados con AK47, en esta ocasión llevan armas ligeras. En uno de esos vehículos va el jefe de la célula terrorista. Estarán llegando aproximadamente en seis horas y media o siete horas por ser una carretera de tercera (sin asfaltar), utilizando vehículos 4x4 por el área.

Otra de las situaciones que se pueden presentar es que el Jefe de los informantes se mueva con la teniente a topar en la carretera al Jefe de la célula terrorista, entregársela y ellos regresarse a Jarum y el Jefe de la célula terrorista regresar a Alsamira.

**Enemigo**

Terroristas extremistas. Cantidad aproximada: de quince a veinte terroristas.

**Terreno**

Escabroso, con una población sumisa y callada en donde no saben nada, por el temor de los informantes terroristas. Población de Jarum.

**Apoyo**

Un apoyo mutuo en estos momentos, entre los informantes terroristas y la célula terrorista.

**Recomendaciones**

Rescatar a la teniente Elsa antes que quede en manos del jefe de la célula terrorista. De caer en manos de él, la perderíamos para siempre.

*Firma del Jefe de Inteligencia de las*
*Fuerzas Especiales Relámpago.*

## Plan de Operaciones Relámpago No. 1

**Cartografía: País de Alsamira, área de Jarum. En las coordenadas 05719434. El día-—hora—año.**

### Situación

Anexo de Inteligencia.

a- Fuerzas Amigas.

País de Oretia (en este caso la Operación será Secreta).

b- Agregaciones.

Los informantes de la Central de Inteligencia en Jarum.

### Misión

La Unidad Anti-terrorista de las Fuerzas Especiales Relámpago rescatará a la teniente Elsa a partir del día— hora— año, capturada en Jarum coordenadas **05719434** por informantes terroristas, en el rescate deberán destruir a los terroristas, consolidando el área y, posteriormente, transportar a la teniente Elsa al helicóptero de extracción.

### Ejecución

a- Concepto.

La Unidad Anti-terror de las Fuerzas Especiales Relámpago partirá de la base Relámpago y rescatará a la teniente Elsa, capturada en Jarum por terroristas. En una Operación Relámpago destruyendo a los terroristas el día—hora—año.

b- Deberes específicos

Cada unidad empeñada en la misión debe tener claro que el objetivo (teniente Elsa) debe ser rescatada sana y salva. Una vez en sus manos, salvaguardar su vida hasta que sea extraída del área.

c- Instrucciones de coordinación.

C-1- Para la misión la Unidad Anti-terror de las Fuerzas Especiales Relámpago.

C-2- Se utilizarán dos Helicópteros para transportar la Unidad Anti-terror al área de Jarum.

C-3- Habrá dos helicópteros Chinook en Oretia, cerca de la frontera con Alsamira en dirección al poblado de Jarum. Para reabastecer los helicópteros que transportarán a la Unidad Anti-terror, en su retirada una vez hayan rescatado a la teniente Elsa. También abastecerán a los dos helicópteros que ya se encuentran en el punto donde ellos permanecerán a la orden.

C-4- Los dos helicópteros cercanos a la frontera con Alsamira, una vez aprobado el plan de operaciones y convertido a orden de operaciones, se moverán al área de extracción y, posteriormente, moverse a orden a la población de Jarum para la extracción de la teniente Elsa y transportarla directamente a la base Relámpago, escoltado por el helicóptero de apoyo.

C-5- El agente número uno nos indica que Carlos, su informante, tendrá el rostro cubierto y con un brazalete rojo en su brazo derecho. Él estará en el techo de la casa del jefe de los informantes terroristas, para que puedan realizar el asalto a la casa indicada. Queremos salvaguardar la vida del informante Carlos y que pueda continuar en el área de Jarum.

C-6- Los helicópteros que transportan a las unidades anti-terror, al ver a Carlos en el techo, aterrizarán los helicópteros en la calle frente a la casa, para realizar el asalto.

C-7- Los informantes nuestros, de la Central de Inteligencia, apoyarán los aterrizajes de los helicópteros, eliminando los informantes terroristas que se encuentran fuera de la casa dándole seguridad a la misma. Ellos se encuentran en puntos clave, tácticamente, para neutralizarlos al descender los helicópteros.

C-8- Una vez neutralizado y destruidos los terroristas, consolidarán el lugar y al estar seguros avisarán al helicóptero de extracción para que entre al lugar y el de apoyo se mantendrá sobrevolando el lugar hasta que salga el helicóptero de extracción con la teniente Elsa y dirigirse a la base Relámpago.

C-9- El vuelo tiene que ser rasante en Altamira para evitar ser detectado por los radares, evitando tener una confrontación con su aviación. De todas maneras, se tendrá lista nuestra Fuerza Aérea en caso de apoyo.

C-10- En caso de que la teniente Elsa sea movilizada de Jarum en vehículo, para toparse con el jefe y su célula terrorista, el helicóptero se movilizará a una posición avanzada para retener el avance y obligarlos a regresarse o buscar una cobertura como protección, retenerlos hasta que lleguen los helicópteros con las unidades anti-terror y tomen el control.

C-11- Usen la sorpresa, la iniciativa y el sentido común.

C-12- Sincronización de los relojes.

C-13- El jefe de la operación sabrá qué equipo llevarán sus unidades para la Operación Relámpago.

## Administración y Logística

Rancho caliente a la salida y regreso de la misión. Los helicópteros Chinook estarán en espera para apoyar con combustible en el lugar indicado. A orden.

## Mando y Transmisiones

El mando y control estará en la base Relámpago bajo el mando del comandante general Ben. El mando en la operación estará en el jefe de la Unidad Anti-terror. El comandante general Ben mantendrá informado al comandante de las Fuerzas Armadas de los Estados Unidos por la importancia de la operación. La teniente Elsa es una oficial sumamente importante para nosotros.

Las transmisiones se evitarán al máximo. Debe de existir el silencio de red a orden del jefe de la operación (el jefe de la Unidad Anti-terror).

### *Jefe de operaciones de las Fuerzas Especiales Relámpago*

*Firma del Comandante General de la base Relámpago.*

\* \* \*

### Anexos

Apreciación de Inteligencia (Calco).

El comandante general preguntó, delante de los jefes involucrados en la Operación Relámpago, entre ellos el jefe anti-terror y los pilotos involucrados, si no había ninguna objeción en el plan de operaciones.

— ¡No lo hay comandante! — exclamaron.

—Entonces procederé a firmar el plan de operaciones, para que sea una Orden de Operaciones. Pueden retirarse y tienen veinte minutos para estar listos para salir y dar inicio a la Operación Relámpago— finalizó el comandante.

Pasado los veinte minutos, el comandante general Ben procedió a llamar por radio al jefe de la Unidad Anti-terror a cargo de la operación de rescate. Éste le informó que estaban listos y preparados. El comandante general Ben procede a llamar por teléfono al comandante general del Ejército de los Estados Unidos para solicitar la autorización y dar inicio con la operación. Al recibir la llamada y oír al comandante general Ben, le da la autorización para que empiece la operación de rescate. El comandante general Ben llamó nuevamente por radio al jefe de la Unidad Anti-terror y le da la orden de proceder; éste a la vez a los pilotos de los helicópteros. Al instante, los mismos ya estaban levantando vuelo en dirección contraria al objetivo por medidas de seguridad, una vez lejos de la base, corrigen el rumbo con destino al punto de reabastecimiento cerca de la frontera de Alsamira.

Durante el vuelo, el jefe le dice a todo el personal, que la sorpresa y rapidez son muy importantes. En caso de perderse la sorpresa, la rapidez disminuye en gran medida el fracaso.

—Somos una unidad de éxitos y vamos a salir airosos con resultados positivos de la operación.

Todos dan un grito de unidad.

Al llegar al objetivo y realizar el asalto, lo primero era ubicar a la teniente Elsa y protegerla, salvaguardando su vida hasta que esté segura para ser trasportada al helicóptero de extracción.

—Espero que todos estén claros, a partir de este momento, silencio de red— dice el jefe.

A medida que iba pasando el tiempo, iban avanzando los helicópteros, en eso, los pilotos le comunicaron a todo el personal a bordo, que estaban llegando al punto de disloque.

—Preparen su equipo y ténganlo listo todo, teniendo a la vista el punto de reabastecimiento. Comunican que en un minuto doblaremos a la derecha y en diez minutos cruzaremos la frontera y entraremos a territorio de Alsamira. Volaremos a flor de tierra y de esa manera eludiremos los radares. Una vez en territorio de Alsamira, tardaremos unos veinte minutos al objetivo, pasando por los dos helicópteros que se encuentran en el punto que habían determinado como el punto de extracción. Al pasar sobre ellos estarán listos, para movilizarse a Jarum y extraer a la teniente Elsa rescatada por ustedes. Entrarán a orden— explicó el jefe de operaciones.

A dos minutos de Jarum, sucede lo inesperado. El jefe de los informantes terroristas había ordenado que le colocaran sus dos vehículos al frente de la casa. Su intención era salir a encontrarse con el jefe y su célula terrorista para entregarle a la teniente Elsa.

Una vez colocados los dos vehículos frente a su casa, primeramente, desplegó un grupo bien armado con AK47 alrededor de los vehículos, abrió la puerta frontal de la casa y salió con la teniente Elsa. En el momento que se disponía a subir a los vehículos, aparecen los dos helicópteros sobre el punto donde se encontraba Carlos en el techo de la casa indicando el lugar. El jefe terrorista al ver los helicópteros decidió entrar de nuevo a la casa, ocasión que aprovecharon los informantes de la Central de Inteligencia para abrir fuego y neutralizar los informantes terroristas antes que estos pudieran dispararle a los helicópteros de asalto.

Al tener la oportunidad, los dos helicópteros entraron de inmediato, aterrizando en la calle frente a la casa. Desembarcaron e irrumpieron en la casa del jefe de los informantes terroristas entrando en combate inmediatamente. La teniente Elsa, una vez más, logró escabullirse y salió por la puerta trasera encontrándose con Carlos. Salió, de repente, un informante terrorista y es abatido por Carlos. Salieron dos personas más, en esta ocasión, dos unidades anti-terroristas apuntaron a Carlos, pero lo identificaron con el brazalete rojo en el brazo derecho, uno le dice al otro:

— ¡Alto es fuerza amiga!

Carlos le entregó a la teniente Elsa. Elsa le da un abrazo a Carlos y le da las gracias por todo lo que ellos hicieron por ella, en especial porque algunos murieron defendiéndola valientemente. Que siempre serán sus amigos. Las dos unidades anti-terror la llevan dentro de la casa en donde todos los informantes terroristas, incluyendo su jefe fueron abatidos. También se encontraron con otro panorama: el jefe de la Unidad Anti-terror se encontraba herido y con una hemorragia producto de la herida de bala. Otra unidad también se encontraba herida de consideración. El paramédico de la Unidad Anti-terror, le pidió ayuda a los demás para que acostaran al jefe en la mesa, ya que era el de mayor prioridad. Al estar acostado, el paramédico le suministró un medicamento inyectable para dormirlo y así reducir la presión sanguínea.

Esto ayudaría a que el sangrado hemorrágico fuese más lento y así poder ubicar la vena y colocarle una tijera pinza para detener la hemorragia. Mientras el segundo al mando de la Unidad Anti-terrorista le explicaba a la teniente Elsa que ella se encontraba segura, pero en estos momentos era necesario esperar unos minutos, para que atendieran a su jefe.

—No se preocupe, sé bien que un comando no abandona a su compañero y menos herido. Esa es una de las cosas por la cual han venido a rescatarme, también sabré esperar por mis compañeros heridos— dijo la teniente Elsa.

El paramédico logró ubicar la vena perforada, la obstruye deteniendo la hemorragia y lo inmoviliza para evitar un sangrado nuevamente.

Colocan a la unidad herida de menos consideración que el jefe de la Unidad Anti-terror. Con él, tardó menos tiempo, pero su herida también necesitaba de atención lo más pronto posible. El paramédico comunicó al segundo en el mando de la Unidad Anti-terrorista, que ya estaban listos para ser llevados a los helicópteros.

Llamó por radio al piloto del helicóptero de extracción, para que se dirigiera a ellos y aterrizara en el lugar indicado (lugar asegurado).

—El helicóptero de apoyo deberá estar sobrevolando el área, para garantizar la salida de los que están en tierra. En el helicóptero de extracción irán la teniente Elsa, el jefe de la unidad y el otro compañero herido, acompañados por el paramédico de la unidad. El helicóptero apoyará la salida del helicóptero de extracción y, seguidamente, apoyará la salida de los otros dos helicópteros. El helicóptero de extracción saldrá con destino a la base Relámpago por estar reabastecido, posteriormente, el helicóptero de apoyo seguirá la ruta del helicóptero de extracción, por cualquier contratiempo que tengan. Nosotros tomaremos la ruta donde están los helicópteros Chinook para reabastecer los helicópteros y, posteriormente, dirigirnos a la base Relámpago.

La teniente Elsa sufrió un golpe al zafarse del jefe de los informantes terroristas, presentaba un ligero dolor a un costado de su cadera derecha, el cual pretendía soportar.

Entró y aterrizó el helicóptero de extracción. El de apoyo sobrevuela el lugar, dándole seguridad a los de tierra.

Llamó el segundo jefe de la Unidad Anti-terror al comandante general Ben, informándole que habían rescatado a la teniente Elsa, que tenían dos heridos de consideración, pero estables:

—En estos momentos abordarán el helicóptero de extracción y saldrá rumbo a la base Relámpago. Tener tres ambulancias en el helipuerto.

—Copiado. Estaremos en espera. Gracias. Cambio y fuera— le respondieron.

El comandante general Ben le transmite a Kevin y a Jesé que rescataron a la teniente Elsa viva, que en este momento se preparaban para abordar el helicóptero de extracción. Kevin le agradece al comandante general Ben, algo que también hace Jesé.

—Esperemos— dice Kevin.

Cuando se disponían a salir, el helicóptero informó que tres vehículos venían en dirección a Jarum y se acercaban rápidamente. De salir el helicóptero de extracción, podría ser derribado por lo cerca que estaban.

—Entendido, saldrá un helicóptero de los nuestros con cuatro unidades para detener su avance y destruirlos.

Sale el helicóptero con las cuatro unidades anti-terror a enfrentar al jefe y a su célula terrorista. Los dos helicópteros desembarcan a las unidades y estas se colocaron estratégicamente en ambos lados de la calle de tercera (no asfaltada), y de inmediato se retiraron los helicópteros para aterrizar en un área segura y evitar así ser derribados.

La caravana de los tres vehículos se acercó tan rápido que entraron en un feroz combate, venían bien armados. El combate se prolongó por unos treinta minutos, logrando abatirlos a todos. Las unidades se aseguraron que todos estuviesen neutralizados. Una de las unidades especiales realizaba su trabajo adicional. Comunicaron la neutralización del jefe y su célula terrorista, un herido de consideración leve. Llegaron los helicópteros y al abordarlos, se dirigieron a Jarum. El helicóptero de la Unidad Anti-terror aterrizó nuevamente en Jarum.

Antes de que llegaran, la teniente Elsa le hace saber sobre el dolor que tiene en su cadera, en la parte derecha. Cada vez era más fuerte, el paramédico le dijo si podía levantarse. Al hacerlo, Elsa lo hizo con dificultad, comenzando a caer gotas de sangre seguidas en el piso. El paramédico le pidió que se pusiera cómoda en un sillón, saca de su botiquín una venoclisis y se la pone a Elsa para hidratarla.

El paramédico llamó aparte al segundo al mando y le

informó que la teniente Elsa sufrió un desgarre interno y que se está desangrando lentamente y ese sangrado, de repente, puede ser de mayor fluidez, y que de darse la podríamos perder.

— ¿Qué me recomiendas entonces?

—Habrá que realizar una transfusión de sangre. Ha perdido mucha sangre poco a poco. Pregúntale qué tipo de sangre es.

—Teniente Elsa, ¿cuál es su tipo de sangre?

—Mi tipo de sangre es 0+— respondió Elsa.

— ¿Quién es sangre 0+ y es donante? — procedieron a decir en voz alta.

Por cosas del destino, había uno dentro de la unidad. El paramédico le dijo que él viajara con ellos en el helicóptero de extracción, que dejará todo su equipo, para evitar el sobrepeso.

—Transpórtenla al helicóptero de extracción, allí el paramédico los canalizará, para que le trasfiera una pinta de sangre y pueda llegar. A nuestro jefe de unidad, también lo suben. La otra unidad herida en el helicóptero de apoyo, y que los dos deberán ir acostados en el piso del helicóptero— afirma el paramédico, puesto que no podían ir sentados.

Consiguen un colchón o algo parecido a un colchón, y lo acomodan en el piso del helicóptero.

Una vez listos, el segundo al mando informó al comandante general Ben del retraso, que, por favor, tuvieran una ambulancia con el equipo necesario para atender a la teniente Elsa, ya que tenía un desgarre y había perdido mucha sangre.

—La tendremos. Estaremos en espera— respondió el

comandante.

—Salimos para la casa en este instante.

La teniente Elsa, el jefe de la Unidad Anti-terror y paramédico a bordo del helicóptero de extracción, levantaron vuelo con destino a casa. Entró el helicóptero de apoyo y embarcaron a la otra unidad herida. Levantó vuelo con destino a casa. El resto de las unidades anti-terror abordaron los helicópteros. El segundo en el mando, antes de abordar le da un apretón de mano a Carlos agradeciéndole su gran apoyo al éxito de la operación y por el cuidado en todo ese tiempo de la teniente Elsa.

—Amo la paz, estoy del lado correcto— dijo Carlos.

En eso, abordaron el helicóptero, sale uno y después el otro hacia la zona de reabastecimiento de combustible y después a casa.

Por todo lo sucedido en el área de Jarum, y por el tiempo permanecido en ella, fueron notificadas o detectados los helicópteros por los radares. Los radares de la base Relámpago detectaron la salida de dos aviones cazas de la fuerza aérea de Alsamira, con destino a Jarum. Lo hacen saber al comandante general Ben y éste autorizó el despegue de dos aviones cazas de la fuerza aérea de la base Relámpago en apoyo a los dos helicópteros que van rumbo a la frontera y a entrar al país de Orieta (pueden realizar estos, están autorizados). En pocos minutos aparecían los aviones cazas de Alsamira divisando a lo lejos los dos helicópteros que estaban a un minuto de cruzar la frontera hacia Orieta, pero también lograron divisar los aviones cazas del lado de Orieta en la frontera con Alsamira. Analizaron la situación rápidamente los pilotos de los aviones cazas de Alsamira y abortaron su misión de ataque, girando a la derecha para regresar a su base.

Al cruzar los dos helicópteros la frontera y al entrar a territorio de Orieta, los dos aviones cazas permanecieron sobrevolando cerca de los dos helicópteros hasta llegar a la base Relámpago.

En la base Relámpago, esperaban ansiosamente el comandante general Ben, Kevin y Jesé. Al ver a lo lejos los dos helicópteros que se acercaban, le decía Kevin a Jesé:

—Ahí viene mi niña, gracias mi Dios por regresármela. ¡Bendito y alabado seas siempre!

También estaban por llegar al aeropuerto de Orieta, la mamá de Elsa y su suegra. Por el tiempo transcurrido, Kevin y Jesé decidieron que viajaran a Orieta y ver a la teniente Elsa en estos momentos difíciles. Los dos helicópteros hicieron el aproche para entrar, aterrizando primero el helicóptero de extracción y después el otro helicóptero de apoyo. Los otros dos helicópteros con las unidades anti-terror llegaron sin novedad al punto de reabastecimiento. En ese momento se dirigieron a la base Relámpago con los helicópteros Chinook. Cuando el comandante general Ben recibió la información y vio aterrizar los helicópteros, en donde en uno de ellos traían a la teniente Elsa, procedió a llamar al comandante general del Ejército de los Estados Unidos y le informó que la operación Relámpago había terminado.

—Tenemos con nosotros a la teniente Elsa, en estos momentos desconozco su condición, la están desembarcando del helicóptero, al momento de conocer su condición, le haré saber— le informó el capitán general Ben.

—Lo felicito a usted, a sus oficiales y soldados por el éxito de la operación. Asegúrese de que la teniente Elsa tenga todas las atenciones necesarias y extraordinarias.

— ¡Así será, Señor! — exclamó el comandante Ben.

El comandante general Ben, con Kevin y Jesé se acercaron a la ambulancia en donde habían subido una camilla con la teniente Elsa. Kevin y Jesé al ver a Elsa se conmovieron mucho. Kevin le habló:

— ¡Hija aquí estoy contigo! También está Jesé. Tu mamá y Sara, acaban de llegar a Orieta.

— ¿Papá, eres tú? — le contestó Elsa:

—Sí hija, soy yo.

—Te amo mucho. ¿Y Jesé? — preguntó Elsa.

—Sí, aquí está.

— ¡Mi amor, aquí estoy! — exclamó Jesé emocionado.

—Amor, te amo. Lamento mucho lo sucedido— dijo Elsa perdiendo el conocimiento, intervienen los paramédicos y se la llevan al hospital de la base.

Todos se dirigieron al hospital y Kevin le pidió al comandante general Ben que haga todo lo que esté a su alcance por Elsa.

—Estoy autorizado para tomar decisiones sin solicitar el permiso por el bien de la teniente Elsa— respondió el comandante general Ben.

Al llegar al hospital de la base, se dirigieron a la sala de urgencias, pero la habían pasado a la sala de operaciones. Permanecieron en la sala de espera. Trascurrieron tres horas, cuando aparece el doctor a cargo de la teniente Elsa y les dice:

—Quiero informarles que la teniente Elsa llegó a esta sala de emergencia muy grave, con un desgarre que le causó una hemorragia interna producto de un esfuerzo o golpe. No podíamos intervenirla, pero sí logramos detener la hemorragia. El problema es, que de volver a tener la hemorragia tendríamos que realizarle una cesárea para salvar a la criatura y a su madre, lo más probable es que ella no aguantaría ese proceso, por lo débil que se encuentra.

Le agradecen al doctor lo que hizo por la teniente Elsa.

—Pero, tengo que decirles algo más— continuó el doctor hablando — El bebé que está en su vientre es un varón. Recomiendo que sea transportada de inmediato en el avión ambulancia que tiene la fuerza aérea de la base, para que sea atendida en un hospital con todo el equipo tecnológico disponible. Le falta aproximadamente una semana para que dé a luz, y esa semana es crítica, debe ser llevada a Estados Unidos.

—Entonces, ¿cuándo la podemos trasladar? — preguntó Ben.

—Esperemos tres horas, y si en esas tres horas, su condición mejora y no hay hemorragia, podrá ser trasladada en el avión ambulancia a Estados Unidos— respondió el doctor.

El Comandante General Ben le preguntó al doctor si él iría en el avión.

—Bueno, me tendría que asignar el director médico— contestó el doctor.

— ¿Tiene su teléfono?

—Sí.

El comandante general Ben llamó al director médico y habló con él un par de minutos, luego cerró el teléfono.

—Doctor, es usted el asignado para viajar con la teniente Elsa de seguir todo bien. Irán en ese vuelo cuatro personas más— dijo el comandante.

Ya lista la teniente Elsa en el avión ambulancia, la acompañaban sus padres, Jesé y Sara. Dentro del avión se despidió el comandante general Ben de Kevin y todos los demás.

—Kevin, nos estaremos comunicando. Quiero saber el estado de la teniente Elsa. Además de ser mi sobrina, es una unidad de la Brigada Relámpago, perteneciente al Batallón Relámpago de las Fuerzas Especiales de la Brigada en donde soy el jefe. Necesito saber de ella, me informas— le dijo Ben a su amigo Kevin.

—Tenlo por seguro, hermano Ben. Vas a saber de ella— le respondió Kevin.

Se dan un último abrazo. El comandante general Ben bajó del avión. El avión se dirigió a la pista. Le autorizan el despegue y en pocos minutos ya estaba en vuelo con destino a un hospital en Estados Unidos.

El comandante general Ben en la base Relámpago, felicita a

los agentes número uno y dos por su apoyo y los invita a que lo acompañaran a visitar a las unidades heridas. Posteriormente, se reúne con el resto de los compañeros de la Unidad Anti-terror. Felicita al paramédico por su loable labor en combate. El segundo al mando de la unidad aprovecha para entregarle la computadora y el celular del jefe de los informantes terroristas abatido en el asalto y otro celular del jefe de la célula terrorista que interceptaron y destruyeron antes que llegaran a Jarum. Al recibirlos éste expresó:

—Creo que es justo que ustedes (refiriéndose al número uno y dos) tengan la computadora y los dos celulares. Necesitamos que siempre tengan un paso adelante, seguir manteniendo la seguridad nacional y la del mundo entero.

El número uno y dos le dan las gracias al comandante general Ben, al segundo jefe de la Unidad Anti-terror y a sus unidades. Les hacen saber que su trabajo quizás a algunos no les guste, pero que ellos, como la Central de Inteligencia mantendrán ese paso adelante, firme y seguro, minimizando las amenazas, neutralizándolas o destruyéndolas.

—Que todas las unidades de nuestro ejército cuenten con la información necesaria del enemigo, del terrorista, para seguir manteniendo la paz y la tranquilidad en nuestro país, de nuestros aliados y del mundo entero— dijo el comandante general Ben.

Cuando el avión ambulancia entró al espacio aéreo de los Estados Unidos, dos aviones cazas se le colocaron al lado y establecieron una comunicación indicándole un nuevo plan de vuelo. Al obtener los pilotos del avión ambulancia el nuevo plan de vuelo, giran su avión y se dirigen al nuevo punto indicado. Los aviones cazas lo escoltaron hasta llegar a la pista de aterrizaje (de esta manera mantendrían el estado y el hospital en secreto) donde estaría la teniente Elsa para su tratamiento y cuidado.

La teniente Elsa fue colocada en una ambulancia y sus familiares en un vehículo adicional que iría detrás de la misma. Cuando llegaron al hospital, fue llevada a una sala especial, en donde se encontraban varios médicos para evaluarla y decidir sobre la intervención de una cesárea o no, realizar un chequeo del desgarre y verificar que no haya gangrena en esa parte. Información que le dieron a Kevin y a los demás. Kevin le dice a Elsa, Sara y Jesé:

—Sólo queda esperar.

Pasaron varias horas. En eso, aparece uno de los médicos y les dan a conocer la decisión tomada con la teniente Elsa:

—La teniente Elsa es fuerte, ha llegado aquí muy débil, está recuperando sus fuerzas. Decidimos mantenerla sedada todos estos días (aproximadamente veinte días) para dar a luz. Esperamos que sea un parto natural, sin hemorragia. De ser con hemorragia, tendríamos que realizar una intervención un poco riesgosa. De no darse el parto natural, tendremos que realizar una cesárea y de no haber hemorragia todo saldría bien. Si hay hemorragia durante la cesárea podría fallecer la madre. La tendremos monitoreada. El niño está saludable. Sólo queda esperar.

—Esperaremos— le dice Kevin.

A la entrada de la sala de cuidados intensivos se encontraban dos unidades cuya vestimenta era de civil, eran personas de la Central de Inteligencia, los cuales tenían a la teniente Elsa a su cuidado.

Kevin y toda la familia permanecieron en el hospital por varios días. Durante esos días, Kevin hizo oración y ayuno.

Faltando pocos días para cumplirse los nueve meses, Kevin se encontraba orando a solas con sus ojos cerrados. De repente, Kevin oye un susurro en su oído. Permaneció quieto. Regresó ese susurro suavemente a su oído. Kevin expresa en voz susurrante:

—"Señor, sé que eres tú, gracias por atender la oración de este gusano humano, que es tu servidor".

Empieza a escuchar una voz que le dice:

—"Recuerda que te dije, que tú eres mi amigo. Aquí estoy yo, siempre he estado. He puesto oído a tu oración, y he accedido a tu petición. Tu hija estará bien al igual que el niño que está por nacer. Cuando el niño crezca instrúyelo, que me conozca. También seré su amigo por amor a ti".

En ese instante, su esposa Elsa le tocó el hombro y le dice:

— ¡Kevin, aquí está el doctor, quiere hablar contigo!

Kevin reacciona, se puso de pie y se dirigió hacia el doctor. Al estar cerca del doctor, éste le dice:

— ¡Quiero notificarles que la teniente Elsa ha empezado repentinamente a sentir contracciones! Le vamos a suspender los sedantes, esperamos que continúe con esas contracciones y dé a luz antes que quede totalmente despierta.

Cuando Elsa y Sara oyeron lo dicho por el doctor se

pusieron un poco nerviosas. Jesé las empezó a tranquilizar. Kevin da las gracias al doctor, y le pregunta:

—Doctor, ¿todo saldrá bien?

—Esperemos que sí— responde el doctor.

Kevin exclamó nuevamente:

— ¡Saldrá bien!

Dentro del hospital, la familia perdía la noción del tiempo. Todo estaba alumbrado, no sabían cuándo era de noche. Transcurrido cierto tiempo, apareció el médico y se dirigió a Jesé:

— ¡Es usted papá de un hermoso niño!

Luego se dirigió a Kevin a Elsa y Sara:

— ¡Son ustedes abuelos! Y hasta el momento la teniente Elsa está estable. Parto natural, sin hemorragia.

La teniente Elsa está consciente y en estos momentos tiene a su hijo en sus brazos, pueden pasar a verla. Les pido que le hablen con tranquilidad para que su corazón se mantenga latiendo suavemente, así el fluido de sangre por sus venas será bombeado a baja presión, es importante en estos momentos las indicaciones que les he dado. Pueden pasar a verla y al bebé.

Ese momento, fue un momento esperado por varios días. Cuando entraron al cuarto, entraron primero Elsa y Sara. Al ver a Elsa (hija) y al bebé, dan gracias a Dios, y la acarician diciéndole:

— ¡Hija mía! Te felicito, eres una hija muy valiente. Allí

tienes tu recompensa, a la vez es nuestra también. Te recuperarás y pronto estarás en casa.

Se acercó Jesé y le dio un beso a ella y al niño, platicaron un poco. Después Kevin se le acercó, le dio un beso en la frente y también besó al niño. Pero Elsa le dice:

— ¡Papá! Lo oí.

— ¿Qué te dijo? — le preguntó Kevin.

—Me dio a escoger, me dijo: ¿Tú o el bebé? Yo le respondí: ¡El niño! — exclamó Elsa.

— ¡Sabia decisión! Por eso tú también estás aquí con el bebé. Él quiere que lo conduzcamos por el buen camino, que conozca la humildad, que haga caridad, que le hablemos de él, que lo conozca y le tema. El Señor lo protege y es su amigo— le respondió Kevin.

Cuando Elsa oye las palabras de su papá, con lágrimas en los ojos le dice:

— ¡Tú eres una bendición para mí!

—Tú para mí también.

Posteriormente Elsa le dijo a su esposo Jesé que la perdonara, que ella no sabía del embarazo.

—No te preocupes, nosotros sabíamos que tú no lo sabías. Porque de saberlo no hubieses ido— le dijo su esposo Jesé.

— ¡Mamá, tengo en mi placa de identificación, en su otra parte un escrito Salmo 91! — exclamó Elsa.

—Hija mía, te amo— dijo su madre emocionada.

Elsa le dijo luego a su suegra Sara:

—Ven, quiero que tú cargues a nuestro bebé. Tú también eres mi mamá.

—Sí, tú también eres mi hija— le respondió Sara muy emocionada.

Elsa llamó a su esposo, le pidió acercarse y le dijo:

— ¿Podemos dejar que mi papá le ponga el nombre?

Jesé le respondió, que él estaba de acuerdo, que Kevin le pusiera el nombre al bebé.

Elsa le pidió a su papá que se le acercara. Cuando Kevin se acercó le dijo:

—Papá, hemos decidido que seas tú quien le ponga el nombre al bebé.

—Gracias por darme ese honor. En verdad quería tener esa dicha y se ha cumplido. Le pondré David, porque ustedes dos han combatido contra Goliat y lo han vencido. David lo seguirá venciendo. No habrá enemigo que lo doblegue, lo conduciré a ser un hombre de paz, sencillo, humilde y caritativo, que el amor y temor a Dios esté en él siempre— les dijo Kevin emocionado.

Luego Kevin realizó una llamada:

— ¡Ben!

—Sí, soy yo.

—Ben, todo está bien, Elsa dio a luz. Ben, agradezco tu apoyo incondicional.

—Para eso somos hermanos de sangre.

—Sí, somos hermanos de sangre. Estaremos en contacto.

—Sí, Kevin. Estaremos en contacto, disfruta a la familia. Otra cosa, dile después a Elsa que fue trasladada a Washington D.C. al Pentágono. Tendrá toda la familia la protección permanente de la Central de Inteligencia— se despidió el comandante general Ben.

—Gracias, Ben. Nos vemos— se despidió igualmente Kevin de su amigo Ben.

La teniente Elsa, bastante recuperada, expresa a su papá que ella ha leído mucho sobre Albert Einstein:

—Recuerdo algo que él dijo papá:

"*No pretendamos que las cosas cambien, si siempre hacemos lo mismo. La crisis es la mejor bendición que puede sucederle a personas y países, porque la crisis trae progreso. La creatividad nace de la angustia, como el día nace de la noche oscura. Es en la crisis que nace la inventiva, los descubrimientos y las grandes estrategias. Quien supera la crisis, se supera a sí mismo sin quedar superado*".

Papá, hemos superado la crisis, estuvo a punto de superarnos. Somos vencedores.

En eso, mira de reojo a su bebé diciéndole también:

— ¡Eres un vencedor!

Pasaron los días y le dieron de alta en el hospital a la teniente Elsa. En eso, un agente de alta jerarquía de la Central de Inteligencia se reunió con todos ellos para hablar de las disposiciones que se habían tomado a nivel superior. Jesé inmediatamente dice:

—Creí oír la palabra: "disposiciones", dígame bien de qué se trata.

—Me han comunicado que les sea claro en esto, y así lo haré— dijo el agente— Un componente de la Unidad Anti-terror, una vez neutralizados los terroristas en Jarum, tomó la computadora, un celular del jefe de los informantes terroristas y un celular del jefe de la célula terrorista que fueron abatidos antes de llegar a Jarum. Los mismos fueron entregados a nuestros agentes número uno y dos por el comandante general Ben. Nuestros agentes remitieron todo a la Central de Inteligencia. Pudimos sacar toda la información de la computadora y de los celulares. Según esa información, ellos pretendían mantener viva a la teniente Elsa para procrear terroristas con la gracia divina. Información que se distribuyeron entre varios jefes de células terroristas en diferentes partes del mundo. Todos querían ser tomados en cuenta. Con el bebé pretendían adoctrinarlo y hacerlo un terrorista más, y tenerlo como un semental con el propósito de multiplicar la descendencia con la gracia divina.

La Central de Inteligencia analizó la situación, y ha determinado una protección permanente para toda la familia. Solicitó la asignación de la teniente Elsa para trabajar en el Pentágono y trasladar a toda su familia, a un lugar seguro en Washington D.C., bajo la protección permanente de la Central de Inteligencia. La protección será visual a distancia. Son ustedes muy importantes para nuestro Ejército, para nuestra nación, los aliados y para el mundo entero. Suena un poco exagerado lo que digo, pero conozco la historia y de ellos conocerla, me darían la razón— concluyó el agente de la Central de Inteligencia.

Kevin entendió lo que la Central de Inteligencia deseaba hacer por ellos y le da la razón. Le pide al agente de alta jerarquía de la Central de Inteligencia que los deje por un momento.

—Sí, estaré afuera en la sala esperando.

La esposa de Kevin le dice que ellos en el estado donde están, se sienten muy bien. Todos exclaman:

— ¡Sí, estamos bien donde vivimos!

—Esperen— les dice Kevin —ustedes creen que la Central de Inteligencia, por puro gusto o por capricho quiere ubicarnos en un lugar seguro y vigilados por ellos. Que se hayan preocupado por ubicar a Elsa y Jesé en trabajos cercanos e importantes. El agente de alta jerarquía de la Central de Inteligencia sólo nos ha dicho lo necesario, pero ellos saben algo más. Creo entender a la Central de Inteligencia. El interés de los jefes terroristas es levantar el espíritu de los terroristas y de aquellos que logren adoctrinar para inducirlos a que hagan actos violentos y de terror, pero les falta algo que nosotros tenemos: "la gracia divina". Si ellos hubiesen logrado retener a Elsa con ellos, sus descendencias serían extraordinarios combatientes, porque la gracia dada por Dios se mantiene y hay que cuidarla. ¿Cómo? Tomando las medidas de seguridad necesarias por parte de uno mismo, en este caso por el gobierno de los Estados Unidos. Debemos acceder y hacer lo que ellos nos indican. A partir de este momento seremos parte de la seguridad nacional.

—Jesé, hagamos lo que dice papá.

—Sí, estoy de acuerdo.

—Estamos de acuerdo— agregan Elsa y Sara.

Salen y se reúnen con el agente de alta jerarquía de la Central de Inteligencia. Kevin le expresa:

—Queremos decirle que haremos lo que ustedes digan, con una condición: ¡Una casa en donde estemos todos!

—Claro, podemos solucionar eso— respondió el agente.

—Entonces podemos ir a buscar nuestras cosas.

—No es necesario, de sus cosas nos encargaremos nosotros.

—Entonces vámonos— dijo Kevin.

—Sí, vámonos. Tomemos los elevadores, los carros están en el sótano. Por recomendación del médico, Elsa debería estar en una silla de ruedas por una semana, evitando hacer esfuerzos— finalizó el agente.

Suben a los vehículos y son conducidos a un hangar privado de un aeropuerto del estado donde estaban. Lo abordaron, una vez a bordo, los pilotos dirigieron el avión a la pista. Recibida la autorización de despegue, los pilotos decolaron y despegaron tomando la ruta hacia el estado de Washington D.C. Fueron instalados en una residencia acogedora en donde podían estar los seis. La residencia estaba ubicada en un área con grandes jardines y espacios.

Pasaron varias semanas y Kevin le dijo a su hija Elsa:

—Debes programar lo más pronto posible el bautizo de David. En esta ocasión, lo vamos a bautizar dos veces. La primera con un rabino, para que le hagan la circuncisión, para que sea parte del pacto con Dios. La segunda en la iglesia católica para abrir la puerta sacramental y ser uno más en Cristo. Otra cosa, ¿quién será el padrino y la madrina?

— ¡Escógelos tú! — le dice Jesé a Elsa.

—El padrino será el comandante general Ben y la madrina será Sara, mi suegra.

— ¡Así será! Comencemos a hacer los preparativos del bautizo— contestó Kevin.

Se llegó el día del bautizo. Primeramente, con el rabino, con la presencia del comandante general Ben. Durante la ceremonia bautismal, David se mantuvo muy tranquilo. Al momento de la circuncisión no lloró, expresando el rabino:

— ¡Este niño, será de paz, pero a la vez muy fuerte!

Al salir de la sinagoga, se dirigieron a la iglesia católica San miguel Arcángel. También fue bautizado allí. Kevin, en la reunión familiar después del bautismo de David, nuevamente le agradeció a su hermano Ben, todo lo que había hecho por su familia.

—Kevin soy de la familia, tengo que velar por ella— le respondió Ben.

—Gracias Ben, somos hermanos de sangre.

—Así es, Kevin.

En ese momento Ben se despide de toda la familia y dice.

—Tengo que regresar a la Brigada Relámpago.

—Señor comandante general Ben, le agradezco saludarme a todos en el Batallón de Fuerzas Especiales, Unidad Anti-terror, en especial al paramédico. ¡Estoy muy agradecida por todo lo que hicieron por mí! — le dijo la teniente Elsa.

—Claro que les daré su mensaje— le dijo el comandante general Ben.

Antes de subir al vehículo, el comandante le dice a Kevin que le hablara de él a David.

—Dalo por hecho— le respondió Kevin.

Al día siguiente, Kevin le dijo a toda la familia:

—Jesé y Elsa se van a trabajar. Elsa y Sara me ayudarán con el niño en su aseo, yo lo tendré todo el día. Lo voy a instruir desde pequeño.

— ¡Pero él está de brazos todavía! — le dijo su esposa Elsa.

— ¡Mi amor te amo mucho, pero te digo, el niño tiene sus oídos abiertos! —le dijo Kevin sabiamente a su esposa.

Sara su esposa entendió y lo abrazó diciéndole:

—Está bien, Sara y yo tendremos más tiempo para nuestros asuntos.

Pasaron los días y los años. David ya contaba con 11 años. Era llevado a la escuela y recogido, de igual manera, por agentes de la Central de Inteligencia.

Era muy querido por sus compañeros y tenía excelentes notas. Jesé y Elsa fueron a una entrevista con la consejera de David, ya, en el primer año de secundaria. La consejera les hace saber que David era muy carismático e inteligente. Que a veces la sorprendía con respuestas que él daba y que esas respuestas eran muy lógicas, pero lo que le sorprendía era, que esas respuestas la tendrían que dar alguien con conocimientos de ese tema y con mucha experiencia. La madre de David le preguntó a la consejera:

— ¿Qué tipo de respuestas?

—Bueno, por ejemplo, yo digo: ven ustedes este avión, todos contestan que sí. En eso, lo tomó y dijo: *"¡Está volando!"* Dándoles las explicaciones superficiales del porqué. De repente, David levanta la mano y yo le dejo participar. Él me responde que ese avión volaría mejor por tales y tales cosas, las cuales son desconocidas para otros niños de su edad. En sí quiero decirles que tienen un hijo muy inteligente— dijo la maestra.

Jesé y Elsa, regresaron a casa muy contentos y a la vez se dicen:

—La Central de Inteligencia tenía razón, de estar David desprotegido y teniendo esas habilidades desde pequeño, ya hubiese tenido problemas en otro lugar.

Cuando David estaba por finalizar la secundaria y pasar a la universidad a los diecisiete años, sus abuelos habían fallecido. Primero Elsa, Sara y despúes Kevin, al igual que su padrino el comandante general Ben. Recordándolos cada instante, más a su abuelo Kevin, hablaban constantemente durante todo el día. Antes de morir, Kevin le dio la bendición diciéndole:

—Sangre mía, el Dios Todopoderoso estará contigo, el que te bendice, él lo bendecirá y el que te maldiga, él lo maldecirá.

David siempre recordará todo lo que él le había enseñado por el resto de su vida. Él siempre decía:

—Tus enseñanzas las tendré presente.

Fueron momentos tristes para toda la familia. Permanecieron en una sola tumba, esos fueron sus últimos deseos.

Entró David a la universidad. Le gustaban la matemática y la física. Empezó a realizar sus estudios en la Universidad de Harvard, en Cambridge Massachusetts. Allí conoció a Ruth y al poco tiempo se hicieron novios. Ruth era de descendencia judía, en sí, compaginaban en mucho. Muy inteligente, le gustaba todo lo referente a la ingeniería y, por supuesto, los números. Elsa, la madre de David, al saber que su hijo entraría en un periodo de vacaciones, hizo invitación a su hijo y a su novia Ruth a participar de una exhibición de tecnologías militares, navales y de aviación, que se realizaría en Washington D.C. Ellos con gusto aceptaron la invitación. Jesé también los acompañaría. Elsa recordó lo que le dijo la consejera de la escuela en la secundaria aquella vez. David llegó a la casa de sus padres con Ruth y fue un recibimiento muy emotivo. Después de conversar, Elsa le dijo a David:

—David, tú sabes cuál es tu cuarto. Ruth, yo te indicaré cuál es el tuyo.

—Gracias, Señora Elsa— respondió Ruth.

Ese día hubo una gran cena, como si hubiese sido Navidad.

Todos comieron y, al final, quedó bastante comida. David le dijo a su madre y a su padre que le arregle el resto de la comida para llevársela a personas necesitadas, que Ruth lo iba acompañar.

—Seguro hijo, puedes tomarla toda y haz lo que tienes pensado— le respondieron sus padres.

David tomó la comida conjuntamente con Ruth, subieron al vehículo de Jesé y se fueron con destino a los lugares en donde podían encontrar a indigentes y ofrecerles algo de comer.

— ¿Por qué haces esto? — le preguntó Ruth.

—Mi abuelo me inculcó que esto era algo que tenía que hacer constantemente, esto evita que se nos endurezca el corazón. De repente, uno de ellos es Dios probando caridad. Mi abuelo me decía que Dios se manifestaba de diferentes formas— respondió David.

—Es cierto— le manifestó Ruth— Mis padres también me han inculcado estas cosas.

Después de repartir la comida a los indigentes, regresaron a la casa.

Ese otro día, todos estaban preparados para irse a la exhibición tecnológica. Al llegar, Elsa por aquella inquietud, quiso permanecer cerca de David y oír todas sus inquietudes. Cuando David comenzó a ver la tecnología presentada, empezó a sentir una energía vibratoria. Le pide a Ruth que lo tocara.

— ¿Qué sientes? — le dijo Ruth con algo de preocupación.

—Nada— le dijo él, pensando que era su espíritu que se

energizaba internamente.

Comenzó a observar con detenimiento las tecnologías y a escuchar a aquellos que explicaban la misma. Elsa esperando que él hiciera alguna pregunta, pero David en esta ocasión, se dedicó a oír. Durante toda la exhibición, no hizo ninguna pregunta.

De regreso a la casa, Elsa le preguntó a David:

— ¿Qué te pareció la exhibición tecnológica?

David le manifiesta que fue algo interesante, pero se podrían cambiar muchas cosas y de hacerse podrían ser mejores.

— ¡Oh qué bueno! — les dice Jesé — Ahora los invito a almorzar, aunque el almuerzo está un poco pasado porque son las 14:00 horas.

David le dice que aceptaba la invitación:

—Tenemos hambre.

Llegaron a un restaurante y almorzaron.

Cuando estaban en la casa, Elsa le dijo a David, si él pudiera escribirles esas mejoras a los equipos presentados en la exhibición tecnológica.

—Claro mamá, te los puedo escribir— le respondió David.

— ¡Antes que regreses a tu universidad! — exclamó Elsa.

—Guao, tendré que empezar desde ya.

Ruth le dice animándolo:

—Hazlo, yo seré tu ayudante en encontrar las respuestas adecuadas de las cosas o ideas que presentes.

—Gracias Ruth, mañana empezaré.

—Eso, si me acompañas al cine.

—Acepto— respondió él.

Al día siguiente, después de haber desayunado. David y su ayudante Ruth (novia), empezaron a desarrollar sus ideas. David le dice a Ruth:

—La primera idea posible que empezaré, será con la aviación, porque tengo dos ideas en estos momentos.

Comenzaron a desarrollar ideas increíblemente posibles. David tenía en su cabeza, una gran cantidad de ideas, que en conjunto con su novia Ruth le fueron dando forma, buscando la manera de cómo empezar esas ideas y llegar a un resultado exitoso.

—Con todo eso que has puesto, vas a alterar y preocupar a mucha gente, inclusive a tu padre y a tu madre— le dijo Ruth a David.

— ¡Dejémoslo así! A última hora, ellos podrían tener mejores ideas que nosotros— le respondió David a Ruth — Las pondré en un sobre, y le haré prometer que lo abrirá cuando estemos en el avión de regreso a nuestra universidad.

En eso, llegaron sus padres. Elsa le dice a David:

— ¿Cómo han estado?

—Bien, todo bien madre. Aquí tenemos algunas ideas

escritas en este sobre sellado. Prométeme que lo abrirás cuando estemos en el avión de regreso a la universidad.

—Si así lo deseas, así será— respondió Elsa.

—Les tenemos un menú diferente. ¡Comida hecha por Ruth! — exclamó David.

Se sentaron a cenar, les encantó la comida. Conversaron buen rato y se dispusieron a descansar.

Pasaron los días y llegó la hora en que David y Ruth tenían que regresar a la universidad. Jesé y Elsa les dijeron a los dos que estarán en la espera de la fecha de matrimonio para ellos prepararse. Ellos responden que al decidir la fecha la sabrán inmediatamente. Se llegó el día del viaje de regreso a la universidad, y ya en el aeropuerto la despedida estuvo cargada de abrazos y besos. David le dijo a su madre:

—Ahora que llegas a casa puedes abrir el sobre y leer nuestras ideas, me haces saber qué piensas.

—De seguro las leeré— le respondió Elsa.

Jesé y Elsa regresaron a casa. Elsa ansiosa por leer las ideas, abrió el sobre y comenzó a leerlas.

David y Ruth en el avión de regreso a la universidad se comentan uno al otro:

— ¿Estará leyendo las ideas?, ¿qué pensará?

—Esperemos y sabremos. Descansemos durante el viaje, nos esperan los libros y los profesores en la universidad— le respondió ella.

# CAPÍTULO SIETE

## LA LÁMPARA ENCENDIDA

David y Ruth regresaron a la universidad para continuar con sus estudios, quedando los padres de David, Jesé y Elsa en Washington D.C. David acordó con Ruth hablar con sus padres lo del casamiento. Por suerte, los padres de ella vivían en el estado en donde se encontraba la universidad que ellos estudiaban. Acordaron tener una cena. En dicha cena les hablarían a Benjamín y a Ruth (padres de Ruth).

En la cena, antes de empezar, Benjamín, padre de Ruth, pide al Dios Todopoderoso que bendiga los alimentos, que se acordara del que nada tenía, pidiendo a la vez el bienestar de ambas familias. Amén.

A mitad de la cena, David, le solicita permiso a Benjamín, Padre de Ruth, expresarle algo en ese momento. Benjamín lo autoriza.

—Honorable señor Benjamín y señora Ruth. Con el consentimiento de su hija Ruth, queremos tener la bendición de ustedes para poder casarnos.

Benjamín mira a su esposa Ruth y le dice:

— ¿Cuál es tu respuesta?

—Sí, estoy de acuerdo, ¿y tú? — le responde su esposa.

Si tú estás de acuerdo, yo también estoy de acuerdo, pero queremos pedirle algo a los dos. Antes de casarse terminen su carrera, por cierto, la terminaran dentro de poco al mismo tiempo.

— ¡Así será! Terminaremos nuestros estudios, primeramente. Después les informaremos el día que escogeremos para la boda— contestó David.

La madre de Ruth les hace saber entre lágrimas su felicidad diciendo:

— ¡Sé que serán felices! ¡Dios Todopoderoso, está con ustedes!

—Mamá, papá, los amo. ¡Gracias por confiar en mí! — exclamó Ruth.

—Hija, tu mamá y yo siempre hemos confiado en ti. David, desde que te conocimos, y al saber que eras el novio de nuestra hija; mi esposa y yo, sabíamos que ibas a ser el hijo varón que deseábamos para nuestra hija, ¡Bienvenido a la familia! — dijo Benjamín.

David agradeció y en eso, Benjamín hace un brindis por la futura unión y las futuras bendiciones. Todos contestan:

— ¡Así sea!

— ¡Y así será! —Benjamín terminó diciendo.

La madre de David estaba ansiosa de llegar a la casa para abrir el sobre de las ideas que le dejó su hijo con ayuda de su novia Ruth. Elsa estaba intrigada por aquella vez que la consejera de David, le dijo de aquellas respuestas expresadas, que eran lógicas. Pero lo extraño era, que, esas respuestas debían ser dadas por un adulto y no por un niño. Al tener el sobre en la mano, lo abrió cuidadosamente y de una vez por todas, sacó las hojas que contenían los escritos de las ideas. Buscó un sillón y se sentó a leerlas con detenimiento.

A medida que las iba leyendo, en ocasiones, hacía algunos altos, trasladando su mente a las ideas que había leído. Dudando de que esas ideas fueran posibles. Prefirió continuar y terminar de leerlas y sacar una conclusión al final. Al terminar de leerlas, su inquietud aumentó, quedando callada y pensativa. Posteriormente, se dice: — ¡Le pediré a Jesé que las lea y así podremos llegar a una conclusión más sólida juntos!

Elsa le preguntó a Jesé:

— ¿Qué haces?

—En estos momentos, nada— le respondió su esposo.

—Qué bueno, necesito que leas estas ideas que escribió David con la ayuda de su novia Ruth. Necesito tu opinión, así, podemos discutir nuestras opiniones y concluir en una sola.

—Estoy de acuerdo, dámelas para leerlas.

—Aquí las tienes, me llamas cuando termines, haré otras cosas en la casa.

Jesé comenzó a leerlas, concentrándose en cada idea que estaba en el grupo de hojas que tenía en mano. Elsa dirigiéndose a Jesé le dice:

— ¿Quieres un refresco?

—Sí, pero por favor, cuando me lo traigas, no me digas

nada, sólo déjalo cerca de mí, que yo lo tomaré en su momento. No quiero perder la concentración— continuó Jesé leyendo las ideas, y al concluirlas, fue allí donde tomó el refresco diciéndole a su esposa — Elsa he terminado, expresas tus conclusiones primero, o lo hago yo.

—Hazlo tú primero, te oigo.

—Bueno, al leer las ideas que David, con ayuda de su novia Ruth, han expresado; puedo decir que tienen lógica y algunas son posibles. Quizás las que no veo tan posibles, también lo sean, pero, la que más me intrigo, fue la última idea y la última frase que puso. Eso generó duda en mí, y me dije: ¡Estará alucinando o viendo pajaritos que se preñan en el aire! Qué pasa aquí. Lo otro es, ¿y si tiene razón? En verdad, necesito oír tu opinión— le dijo Jesé a su esposa.

—Jesé, hemos concluido en todo. ¿Qué dices? ¿Le presento estas ideas a la Central de Inteligencia? Pero, ¿qué pensaran ellos de David? Que está en la nebulosa. Jesé, tú y yo sabemos lo centrado que es David.

—Sí, pero tiene que ser oído, y saber que no está solo en sus ideas. Pero antes de comunicarte con la Central de Inteligencia, exprésale nuestro pensar y si él está de acuerdo.

—Sí, claro que sí, lo llamaré de inmediato.

Elsa llamó a su hijo David, al contestar le dijo:

— ¿Puedes hablar?

—Sí puedo, mamá. ¿Cómo estás y como está papá? — le respondió David.

—Todo bien hijo. Quería hablarte sobre las ideas que escribiste con ayuda de Ruth.

— ¡Ah, de las ideas que te dejé! Mamá, espero que no pienses nada malo de mí, sólo son ideas.

—Al contrario, hijo te felicito, son estupendas.

—Gracias, mamá.

—Tu padre también las leyó.

— ¡¿Qué?! ¿Papá también? — preguntó David con énfasis.

—Sí y queremos preguntarte si podemos entregárselas a nuestros amigos, ya tu sabes.

—Sí, mamá. Sé de lo que me hablas.

—A tu padre y a mí nos gustaría dárselas a ellos y conocer sus opiniones. Te hemos llamado para saber si estás de acuerdo.

—Está bien mamá, no tengo ninguna objeción, puedes dárselas.

—Gracias hijo, eso queríamos saber, saludos para Ruth.

—Sí, le diré. ¡Los amo!

— ¡Igual los amamos! — se despidió Elsa de su hijo David.

Elsa inmediatamente se dirigió a su esposo diciéndole:

—Jesé, tenemos el visto bueno de David. Podemos entregarles las ideas escritas, pero pasará lo mismo que nos ha pasado a nosotros con la última idea o escrito que nos dejó David. Querrán hablar con él con referencia al último escrito.

—Definitivamente, sí— le respondió Jesé.

Elsa le dice que llevará mañana todo a su trabajo en el Pentágono, y que se comunicará con la Central de Inteligencia para entregarles las ideas escritas de David.

Al día siguiente, se comunica con su enlace permanente o establecido y le habló sobre lo antes mencionado. Acordando con su enlace, de que él, las iría a buscar. Así fue, el enlace apareció en las oficinas de la coronel Elsa.

Elsa fue clara:

—Quiero que ustedes obtengan estas ideas de mi hijo David. Él está anuente de que ustedes las tengan, esperando que les sean útiles. Sé que vendrán inquietudes por parte de ustedes, pero si desean comunicarse con él, para hablar de sus ideas, les agradezco comunicárnoslo para que seamos nosotros los que le digamos.

—Claro que sí. De querer comunicarnos con él, lo haremos a través de ustedes.

En eso, la coronel Elsa le entrega el sobre con las ideas de David al enlace de la Central de Inteligencia, éste le dijo:

—Le haré saber lo que piensan.

Pasaron algunas semanas y el enlace de la Central de Inteligencia se comunicó personalmente con la coronel Elsa en su oficina del Pentágono. Ella lo hace pasar diciéndole.

— ¿Qué respuestas tienes para mí?

—Buenas respuestas. A la Central de Inteligencia le han interesado las ideas de su hijo, y como usted dijo, también están interesados en el último escrito y más aún en la última expresión que dejó escrita. Quiero decirle que la fortaleza de nuestra Central es la de aplicar el ciclo de inteligencia que es la búsqueda de la información, recolectarla, analizarla, difundirla, en sí, esa es la inteligencia producida y tiene que ser A-1 (totalmente cierta). Es distribuida a las personas que se le deben distribuir para su correcto y debido uso. Por tal motivo, las ideas de su hijo David pasaron por ese proceso. Llegó a los que les podía generar algún interés, y así fue. Tienen interés por esas ideas y de todas las otras cosas de su hijo, que no sean ideas, como el último escrito con la interrogación que dejó al final. La Central de Inteligencia desea que su hijo y su novia trabajen en algunos proyectos científicos que se realizan secretamente con científicos nuestros. Sabemos que ellos están próximos a graduarse en el ámbito de la ciencia. Coronel Elsa, estamos interesados en ellos. Queremos que usted sea nuestra intermediaria para que ellos accedan a nuestra petición— le dijo el enlace a la coronel Elsa.

—De seguro a Jesé y a mí nos interesa. Los tendremos cerca y sabremos que estarán mejor protegidos.

—En eso tiene razón.

—Permíteme llamar a mi esposo y oír su opinión.

—Sí, espero.

—Alo. Dime mi amor— contestó Jesé.

—Amor, es para decirte que nuestros amigos están interesados en David y en sus ideas. Además, desean que él y

Ruth trabajen con ellos. Es algo que ellos desean, llegar a estar lo más cerca posible uno del otro. Además, tendrán mayor seguridad. Quieren hablar con él.

—Estoy de acuerdo, primero llámalo y pídele el permiso para que sea entrevistado por nuestros amigos, y de la propuesta le haces saber nuestra opinión.

—Sí, lo llamaré y hablaré con él — Elsa cerró la llamada y continuó hablando con el enlace de la Central de Inteligencia:

—Mi esposo está de acuerdo. Ahora llamaré a mi hijo, que es el de la decisión final.

—Soy paciente, esperaré— le dijo en tono relajado el enlace.

Elsa llamó a David y éste le responde:

—Hola mamá.

—Hola mi amor, ¿cómo está todo?

—Todo muy bien. ¿Te puedo contar algo?

—Sí hijo, dime.

—Ruth y yo hablamos con sus padres, les platicamos de nuestros planes.

— ¿Qué les dijeron?

—Mamá, están de acuerdo, con las mismas recomendaciones que nos dieron tú y papá. ¡Estoy feliz!

—Yo quiero decirte algo.

—Ah, me imagino qué puede ser.

—Sí, hijo. Es referente a tus ideas y del último escrito que dejaste. Bueno, nuestros amigos, se han interesado en tus ideas y más. Saben que ustedes están por terminar la universidad. Quieren que trabajen para ellos en la parte científica. Estarán juntos y tendrán mayor protección, pero con privacidad.

—Mamá, ¿tú y papá están de acuerdo?

—Sí, nosotros estamos de acuerdo.

—Espérate un momento, le preguntaré a Ruth si ella está de acuerdo.

—Sí, pregúntale. Yo espero— le dijo Elsa a David.

David le explica a Ruth a groso modo. Ruth entiende y le dice que sí, éste vuelve a la llamada con su madre y le dice:

—Mamá estamos de acuerdo, diles que sí.

—Allá te llegará uno de nuestros amigos y hablará con ustedes.

—Sí, lo esperamos.

—Bueno hijo, los quiero mucho al igual que tu padre— se despidió Elsa de su hijo David.

Elsa se dirigió nuevamente a la persona de la Central de Inteligencia diciéndole que podían ir a entrevistarse con su hijo David y su novia Ruth.

La persona especial que mandó la Central de Inteligencia para hablar con David y su novia Ruth, era un analista de personas que querían tener connotación, presentando cosas sin sentido. En este caso, las cosas eran diferentes. Ellos estaban interesados por esas ideas y, por el último escrito de David y, por cualquier otra idea que pudiese ser lógica, tenerlas de este lado.

La persona especial de la Central de Inteligencia, llegó al estado de la Universidad de Harvard (Cambridge, Massachusetts). Establecieron el punto de reunión (un restaurante) cercano a la universidad.

La conversación fue muy amena. La persona especial le hizo saber el interés que tenían por sus ideas y por su futuro, incluyendo a Ruth. Ruth le dijo que ellos después de graduarse se van a casar. Éste le contestó:

—También tenemos eso contemplado. Nuestro interés es que ustedes trabajen en el área de invención e inclusive, en el área científica por la carrera de estudios que tienen. De hecho, hablaremos con los padres de Ruth para que se trasladen a Washington D.C. El motivo es que usted joven David— dirigiéndose ahora a David — es una persona muy importante para nosotros, al igual que su madre. Conocemos la historia, sabemos que la bendición es transmitida a las descendencias de su sangre. Queremos seguir protegiendo esa descendencia. Queremos seguir manteniendo esa "LÁMPARA ENCENDIDA", como lo es la LÁMPARA ENCENDIDA del rey David para el pueblo judío. Usted es, en este caso, el David para el pueblo estadounidense. Queremos que su historia sea secreta, porque los terroristas y más los jefes de células, quisieran tenerlo a cualquier costo.

David le agradece todo lo que han hecho por su familia.

Ruth le dice a David que podrían ir a la casa de sus padres y hablar del tema, concluir de una vez todo y saber que no había inconvenientes.

Se trasladaron a la casa de los padres de Ruth. Por suerte, estaban allí. Les presentaron a la persona especial de la Central de Inteligencia. Pero antes de hablar del tema, Ruth les preguntó a sus padres:

—Al casarnos nos iremos a vivir a Washington D.C. ¿Les gustaría Washington D.C.?

La respuesta de los padres fue afirmativa.

—Señor, creo que no habrá inconveniente— la persona especial, comenzó a hablarles y a explicarles, del porqué el interés de que ellos vivan en Washington D.C. y a la vez trabajen.

— ¿Qué dices tú, Ruth? — le preguntó Benjamín a su esposa.

—Por lo que nos ha explicado, creo que la seguridad es importante.

—Está bien— expresa Benjamín— ¡Cuando ustedes digan!

Ruth también agrega:

—Por todas estas razones, David y yo hemos decidido que nuestro matrimonio será entre las dos familias y será en Washington D.C.

Terminada la reunión, la persona de la Central de Inteligencia se retira diciéndoles:

— ¡Estaremos en contacto!

Posteriormente, David se despidió de sus suegros:

—Bueno, nosotros regresamos a la universidad a terminar ciertas cosas.

Pasó el tiempo y llego el momento de la graduación de David y Ruth. Ambas familias estaban felices. Fue en ese momento que aprovecharon para entrelazar más los lazos familiares.

Transcurrieron unos meses y llegó la boda esperada. Para evitar descontento, primeramente, obtuvieron la bendición del rabino de la sinagoga y luego, el casamiento en la iglesia católica. Pasado un tiempo, ya todos se encontraban viviendo en Washington D.C.

David y Ruth, colaboraban en proyectos secretos de la Central de Inteligencia de Seguridad Nacional. Fue allí donde David con mayor confianza y seguro dónde estaba, habló con el encargado de uno de los proyectos en donde él estaba asignado.

—Me gustaría presentar no una idea, sino algo que quizás piensen que estoy alucinando. Pero, quiero que me den la oportunidad de darles a conocer algo extraordinario, totalmente posible. Quiero darles a conocer la respuesta a algo con lo que otras potencias están trabajando y no han podido encontrar la solución— expresó David al encargado.

—David, nos gustaría oír ese proyecto o ese descubrimiento.

—No es un descubrimiento, porque no soy un científico

como ustedes. Solamente quiero poner mi granito de arena, en que, la respuesta que están buscando; esta humilde persona, la tiene y se las quiere dar. Esperando que sea utilizada para el bien y el mantenimiento de la paz en el mundo. Como dije, les daré a conocer la respuesta para abrir una puerta estelar y crear la nave de combate de mayor autonomía de vuelo y con velocidades incalculables, con desplazamientos a los 360°.

El grupo de científicos que con él se encontraban, estaban ansiosos por oír a David, con respecto a lo que se disponía a hablarles. En eso, tocan una puerta, esta se abre. Ruth entra y dice:

—Disculpen, vengo a buscar a mi esposo, ya es hora de salida.

David les dice a los científicos:

—Dejaremos esto para mañana. ¿Dónde manda capitán…?

— ¡No manda marinero! — dicen todos riéndose.

Uno de los científicos le dice a David:

— ¡Estaré en primera fila mañana!

— ¡Al igual que nosotros! — exclamaron todos.

—Está bien, mañana estaré temprano— se despidió David.

David sale con Ruth y esta con mucha curiosidad le preguntó:

— ¿En qué estaban?

—Ruth, me acabas de salvar, me estaba metiendo en algo,

que es interesante y complicado, bueno, ¡ya me metí! Creo que ya no hay salida. Mañana le presentaré lo que iba hacer, momentos antes que entraras.

—Bien, como te salve, invítame a cenar— le dijo Ruth a su esposo.

—Ruth, ¡una cena merecida y bien ganada! — le respondió David.

Cenaron, llegaron a casa y pasaron unos minutos hablando. Después se fueron a la alcoba. Estando acostados los dos, Ruth le dice a David:

— ¿Te puedo preguntar algo?

—Sí, claro— le respondió David.

— ¿Qué les iba a exponer a esos científicos?

—En realidad, es algo que me sucedió hace algunos años. No le había puesto atención, hasta que llegue a ver, la película: *Stargate,* Puerta a las Estrellas. Una de tantas que hay.

—Sí, recuerdo alguna de esas películas.

—La escena en donde se abre la puerta estelar, esa escena yo la había visto con anterioridad. Lo que quiero decirte es, que, la burbuja que aparece antes de estar la puerta estelar abierta, eso lo había visto, como te dije, con anterioridad. También en la película presentan un aro y hablan de un séptimo nivel, como el punto de potencia final (lejos de ser cierto).

Ruth, es una película, pero lo que te voy a contar es algo extraordinario, pero los únicos que sabrán de esto eres tú y nuestros amigos de la Central de Inteligencia. Les daré a conocer de esto, lo que te diré a ti ahora. Al final, quiero que me des tu opinión, si les digo lo que sé o no— le dijo David a Ruth algo inquieto.

—Entonces empieza a contarme antes de que me duerma.

—Ruth, es serio, ¿me vas a oír?, para contarte.

—Sí, empieza.

—Me encontraba en oración y ayuno por dos días seguidos, un poco fuerte. En ese primer ayuno, me sentía un poco cansado en la noche. Me acosté y me puse a meditar estando acostado. De repente, me vi en otro lugar. En eso, oí una voz que me dijo: *"¡Te voy a revelar el secreto de las pirámides!"* Debí quedarme quieto, pero, me di media vuelta. Al hacer esto, desperté de la meditación. Eso se lo conté a una persona judía, amigo mío fallecido. Él me dijo, que debí quedarme quieto, que, si me volviera a suceder lo mismo, me quedara quieto, y que escuchara lo que me decían. Pasaron los meses y volví a hacer otro ayuno fuerte. Estando acostado entré a la meditación nuevamente, de repente, me encontraba de pie. En eso, oí una voz, esta vez quedándome quieto para volver a oírla. De repente, se me aparecieron unas letras en frente de mí, a la altura de mi rostro. La voz me dijo: *"Levanta tu mano derecha, con tu dedo índice, marca desde el inicio lo que ves y cuando estés llegando al final de la última letra, continúa en sentido contrario a las manecillas del reloj".* Lo hice.

Le conté sólo lo de las letras a mi amigo judío, una persona que era bastante mayor. Quiero decirte, que, al escribirle el escrito, se emocionó un poco y también quedó admirado al ver las letras.

—En realidad viste eso.

—Sí. Quiero decirte que es una palabra mística judía, busqué un libro y era cierto. Ahí estaba esa letra. Él quería saber más, pero yo sólo le dije eso. La otra parte te la contaré a ti.

Ruth, al oír todo lo anterior, le dice:

—Sí, sigue, que ya no tengo sueño.

—Gracias Ruth por escucharme.

—Sí, pero sigue.

—Mi amigo judío me dijo: *"El de la voz, quiere regalarte algo, pon atención a las cosas que te diga, en caso de que vuelva a sucederte algo igual"*. Le di las gracias.

—Bueno, te sigo contando, la parte que no he contado.

—Sí, cuéntame.

—Cuando se me apareció el escrito, fue algo emocionante y a la vez, mi cuerpo comenzó a vibrar. La voz me dijo: "Levanta tu mano derecha, con tu dedo índice, ve marcando las letras empezando de la primera hasta la última letra". Siguiendo las instrucciones que la voz me estaba dando, sin dudar en ningún momento, hice lo que me indicó. ¡Ah!, otra cosa, todo estaba unido (escrito corrido). Al poner mi dedo índice, al inicio de la primera letra, sentí un aumento de vibración, por decirlo de otro modo, una corriente suave, hasta llegar a la última letra, entonces ¡la vibración fue más fuerte! Inicié en el punto correspondiente, tomando una marcación de norte, sur, este y oeste; empecé a marcar con el dedo índice la última letra, por el lado oeste. Recuerda que todo es continuado.

Lo interesante de la última letra, es que, en ella, al iniciar la marcación, lado oeste (para mí, es el punto principal, de ahí sucesivamente las demás, siguiendo las instrucciones recibidas), empecé en su parte superior, como dije, teniendo el mismo voltaje, por decirlo así, que las letras iniciales, estando estas, un poco inclinadas a la derecha. Estas se unían, su extremo derecho superior con la letra final, o sea, la primera letra tenía el mismo voltaje que las demás. Cuando empecé a recorrer la última letra, el voltaje subió a dos. Seguía recorriéndola, el voltaje aumentaba, el voltaje subió ahora a tres. El voltaje aumentaba a cuatro, luego a cinco, a seis, a siete y a ocho.

El voltaje iba aumentando increíblemente, causando una fuerte vibración en todo mi cuerpo. Cuando hice contacto, en el punto de entrada de la última letra, hubo una explosión. Pero antes de la explosión, se formó una burbuja como en la película, que se fue hacia el frente hasta que hizo la explosión. Como si hubiese quedado algo abierto (viendo hacia adentro, cuando se abre una puerta, oscuro, antes de encender la luz). En ese instante, desperté de la meditación. No le puse atención a lo que me pasó, hasta que vi la película. Entendí entonces que esa voz me estaba dando la respuesta, que no han encontrado los científicos para abrir el portal (*también la llaman el agujero de gusano*). Ruth, los científicos son ellos, si yo les hablo de esto, ellos se dirán: ¿Y éste que se ha creído? Voy a terminar.

A medida que iba avanzando en la última letra, esta tenía energías separadas. Aumentaba el doble, el triple y así sucesivamente. Lo que quiero decirte Ruth es que hay una sincronización en todo y una fuerza dominante al final de la última letra dominante. Su energía empieza, pero sigue aumentando hasta dominar las demás partes de la letra, sincronizándolos la energía de ellos a la energía de él.

Por lógica, para que se dé todo esto, la última letra debe estar con electroimanes, para que se produzca una fuerza electromagnética dentro de la última letra. Los científicos deben conocer de esto, pero no han encontrado la respuesta. La respuesta es la energía inicial, el punto inicial de conexión con la última letra. Hay partes de la última letra que son invariables, exceptuando una de sus partes. Todo esto es una sincronización. Es la combinación y la llave (la respuesta) que los científicos no encuentran. Ruth, científicos son ellos, yo, simplemente quiero dar algo que me fue dado— explicó David a su esposa con mucha precisión.

—Tú crees que le tomarán interés a lo que me has contado.

—Si no le toman interés, aunque sea les dejo la inquietud, hasta que llegue alguien y le tome importancia.

— ¿Mañana qué harás? — preguntó Ruth con curiosidad.

—Mañana, les diré. Lo que iba hablarles ayer, se los llevaré escrito, para que lo lean, esperando que les pueda servir en algo.

— ¡Sí, dale el escrito! Para evitar que te dejen solo en ese salón. — expresó Ruth.

—Sí, tienes razón. Les daré el escrito, y si lo tiran al tinaco, otro lo podría recoger y encontrar la respuesta que buscaba. Les voy a dar la respuesta que no encuentran, para el descubrimiento más grande de este siglo. La combinación y la llave de la puerta o ventana estelar. ¡Les daré el escrito! — dijo David con seguridad — Gracias mi amor por escucharme, ahora a dormir.

Ruth le dice luego a David:

— ¡Entendí y no entendí lo que me dijiste! Quizás es por el cansancio y el sueño que tengo encima. Pero confío en ti. Es posible todo lo que me has contado y tratado de explicar.

David también entendió que debería buscar otra manera de explicar lo que le fue dado, haciéndolo en una forma más sencilla y detallada.

Al otro día, David llegó al trabajo con Ruth, para sorpresa suya ya lo estaban esperando en el salón.

—Señores he traído todo escrito. ¿Cómo pude hacer esto? Sólo mi esposa Ruth y yo lo sabemos. Espero que les sea útil. Yo le pondría importancia y mucho análisis a todo. Señores, todo lo que ahí está es posible— le indicó David al grupo.

El grupo de personas que se encontraba a la espera de David, quedaron en silencio, y uno de ellos levanta la mano. David al momento de retirarse divisa la mano levantada y expresó.

—Está bien, sólo una pregunta. ¿Dígame usted que tiene la mano en alto?

—Gracias, soy un sencillo y humilde científico que conjuntamente con otro grupo de científicos estamos tratando de resolver por los métodos probables el llamado "agujero de gusano". Con esto quiero decirle que nos interesa todo lo referente al campo científico. Agradeciéndole de antemano su aporte— indicó un científico del grupo.

En eso, David le expresa que sus palabras lo han conmovido, porque le da las gracias sin saber o conocer del escrito:

—Le aseguro que al leerlo le interesará muchísimo. Sólo espero aportar en esa búsqueda incansable que ustedes los científicos se trazan por encontrar la respuesta correcta. Con todo respeto señor científico, en este escrito que les acabo de dejar, se podría generar más interrogantes o podrían encontrar la respuesta que están buscando.

— ¡En caso de algunas consultas sobre el escrito, podría reunirse con nosotros! — exclamó el científico.

—Sí, claro que sí. Bueno, eso sería en caso de que les interese.

—Señor David, todo es interesante con usted— le respondió el científico.

David, les da las gracias a todos y se pone a las órdenes, en caso de serles útil. Al retirarse del lugar, expresa en voz baja:

— ¡Ya salí de esto! — Sin saber, que estaba empezando un largo camino por recorrer.

David y su esposa Ruth, siguieron trabajando normalmente con la protección permanente de la Central de Inteligencia. Pasaron algunos años y tuvieron dos hijos, un hijo varón llamado Salomón y una hija llamada Ruth Elena. De repente, un agente de la Central de Inteligencia le notifica personalmente que unas personas especiales del gobierno desean hablar con él. De ser posible en el día de mañana.

—Con gusto— respondió David.

—Nosotros lo vendremos a buscar para llevarlo al lugar— indicaron.

Una vez reunido David con su esposa Ruth en casa, le contó de la reunión que tendría mañana con altas personalidades del gobierno.

—Bueno, esperemos que sea algo para bien— le dijo Ruth.

—Sí, veremos que se traen— contestó él.

Al día siguiente, a primera hora de la mañana, David miró por su ventana y pudo ver dos vehículos color negro que lo estaban esperando. David despertó a Ruth, diciéndole que mientras él se arreglaba, le agradecía una taza de café. Cuando David sale arreglado para irse de casa, Ruth le tenía su taza de café, sus hijos todavía estaban en cama. David se toma la taza de café y se despidió de Ruth diciéndole:

— ¡Te cuento al regresar! Cuídate mucho. ¡Te amo!

—Igual— le respondió ella.

David al salir, dio los buenos días a los agentes y al abordar uno de los vehículos, le preguntó al encargado:

— ¿A dónde voy?

—No se preocupe Señor David, lo llevaremos a un lugar secreto experimental. Por medidas de seguridad del lugar a donde lo llevamos, tenemos que vendarle los ojos, ya que el lugar es considerado secreto— le dijo el agente encargado.

—Está bien, estoy a las órdenes— le respondió David.

Al trascurso de un tiempo, llegaron al lugar secreto. David es bajado vendado del vehículo y es conducido hacia el interior del lugar. Estando dentro de un elevador, le quitan la venda y uno de los agentes de la Central de Inteligencia se disculpó:

—Señor David, espero que usted se encuentre bien. En estos momentos nos encontramos en un elevador y vamos a descender uno cuantos metros bajo tierra.

Al llegar David, una de las personas de alto rango le da la bienvenida. Éste le hace saber que no será vendado al salir de dicho lugar secreto.

—Confiamos en usted de ahora en adelante. Le vamos a mostrar un proyecto en el cual usted nos dio el camino a seguir. La razón del porqué usted está aquí, es para que pueda observar que es posible. Necesitamos concluir en algunas cosas y sabemos que usted es la pieza importante para esas conclusiones.

Sólo pasó un corto tiempo, para que David fuera llamado por la Central de Inteligencia y llevado a un lugar secreto con el propósito de ser consultado y poder continuar o perfeccionar el proyecto que tenían en marcha.

Empezó todo con el sobre amarillo que les entregó David a los científicos. Proyecto de total secreto y de seguridad nacional.

Los científicos de la Central de Inteligencia les tomaron total atención a los escritos de David y más aún el último sobre amarillo que contenía el inicio de un proyecto sin precedentes.

Se entiende que ellos presentaron el proyecto a altos niveles, aduciendo que era posible realizar el mismo con grandes posibilidades de éxito. Esa es la razón por la cual hicieron contacto con David. Invitación gustosa que David aceptó.

David le hace saber a Ruth sobre la invitación que le hicieron. Ruth contenta le dio ánimo y le dijo:

—Amor no te preocupes, puedes ir sin preocupación. Yo me encargaré de nuestros hijos.

—Estoy en camino, dentro de poco llego. Me han dado el tiempo necesario para poder despedirme de ti y de nuestros hijos— le aseguró David.

Ruth le hace saber que ella se encargara del cuidado de sus hijos con el apoyo de los amigos de la Central de Inteligencia.

Al llegar David a casa, es recibido por su esposa Ruth y sus dos hijos. Tuvieron una reunión familiar en donde tocaron puntos muy importantes, incluyendo asuntos de seguridad. David al salir de su casa para dirigirse a los vehículos que lo escoltaban (vehículos de la Central de Inteligencia), le agradeció al agente encargado por apoyarlo en ese sentido.

Una vez mostrado el proyecto de total secreto, David quedó admirado e impactado. Uno de los científicos le repite nuevamente:

— ¡Éste es el proyecto y lo hemos hecho guiándonos por lo que usted nos presentó! Necesitamos de su apoyo, para poder continuar.

—Tendrán todo mi apoyo. Estoy listo para comenzar a trabajar en este deseado proyecto. Sólo quiero hacerles saber, que cooperaré esperando que este proyecto del cual sé, que tendremos éxito en su realización, sea utilizado para hacer el bien y el mantenimiento de la paz.

—Le agradecemos su confianza. En el día de hoy deseamos que usted descanse, le tenemos una habitación bien acondicionada con un equipo de computadoras para su uso personal. Le entregaremos en detalle, los trabajos y progresos en el mismo. Hemos recreado el mismo modelo que usted nos especificó en el escrito que nos dio en el sobre amarillo.

—Gracias, en realidad me interesa ver todo y poder entonces hablar con propiedad— les dijo David a los agentes.

Uno de los científicos y jefe del grupo de ellos, le dijo a David:

—Reiniciaremos el proyecto cuando usted, David, esté listo. Tómese el tiempo necesario. Necesitamos que usted esté claro en lo referente al proyecto.

—Gracias, lo voy a leer, estudiar y a realizar mis propias anotaciones y discutirlas con ustedes; así podré conocer sus opiniones y saber si voy bien. De estar equivocado, me gustaría saber por qué, y así, tomar la dirección correcta, aprender de ustedes, oyendo y analizando sus observaciones— indicó David.

David es conducido a su cuarto por la seguridad del lugar. David, ansiosamente comienza a ver todo el material que le dieron. Se dio cuenta que el material y que los trabajos realizados por los científicos, todos estaban conducidos a lograr abrir la puerta o ventana estelar. Por lo que podía ver, estaban avanzando en la dirección correcta.

David pasó aproximadamente dos días revisando todos los trabajos y diseños realizados por los científicos. Le comunicó al jefe del grupo de científicos, que ya se encontraba preparado para reunirse con ellos y establecer una discusión constructiva con respecto al proyecto.

En eso, el jefe del grupo de los científicos le hace saber que convocaría a todos los científicos relacionados con el proyecto. En poco tiempo, todos estaban reunidos en un salón de reunión. Al entrar con David al salón es saludado muy cortésmente por todos los que allí se encontraban. David les dijo:

—Por lo que he leído y visto en los planos de construcción, me he dado cuenta que es el camino correcto a seguir, para encontrar lo anhelado. Estoy aquí para ser uno más de ustedes y cooperar.

En eso, el jefe de todos los científicos proyectó unas imágenes del proyecto y le explicó a David, de algunos de los ensayos que se habían realizado sin resultados positivos. David le dijo, que puede sugerir algunas cosas, que podrían dar resultados positivos. En el salón de reunión, David, pasó horas con los científicos, con el propósito de ir afinando y perfeccionando el proyecto.

Ese otro día, David, nuevamente se reunió con los científicos en donde tenían construida la razón de su estadía en el lugar. David se quedó apreciando lo que sus ojos contemplaban. A la vez verificaba algunos detalles en su construcción, haciendo algunas anotaciones, para discutirlas, posteriormente, con los científicos que en el proyecto trabajaban.

Cada día se perfeccionaba más la construcción de lo más importante del proyecto. Siguieron pasando los días, semanas, meses. David sólo hablaba con su familia telefónicamente y por *Skype* sin tocar el tema del proyecto. Su esposa sabía que él estaba en un proyecto de mucha importancia para el gobierno. Ruth le daba ánimo a seguir, diciéndole:

—David, estamos bien, te seguiremos esperando, ¡todos te amamos!

En realidad, todo eso le daba tranquilidad a David para seguir adelante. Se encontraba bien de salud y con deseos de seguir trabajando en el proyecto que, por cierto, estaba avanzado bien y con excelentes resultados.

Llegó el momento de realizar un experimento, quizás el más esperado. Todos los científicos y David se encontraron en ese instante. Al empezar el experimento, todos se encontraban en un lugar protegido con extremas medidas de seguridad, para evitar incidentes en caso de suceder una falla. Todos optimistas comenzaron a sentir una adrenalina con deseos de triunfo. Una vez puesto en marcha el experimento, se entró en la fase de ver los resultados. Los resultados fueron exitosos, logrando el objetivo. Todos emocionados se saludaban unos a otros por el éxito logrado. Sabían al igual que David, que lo logrado cambiaría muchas cosas a partir de ese momento. Era algo que cambiaría el mundo.

Se acordó traer al lugar al secretario de defensa y al director de la Central de Inteligencia y realizar una prueba más, para que ellos pudieran observar la nueva tecnología creada. Posterior a ese segundo experimento, se dedicarían a realizar una inspección total de todo el proyecto, tratando de detectar cualquier anomalía y corregirla a tiempo, con el propósito de realizar un tercer experimento, pero un poco más prolongado y tener una estabilidad o el tiempo necesario.

Al pasar unos días, tuvieron la visita de las dos personalidades antes mencionadas. Ellos expresaron una frase de Santo Thomas:

— ¡Ver para creer!

Empezó el tercer experimento, todos estaban en el área segura. Al presenciar el secretario de defensa y el director de la Central de Inteligencia el experimento, al cual podríamos llamar "la tercera prueba", quedaron impresionados por lo que habían visto sus ojos.

El jefe encargado le pidió al director de la Central de Inteligencia, que no le hicieran saber eso al señor presidente, ya que todavía faltaban algunos detalles importantes. Hace saber esto al secretario de defensa y éste responde afirmativamente:

— ¡Sí, esperaremos hasta que ustedes nos digan que todo está bien, para hacerle saber al señor presidente!

Cuando los científicos y David quedaron solos, David le dijo al jefe de los científicos, que, a él, le gustaría saber la distorsión de la materia y otras cosas más, esperando que no afecte la exposición de un viviente, sea éste, animal o humano.

—Sí, David, tienes razón. Tenemos que profundizar en los efectos y trabajar en eso— dijo el jefe de los científicos.

Solamente de esa manera se tendría una seguridad en lo que se haga. Se decretó un receso en el perfeccionamiento y sincronización de todo en el proyecto. Oportunidad que le concedieron a David de poder ir a visitar a su familia. David emocionado se preparó para partir lo más pronto posible. La Central de Inteligencia comunicará en su momento a su familia. Esta comunicación se hará verbalmente, para evitar cualquiera fuga de información.

Llegó el día esperado. David era conducido en dos vehículos idénticos, uno era donde él viajaba y el otro era el vehículo escolta con agentes de la Central de Inteligencia. El jefe del grupo de escolta, que viajaba con David, le notificó que le avisarían al agente encargado de la seguridad de su familia, que se dirigían por tierra a su casa con David. Toda esta comunicación se hace a través de frecuencias codificadas y seguras.

—Sí, le agradezco que realicen esa comunicación para que ellos sepan que voy en camino— dijo David.

Al momento que el agente de la Central de Inteligencia que viajaba con David iba a realizar la llamada, fueron interceptados por cuatro vehículos, deteniendo la caravana por completo e inmediatamente bajaron de los mismos varias personas fuertemente armadas. Uno de ellos portaba un RPG7 armado, listo para ser disparado y apuntado con toda seguridad al vehículo donde viajaba David. En eso, el jefe de los escoltas trató de radiar e informar la situación existente, con la sorpresa de que no había comunicación, ni siquiera con los teléfonos celulares. El conductor accionó un dispositivo de GPS de localización del vehículo. Uno de los atacantes habló en un buen inglés por un altoparlante:

—Señores, están neutralizados, queremos que bajen de los vehículos y tiren sus armas al suelo. Ustedes deciden si el señor

David vive o muere.

El encargado de los agentes escoltas de David, decidió bajar del vehículo y haciéndoles señas al otro, que realizara lo mismo. Estos también bajaron.

—Queremos que nos entreguen al Señor David.

En eso, David bajó del vehículo y el encargado de los atacantes, le pide que camine hacia ellos. Cuando David llegó a ellos, comenzaron a dispararles a todos los agentes, entre ellos dos mujeres escoltas de la Central de Inteligencia. Acción que le causó un impacto emocional a David. ¡Mataron a sus amigos por protegerle la vida! Los atacantes introdujeron a David dentro de uno de sus vehículos e inmediatamente salieron del lugar.

Estos atacantes utilizaron la sorpresa, realizando este secuestro en un lugar apartado y sin casas cercanas. Tenían todo el tiempo necesario para desplazarse con seguridad. De repente, todos los vehículos se detuvieron. Apareció un vehículo tipo Vans, y trasladaron a David encapuchado a dicho vehículo, éste se separa enseguida de los demás y toma otra ruta.

David dentro del vehículo Vans, es desvestido totalmente, luego se detienen y uno de los secuestradores baja con la ropa de David y la deposita en un tinaco o cesto de basura. Aborda nuevamente el Vans, mientras tanto, otros revisaban minuciosamente el cuerpo de David, encontrando un cuerpo solido dentro de su piel.

Le colocan una inyección que adormece a David un poco. Le rociaron con *spray* la parte sólida y luego, con un bisturí le hacen un pequeño corte extrayéndole un localizador. Cosieron la incisión y destruyeron el localizador.

El grupo de la Central de Inteligencia se preocupó porque un localizador dejó de funcionar. Verificaron a quién pertenecía y para sorpresa de ellos, era el de David. Inmediatamente notificaron la novedad.

Llamaron al jefe de la escolta de David, siendo infructuosa la llamada por teléfono. Llamaron por radio y éste tampoco contestaba. Comenzaron a llamar a todos los celulares del grupo de escolta, y de sus radios.

Al no contestar ninguno, preocupó más aún a la Central de Inteligencia. Elevaron un nivel de alarma en la cual todos los agentes desplegados en todo Washington estuviesen atentos a las rutas de la Embajada china y rusa, e inclusive otras de interés nacional de seguridad. Actitud tomada a nivel superior porque al saber que no se tenía comunicación con el grupo de escolta de David, de igual manera, no se podía ubicar su posición con el localizador de cuerpo.

Tomaron esta medida, por lo conocido por ellos, temiendo que hubieran secuestrado a David y que estos pertenecieran a una potencia mundial, que, de alguna manera habían tenido la información del proyecto, sin conocer los detalles y que podrían obtenerlo, sólo de esta manera, secuestrando a David.

Mientras se localizaban los vehículos y al resto de los agentes que escoltaban a David, el vehículo Vans llegó a la Embajada rusa y éste se condujo al área de los estacionamientos bajo techo. Al entrar, cierran el portón; acción que anotó el vigilante de la Central de Inteligencia en ese momento e inmediatamente hizo el reporte.

# CAPÍTULO OCHO

## LOS ANALISTAS DE LA CIA

Entre tanto, llegaba un grupo especial de la Central de Inteligencia, donde se hizo el secuestro de David, encontrándose con imágenes desgarradoras. Todos sus compañeros estaban muertos de múltiples disparos. Al revisar las armas, ninguna fue disparada, deduciendo que fueron emboscados y obligados a tirar sus armas al suelo, cosa que no está en sus procedimientos y protocolos, pero también pensaron que lo hicieron para proteger a David, ya que él no se encontraba en el lugar.

De seguro, era un grupo organizado y profesional, por tal motivo, la primera inspección la realizó un grupo de explosivistas, detectando dos "caza bobos" con explosivos. Estos fueron desactivados, posterior a esto, realizaron la inspección los otros equipos investigativos. Por los orificios de los impactos de bala, se supo que fueron realizados a corta distancia.

El jefe del grupo de reacción que encontró al grupo de escoltas asesinados, notificó a la Central de Inteligencia y esta de inmediato a su director. Completando la información, el jefe del grupo de reacción, terminó diciendo que los vehículos fueron incendiados.

Al mismo tiempo que recibe la información el Director de la Central de Inteligencia, le hacen la sugerencia de seguir al Vans que entró a la embajada rusa, para descartar cualquier duda. En eso, llegó en un vehículo diplomático el encargado de política de la embajada, siendo fotografiado por el vigilante de la embajada por la situación presentada.

Los analistas de Inteligencia de la Central de Inteligencia informados de la situación existente, sin saber del proyecto, fueron los que solicitaron esta vigilancia, ya que ellos respetaban la privacidad de todas las embajadas de otros países en su territorio. Por lo sucedido, ellos sabían que no eran nacionales, eran personas muy bien entrenadas y con alta tecnología, con experiencia en espionaje y operaciones encubiertas, así como operaciones clandestinas en donde nadie es autor o responsable.

La fotografía fue enviada a la Central de Inteligencia. De acuerdo a las investigaciones realizadas, aseguraron que el individuo es el agregado encargado de política de la embajada rusa. Pero, aunaron más en la identificación y descubrieron que dicho individuo es un agente del Servicio de Inteligencia Ruso, con un alto rango en el mismo. Hacía poco que se había registrado su llegada a los EE. UU. y de ser así, sería para realizar alguna misión especial. ¡Esa misión, era la de secuestrar a David!

Los analistas de inteligencia dedujeron, que esa acción era muy temeraria, por lo que habían visto. De ser así, quizás sus altos mandos desconocían de tal acción, incluyendo a su presidente.

El director de la Central de Inteligencia, nombró a un alto jefe de la misma con conocimientos militares de jefe de operaciones, para este delicado caso.

El jefe de operaciones recién nombrado para este caso, sugirió al director de la Central de Inteligencia que esperara mejores resultados de la búsqueda de David, para que le pueda dar una información más detallada al Señor presidente.

—Está bien, esperaré. Espero que sean informaciones confiables y seguras para poder decirle las cosas con seguridad, incluyendo las posibilidades de éxito de encontrar a los culpables y de rescatar con vida a David— dijo el director.

El agente encargado de vigilar la embajada rusa, pudo observar el vehículo Vans, que entró a la embajada. Salió del garaje y se estacionó en la entrada principal de la embajada. Inmediatamente, salió de ese sitio el agregado de política de la embajada y abordó el vehículo Vans en la parte del copiloto. El agente tomó una serie de fotos e informó esta situación al jefe de operaciones. El jefe de operaciones ordenó a un equipo el seguimiento del vehículo Van, tratando de ubicar alguna casa de seguridad que ellos tuvieran, en caso de ser los responsables de los hechos.

El seguimiento se dio y se pudo observar el destino final del vehículo Vans. Otro equipo especial, que se encontraba en los vehículos seguidores, bajó de los vehículos y buscaron posiciones estratégicas y uno de ellos logró tomar unas fotos. Logró tomar la foto donde se bajó del vehículo Vans, el agregado de política de la embajada rusa. El vehículo entró a un garaje que, posteriormente, cerraron. Antes que lo cerraran logró fotografiar algunos vehículos tipo doble cabina 4x4 de color negro. Toda esta información fue enviada al jefe de operaciones. Éste último, compartió esta información con los analistas de inteligencia, para oír sus recomendaciones. Cuando los analistas de inteligencia vieron las fotos y oyeron otras informaciones que le proporcionaba el jefe de operaciones, se llenaron de muchas interrogantes y de discusiones por todo lo que tenían a mano.

Las conclusiones finales fueron: En caso de que David, tuviese otro micrófono y fuera detectado dentro de la embajada, iban a tener protección y negar cualquier registro. Tendrían el tiempo de buscarle en el cuerpo de David este localizador. Como pudieron observar que no hubo ninguna noticia y ninguna actividad rara en los alrededores de la embajada, descartaron el localizador, por tal motivo, podían llevarlo con seguridad a la casa de seguridad en donde ahora se encontraban. Todavía faltaba averiguar una cosa y era la más importante: Confirmar que David se encontraba en esa casa de seguridad rusa.

En eso, el jefe de operaciones le hace una llamada al director de la Central de Inteligencia. Le solicitó una reunión en el salón en donde se encontraba el puesto de mando del centro de operaciones, una reunión urgente, por las informaciones que se tenían.

El director de la Central de Inteligencia le hace saber, que se dirigirá al lugar, para establecer la reunión. Cuando todos estaban reunidos en el salón de reuniones, el jefe de operaciones le habló claramente al director de la Central de Inteligencia. El director quedó sorprendido y anonadado por la situación existente. En eso exclamó:

— ¡Debemos actuar lo más pronto posible, neutralizar a los secuestradores y rescatar a David!

—Señor, no podemos actuar inmediatamente sin antes saber que en esa casa está David. De confirmar eso sabremos que, además de secuestrar a David, podrían ser los asesinos de nuestros agentes escoltas.

Pero quedaba una inquietud, si el embajador ruso sabia o no de la situación existente. De saberlo, también podría saberlo el mandatario. De no saberlo, lo más probable era que el mandatario no lo supiera. Respuesta que buscarán en una actividad de diplomáticos, en donde asistirá el embajador ruso. Se le hará un acercamiento discreto y después se analizará su actuación dentro del evento.

Llegó en momento del evento diplomático, se logró tener el contacto con el embajador durante toda la actividad. Según los analistas que estuvieron y establecieron el contacto con el embajador, determinaron que su proceder era normal, no se notaba nervioso, ni alterado.

Sus respuestas a preguntas normales fueron espontáneas, sin presentar nerviosismo. Todo esto indicaba que desconocía lo que estaba sucediendo. Se llegó a la conclusión que esta es una operación secreta en donde el presidente de su país desconocía de tal operación.

Le hacen saber al director de la Central de Inteligencia que las cosas son gravísimas, ya que, si no se actúa con discreción, se podría generar una gran tensión entre ambas naciones por las actuaciones solitarias y desmedidas del Servicio de Inteligencia Ruso. Y no sólo de este Servicio, sino de sus altos jefes, los demás nada más cumplían órdenes. Ellos también deben saber, qué órdenes son lógicas y cuáles no. En caso de ser ellos los que tengan secuestrado a David, sus acciones son imperdonables.

El jefe de operaciones le pidió un poco más de tiempo al señor director de la Central de Inteligencia, para determinar, si en la casa de seguridad se encontraba David:

—Hemos concretado todos nuestros esfuerzos a esta embajada, ya que, en las otras todo se encontraba normalmente, sin movimientos fuera de lo normal. Todo lo hemos realizado, manteniendo los acuerdos diplomáticos establecidos con cada país. Una vez, verifiquemos, si está o no David en dicha casa, le podría informar al señor secretario de defensa y al señor presidente de lo que está pasando.

—Entonces, ¿qué harán ustedes, para determinar si está o no David en esa casa? — preguntó el director.

El jefe de operaciones le respondió al director, que ellos han comenzado a planear y han deducido tres cursos de acción. Establecerán una discusión de los tres, para escoger el más viable y determinar uno alterno. El director de la Central de Inteligencia depositó su confianza en los procedimientos realizados por el jefe de operaciones, conjuntamente con sus analistas.

—Les hace saber, que, por lo visto y oído, el tiempo se está agotando. Quiero decir que tenemos que hacer algo lo más rápido posible. Antes de informarle al señor secretario y al señor presidente de lo que está pasando, primero traeré al señor secretario de defensa, hacérselo saber, para ir con él a notificárselo al señor presidente.

—Eso es correcto— le contesta el jefe de operaciones al director— Tendremos el plan, los cursos de acción y una vez aprobados lo pasaremos a una orden de operaciones, de esa forma, procederemos a la acción. Bueno, espero que tengan eso lo más rápido posible y así traer al secretario, para que sepa lo que está sucediendo y lo que vamos hacer.

Quedando solo el jefe de operaciones con su equipo de trabajo y sus analistas de inteligencia comenzaron a darle forma al plan y sus cursos de acción.

Los tres 3 cursos de acción presentados son:

**1. Curso de acción.**

Realizar un asalto a la casa de seguridad donde se han detectado varios individuos extranjeros (rusos), tratando de evitar al máximo la eliminación de los mismos. Verificar si en dicha casa se encuentra David y rescatarlo sano y salvo. Realizar entonces las detenciones necesarias y llevarlos a juicio (enfrentar la parte diplomática).

*Ventaja:* La sorpresa.

*Desventaja:* No se tiene la certeza de que David se encuentre en la casa de seguridad secuestrado.

**2. Curso de acción.**

Introducir un elemento (unidad), dentro del garaje de la casa de seguridad de los rusos y revisar el busito Vans, para recopilar pruebas o alguna prenda de David. Inspección que debe realizar un experto en criminalística.

*Ventajas:* Se podría obtener la información con pruebas de

huellas y de ADN, determinarían la certeza de que David se encuentra en ese lugar.

**Desventajas:** Se tendría que dar más tiempo, y en esa prolongación de tiempo, se podrían dar otras cosas inesperadas.

### 3. Curso de acción.

Seguir vigilando la casa y determinar que ellos son los secuestradores de David, esperar a que realicen un movimiento que nos dé la seguridad de que David está allí.

En el debate de escoger el mejor curso de acción, llegaron a la conclusión que el mejor curso de acción era el número dos, seguido del número tres.

El jefe de operaciones solicitó dos grupos de reacción inmediata anti-terroristas. Uno estaría listo para entrar en acción, de ser necesario. El otro entrenaría de acuerdo a los planos de construcción de la casa de seguridad, de igual manera, el primer grupo tendría estos planos. Toda esta preparación se estará dando mientras la unidad de criminalística realiza su trabajo, un cerrajero le entregará una llave maestra que puede abrir la puerta del vehículo Vans sin ningún problema. Comenzó la preparación y al tener el momento oportuno, la unidad de criminalista se introdujo dentro de las instalaciones de la casa evitando las cámaras detectadas, por suerte la cochera estaba abierta introduciéndose en la misma. Todo el personal estaba en alerta máxima, esperando que todo se diera sin ninguna novedad.

Una vez, la unidad de criminalística se encontraba dentro de la cochera, abrió el Vans y se introdujo dentro de él, rápidamente, comienza a recopilar todo tipo de evidencias posibles, para determinar si alguna de ellas pertenecía a David. En el centro de operaciones todos estaban ansiosos, esperando que la unidad de criminalística saliera del lugar sin ningún inconveniente. En eso, se detectó un movimiento fuera de la casa. Al parecer el agregado de política mandó a una unidad para que sacara uno de los vehículos para llevarlo a la embajada. Por fortuna, el vehículo Vans no lo tocaron, cuando se retiró del lugar, los demás entraron a la casa.

De repente, el observador que estaba de vigilancia en la cochera, ve salir tácticamente a la unidad de criminalística.

— ¡Gracias a Dios, todo salió bien en esta etapa! — Expresó el jefe de operaciones.

Mandaron todo lo recolectado por la unidad de criminalística a un centro de verificación e identificación de pruebas recolectadas. Sólo se tendría que esperar. Al pasar un corto tiempo, el agente que vigilaba la casa notificó que sacaron de la cochera el vehículo Vans y dos vehículos más. Regresaron uno de los vehículos a la cochera, quedando sólo el vehículo Vans y otro más. Al parecer, se utilizaría como vehículo escolta. No pudo apreciar quiénes iban en el vehículo Vans. Operaciones ordenó seguimiento a estos dos vehículos discretamente. Resulta que los dos vehículos se dirigieron a la embajada rusa, entrando al garaje o cochera, la cual cerraron inmediatamente.

David, en todo momento permaneció vendado, hasta que le quitaron las vendas en su nuevo lugar. Era un cuarto cerrado y pequeño, con muy poco espacio. Al parecer el lugar tenía cámaras. La persona que hablaba con David usaba una máscara para evitar ser reconocido, diciéndole:

—Puede estar tranquilo, sólo queremos que coopere con nosotros. De ahora en adelante usted estará con nosotros, el resto de su vida. Su familia no correrá peligro si usted coopera.

Esta persona le habló a David en un perfecto inglés. Por tal motivo, David seguía sin deducir quiénes lo secuestraron, sin embargo, tenía una corazonada que los secuestradores no eran americanos. El jefe de operaciones procedió a llamar al director de la Central de Inteligencia y éste acude inmediatamente. Al llegar le hacen saber todo lo acontecido. Señor, sólo necesitamos conocer los resultados obtenidos en criminalística de lo encontrado en el vehículo Vans. El mismo director realizó una llamada a criminalística y le hacen saber que los resultados obtenidos fueron enviados al jefe de operaciones y que estaban por llegar. El director de la Central de Inteligencia estaba ansioso y preocupado en espera del informe.

Cuando llegó el agente de criminalística al área de operaciones, le entregó el documento sellado al jefe de operaciones. Al abrirlo y leerlo, en dicho documento le hacen saber que en una de las pruebas realizadas a un cabello humano encontrado en el vehículo Vans, éste pertenecía a David.

El director de la Central de Inteligencia quedó anonadado, expresando:

—Cómo se les ocurre realizar algo tan descabellado aquí en nuestras propias narices. Esto debe de ser un grupo aprovechando sus inmunidades diplomáticas, para después decidir por lo obtenido, al mejor postor. En esto estarían otras grandes potencias, incluyendo la de ellos mismos, sólo que se la darían, por una recompensa que reúna sus propósitos o lo darían a su país y venderían una copia a las demás potencias.

Todas estarían interesadas. Procede a llamar al secretario de defensa, solicitándole muy cortésmente que es de suma importancia su presencia en estos momentos en el lugar en que ellos se encontraban.

–Señor, es con respecto a la seguridad nacional.

El señor secretario de defensa hace que su conductor se dirija al lugar señalado. Al llegar, es recibido por el director de la Central de Inteligencia. De inmediato, se dirigen al salón de reuniones que tiene el área de operaciones. El director de la Central de Inteligencia permitió al jefe de operaciones que le explicara en detalle al señor secretario de defensa sobre la situación. Situación que fue confirmada. El director de la Central de Inteligencia le sugiere notificarle al señor presidente de la situación existente. Pasaron un par de minutos de diálogos entre los presentes. El secretario de defensa concluye diciendo que esta situación era muy rara. Todo esto podría generar situaciones muy graves. También se tocó el tema de la casa de seguridad, llegando a la conclusión de neutralizarlos y destruirlos una vez tengan a salvo a David. Que les realicen seguimientos a todos y saber a qué se dedican, tratando de conocer todo de ellos.

En ese momento, el director de la Central de Inteligencia recibió una llamada en donde le estaban informando de la llamada del presidente ruso al señor presidente de los EE. UU. Le notificó que estaba cerca de los EE. UU., y que le gustaría visitarlo rompiendo los protocolos. Sería una visita amistosa y de camaradería, en caso de no haber objeción y de no causar inconveniente alguno. El señor presidente conocía de la visita de él a un país en Latinoamérica, ya que se disponían a cruzar el Atlántico. Éste le responde que no tenía ningún inconveniente en recibirlo, que lo haría muy gustoso. Éste le informó que estará dentro de un par de horas en Washington.

—Señores, esto agrava aún más la situación. ¿Qué sugieren ustedes, le informo de esto al presidente?

Uno de los analistas de inteligencia hace una sugerencia:

—Debe esperar. No debe hacer del conocimiento de esta situación al presidente hasta que el presidente ruso se retire del país. El motivo es, que le será muy incómodo al presidente recibir a su homólogo, pudiendo suceder otras cosas.

El señor secretario de defensa aceptó la sugerencia y exclamó:

— ¡Esperaré a que el presidente ruso deje el país y, posteriormente, vendrán las decisiones a tomar!

Al parecer viajaban dos aviones más con el avión presidencial. Estos llevaban un grupo de escolta y cuatro vehículos blindados.

De seguro el embajador ruso estará en el aeropuerto esperándolo.

—Hay que estar atentos al vehículo del embajador y chequear cualquier maleta grande que baje del mismo. David podría ser llevado al avión presidencial ruso y de esta manera lo sacarían del país— dijo el jefe de operaciones.

El jefe de operaciones comenzó a coordinar con los organismos de aduana y migración en donde se colocaron agentes de la Central de Inteligencia encubiertos.

La Central de Inteligencia siguió profundizando sus

investigaciones en el agregado de política de la embajada rusa en los EE. UU., llegando a tener informaciones concretas de una conexión de éste con un terrorista de la facción de Isis, un alto dirigente.

—Sabemos que los terroristas conocen de dónde procede David, quisieran tenerlo. Quizás desconocen del proyecto que se está llevando a cabo. Esto aclara un poco las cosas. Esta es una operación encubierta de un grupo de mercenarios dentro de la inteligencia rusa liderados por el agregado de política de la embajada rusa aquí en los EE. UU. Está realizando un trabajo sucio, utilizando su posición en el servicio de inteligencia rusa y su posición como agregado político dentro de la embajada rusa. La pregunta es: ¿Habrá otros por encima de él?, y, ¿a qué niveles?

—Lo más probable es que ellos sean los únicos en esto. No les importa desprestigiar su servicio de inteligencia. Sabemos que ellos no actúan de esa manera. En caso que sean descubiertos por ellos, de seguro que la pasarían muy mal.

La Central de Inteligencia había tenido casos similares, pero esto había llegado al extremo. Vamos a demostrar que somos profesionales en este tipo de situación. Esperaremos que el presidente ruso salga del país y actuaremos.

Mientras tanto, Ruth le hace saber al agente escolta que no ha recibido llamada de su esposo David, y que sus hijos estaban preguntando por él. El agente escolta le dice que, comunicará su preocupación. El agente hace saber a sus superiores la inquietud de la esposa de David. Esta inquietud llegó hasta el director de la Central de Inteligencia. Mandó a un alto oficial de la Central de Inteligencia, conocido por la familia para que pueda explicarle la situación a la coronel en retiro Elsa.

—Por su formación, conocimientos y por su confiabilidad, dígale lo que está sucediendo. Dígale que tenemos localizado el lugar, que estamos preparados para rescatar a David, y que también lo queremos de vuelta con vida.

También le recuerda al alto oficial de la Central de Inteligencia que transmita lo necesario sobre la situación de David a su esposa Ruth.

El alto oficial de la Central de Inteligencia llegó a la residencia de la esposa de David y logró hablar con ella. Le explicó lo necesario sobre David. A Ruth le preocupó mucho la situación. El oficial le dice:

—Hablará con sus hijos y les dirá que su padre en estos momentos se encuentra muy ocupado en un trabajo de suma importancia, que no se preocupen que él pronto vendrá.

¿Pudo oír la última palabra que dije?

—Sí, la oí— respondió Ruth.

—Están todos nuestros esfuerzos en esta situación, lo tendremos de vuelta.

—Espero que me notifiquen, pase lo que pase.

—Señora Ruth, así lo haremos— le dijo el alto oficial de la Central de Inteligencia retirándose de la residencia de Ruth.

Quedando sola Ruth, empezó a llorar arrodillada, y levantando sus manos, comenzó a orar, diciendo en voz alta:

—Espíritu Santo, protégelo de todos aquellos que desean hacerle mal y de todo espíritu malo. Protégelo desenvainando tu espada majestuosamente, que esté dentro de tu círculo de protección.

Curiosamente, David, en el lugar cautivo, también estaba arrodillado orando por el bienestar de su familia. Cuando los dos terminaron de orar, sintieron una paz y tranquilidad interna. La Central de Inteligencia, puso en resguardo al resto de científicos que trabajaban en el proyecto Cuantiun. Sólo David y ellos conocían del nombre del proyecto. Mencionaban la palabra proyecto, más no el nombre del mismo por medidas de seguridad.

La persona que establecía conversación con David esporádicamente, le hizo saber, que tendrían mucho tiempo para conocerse y esperaba su cooperación en los detalles del proyecto Cuantiun que mantenían en secreto. David en un pensamiento interior, se preguntaba:

— ¿Cómo este Señor sabe el nombre del proyecto, si el mismo nombre del proyecto es secreto? Quiere decir que sabe algo más.

—Quiero informarle que buscaremos la forma de sacarlo de los EE. UU, para que labore con nosotros, como le dije anteriormente, sabemos de su familia. Si usted quiere que a ellos no les pase nada, sólo tiene que cooperar. Nos interesa realizar la construcción de lo que se tenga que construir para realizar dicho proyecto. Esperamos su total colaboración.

David sólo se concretaba en oír lo que el individuo le decía sin saber quién era. Ruth, dentro de sus análisis, consideró que era necesario reunir a sus dos hijos y contarles la situación existente; pero primero les daría a conocer el principio de las cosas: empezando con lo sucedido a su abuelo Kevin hasta llegar a su padre.

Ruth reunió a sus hijos y empezó a hablarles de la familia, para que esto sea transmitido de generación en generación. Les dijo:

—Sepan lo importante que es mantenerse en el camino correcto, sólo así, mantendrán la bendición de Dios, o éste, tomará correctivos para enderezar sus caminos. Eso es lo más probable que suceda, nuestro Dios es un Dios Todopoderoso y no abandona a sus hijos, somos hijos de él. Su poder, su presencia está en nosotros y su misericordia. Recuerden siempre las tres divinas personas que son una sola. Él ha bendecido a nuestra generación. Cuando digo nuestra generación, estoy mencionando a todos los EE. UU., y a todos aquellos que luchan contra el mal, que su norte es el bien. Dentro de ellos ha manifestado su complacencia con nosotros. Como les dije, es un Dios que no abandona a los suyos, se manifiesta con los que, a él, le complace. Él nos protege. En ocasiones, se nos presentan situaciones difíciles, sólo tenemos que esperar en él. Eso es lo que haremos. ¡Esperaremos en él, que se haga su voluntad y no la nuestra! Podemos solicitarle o expresarle nuestro deseo, pero que prevalezca el de él.

Los niños abrazan a su madre y empezaron a llorar, expresándole que esperarán en la decisión que tome nuestro Dios Todopoderoso.

En ese momento, su hijo Salomón y su hija Ruth se desmayan repentinamente. Ruth, desesperada, trata de reanimarlos sin obtener ningún resultado. Llamó al agente escolta. Éste, entró rápido y llamó por radio a un paramédico del grupo, quien llega al instante con su maletín de primeros auxilios. Procedió al chequeo de los dos y se dio cuenta que los latidos del corazón habían disminuido drásticamente. Tenían que ser trasportados a un hospital de inmediato, para recibir atención médica por sus estados. Al poco tiempo, llegó una ambulancia y son trasladados a un hospital seguro y custodiado discretamente por agentes de la Central de Inteligencia.

Llegó al hospital un equipo de médicos pertenecientes a la Central de Inteligencia, para tratar el problema presentado a Salomón y Ruth hija. Algunos de los médicos, ya habían tratado a los niños, conocían su historial clínico. Al realizar el chequeo general, no se encontró ninguna presencia de virus u otra enfermedad. Todos estaban bien, excepto que el corazón de ambos latía lentamente, reduciendo en gran medida los latidos normales por minuto.

Los médicos se reunieron y determinaron que sólo se le suministre venoclisis, para mantenerlos hidratados y a través de esta, otras sustancias necesarias, para evitar que se generen complicaciones en cualquier parte del cuerpo.

El jefe del grupo de médicos que conoce a sus padres, le informó a Ruth que sus hijos estaban estables, pero, que tenía que comunicarle que se encontraban en un estado de coma no severo, esperando que no se agraven.

Ruth le dijo:

— ¿Cómo es eso de que no se agraven?

—Cuando una persona está en ese estado podría ir presentando afectaciones en los órganos del cuerpo y estos dejar de funcionar. Hasta el momento, todos sus órganos están funcionando normales, esperemos que sigan así— le dijo el jefe del grupo médico.

Ahora las preocupaciones de Ruth se multiplicaban. Dentro de sus preocupaciones, Ruth comenzó a orar en secreto. Al final de su oración expresó en voz alta:

— ¡Mi Señor Todopoderoso, mis esperanzas están en ti!

David en su cautiverio, comenzó a ayunar, reduciendo la comida que le ofrecían, sólo comiendo lo necesario. Al realizar esto, lo hacía con un propósito. Quería debilitar la carne y fortalecer su espíritu.

La Central de Inteligencia sabía que podrían tener una o varias manzanas podridas dentro de sus filas. Ese dilema, sólo podría ser aclarado, teniendo de regreso a David.

Mientras tanto, estaba por llegar al aeropuerto en Washington el avión del presidente ruso y los otros dos aviones con el personal de escolta y vehículos blindados.

Es entonces, cuando los agentes que vigilaban la casa de seguridad de los rusos, con todas las probabilidades de que allí se encontraba David, informaron que a la casa había llegado en un vehículo de color negro, el agregado de política de la embajada rusa. Entró a la misma y en poco tiempo salió del garaje o cochera, el vehículo Vans y al estar afuera, sacaron a una persona encapuchada.

Lo subieron, y más atrás salió de la casa el agregado de política de la embajada, subiendo a su vehículo y procedieron a salir los dos vehículos.

El jefe de operaciones ordenó el seguimiento de los vehículos discretamente. No querían actuar por la llegada del presidente ruso. De igual manera, por el desconocimiento de su presidente de la situación existente.

El grupo anti-terrorista realizó el seguimiento y notificó que los vehículos iban en dirección a la embajada rusa. Todo esto generaba más preocupación en la Central de Inteligencia. Quisieran actuar, pero se generaría una serie de problemas y más aún con la pronta llegada del presidente ruso al país.

Efectivamente, los vehículos llegaron a la embajada rusa. El vehículo Vans se dirigió directamente al garaje de la embajada, mientras tanto, el otro se estacionó frente a la entrada principal. En eso, sale del garaje otro vehículo. Éste es del señor embajador. Éste abordó su vehículo y se dirigió al aeropuerto para poder recibir a su presidente y saludarlo. Cabe señalar que, para él poder ir al aeropuerto y que lo dejaran entrar a áreas sensitivas de seguridad, por la presencia del presidente de los EE. UU., fue coordinado a través del servicio secreto con rapidez, obviando todos los protocolos. El embajador ruso agradeció el apoyo.

A todo esto, se estableció un minucioso chequeo del vehículo del embajador, de manera exterior. En el lugar se tenía la presencia de perros rastreadores a los cuales les dieron a oler algunas prendas de David, con el propósito de detectar desde el exterior de un vehículo alguna presencia del mismo. El chequeo exterior se realizó sin novedad.

Se le informó de esto al director de la Central de Inteligencia y éste con el jefe de operaciones y su equipo de analistas, confirmaron más aún, que lo que estaba sucediendo era un trabajo independiente y de total desconocimiento del embajador y del mandatario.

Hacen pasar al embajador de Rusia a un salón de espera y en eso, entró a dicho salón el secretario de defensa acompañado de un analista de inteligencia. Saludaron al señor embajador entrando en una conversación amena. A todo esto, el analista de inteligencia observaba cuidadosamente al embajador para analizar sus gestos, sus expresiones faciales y, además, detectar algún nerviosismo en él.

Minutos antes de aterrizar el avión del presidente de Rusia, hicieron pasar a otro salón al embajador en donde es recibido por el señor presidente de los EE. UU. Fue un afectuoso saludo. Se quedaron conversando a la espera de la llegada del presidente de Rusia. Entran en conversación el secretario de defensa con el analista de inteligencia, éste último le da respuestas analíticas al secretario de defensa:

—Por lo que pude observar de los gestos y movimientos del embajador ruso, todos fueron normales. Se pudo concluir que el embajador desconoce lo que está pasando. Todo apunta a que el único responsable de lo que está pasando es el agregado de política de la embajada rusa. De seguro, que esta envestidura diplomática se le otorgó utilizando su posición como un alto funcionario del Servicio de Inteligencia Rusa.

Atando otros cabos, de acuerdo a su perfil, tiene ansias de poder, sin medir las consecuencias, estableciendo contacto con un terrorista de Isis de alto perfil. La otra cosa que hay que descubrir o averiguar es cómo el agregado en política de la embajada rusa sabe del nombre del proyecto Cuantiun, en caso de conocer que es un proyecto. De saberlo, entonces, debe haber una fuga de información dentro del grupo de trabajo, que labora dentro de las instalaciones y ha oído del mismo. Se ha dado cuenta, que, para lograr el éxito del proyecto se necesita la presencia de David.

En eso, llegó el presidente ruso al aeropuerto y los otros aviones que lo acompañaban. Es recibido por el presidente de los EE. UU., incluyendo al embajador ruso acreditado en los EE. UU.

Fue un afectuoso saludo, pues se conocían anteriormente. Entraron a un salón y comenzaron a hablar con amenidad, y por la hora, fue invitado en dicho lugar a degustar de un almuerzo de camaradería. Con el presidente ruso, también se encontraba el secretario de defensa ruso. Los puestos de la mesa estaban todos ocupados entre americanos y rusos. Después del almuerzo los presidentes pasaron nuevamente al salón.

En esta ocasión, tocaron algunos temas de interés nacional para ambas naciones. En eso, el presidente ruso le solicitó permiso al presidente local para poder ir a la embajada rusa a saludar al personal ruso que labora en la misma. Luego se acerca al presidente de los EE.UU. y le dice en voz baja:

— ¡Además de visitar y saludar a mis camaradas, poder ver un poco la ciudad de Washington!

El presidente de los EE. UU. le dice que no hay ningún inconveniente. El Servicio Secreto se encargaría de llevarlo.

El presidente ruso le comunicó al secretario de defensa ruso, que iría a la Embajada acreditada en los EE. UU. para visitar y saludar a sus camaradas.

Éste de inmediato notificó a su seguridad.

Mientras seguían conversando, la seguridad rusa desembarcaba de sus aviones cuatro limosinas blindadas y las colocaron en la parte de afuera de las instalaciones de donde se encontraban los presidentes. Se encontraban listos para el traslado del presidente ruso. Esta ida a la embajada estaría resguardada por el Servicio Secreto, ya que era un personaje muy importante de alto perfil.

Cuando el secretario de defensa se enteró de esto, notificó al director de la Central de Inteligencia, quien se encontraba con el jefe de operaciones y su equipo de analistas. Todos sabían que lo que estaba sucediendo no era algo usual. En eso, alertaron a sus agentes vigilantes de la embajada, que el presidente ruso en breves minutos estaría dirigiéndose a ese sitio. Indicó que estuviesen atentos a cualquier actividad en la parte exterior de la misma.

La Central de Inteligencia estaba en su alerta máxima. Los procedimientos a tomar tenían que ser de sumo cuidado. Tenían que informar al presidente sobre la situación existente de lo que estaba pasando una vez saliera del territorio nacional el presidente ruso.

# CAPÍTULO NUEVE

## EL SEÑOR PRESIDENTE

Llegó el presidente ruso a la embajada de Rusia con el secretario de defensa y el señor embajador. Todo el personal de la embajada recibía a su presidente. Posteriormente, entraron a la parte interior de la embajada. Enseguida, los vehículos comenzaron a dar la vuelta, para estar listos y retornar al aeropuerto. Al dar la vuelta los vehículos, salieron el secretario de política de la embajada y el jefe del personal de escolta. Lo saluda con un saludo de subalterno a superior. Al terminar de conversar con él a solas, hace que el último vehículo de la caravana entre al garaje de la embajada. Después de un corto tiempo, sale del garaje y se coloca nuevamente en la caravana presidencial.

El agente informó lo que acababa de ver. En eso se dirigió al área de operaciones y se entrevistó con el jefe de operaciones y los analistas. Dedujeron que David fue colocado dentro del vehículo blindado, ya sea en el asiento trasero o dentro del maletero. David tendría que ser adormecido y de ser colocado en el maletero sería por espacio de poco tiempo. Tiempo este en que el vehículo blindado tendría el aire acondicionado encendido, pues en el avión lo apagarían. Tendrían que sacar a David y sentarlo en un asiento del avión y después al llegar a Rusia, colocarlo de nuevo en el maletero.

A todo esto, David debía desconocer quiénes eran sus secuestradores.

Antes de que el presidente ruso saliera de la embajada, el personal ruso trabajando en ella, hicieron una calle de honor para despedirlo. Abordó el vehículo blindado conjuntamente con el secretario de defensa y el señor embajador. En eso, procedió a abordar en el último vehículo de la caravana el agregado de política. Salió la caravana hacia el aeropuerto guiados por unidades del Servicio Secreto.

En poco tiempo, llegó la caravana del presidente ruso al aeropuerto y es recibido nuevamente por el presidente de los EE.UU. Quería ser buen anfitrión. Se dan un buen apretón de manos y se despiden. El presidente ruso aborda su avión presidencial. En tanto, en uno de los aviones, donde abordaron los vehículos blindados entró el agregado de política. Un viaje relámpago para él y sin querer, una buena oportunidad de sacar a David de los EE. UU.

Los tres aviones se preparaban para salir, quedándose el embajador. Al estar en vuelo los tres aviones, el embajador se retira. El señor presidente quedó en el salón y es abordado por el señor secretario de defensa y el director de la Central de Inteligencia. El señor presidente se dirigió a ellos diciéndoles:

—Bien, ¿qué quieren hablar conmigo?

El secretario de defensa le responde:

—Tengo conocimiento de lo que le expondrá en estos momentos el señor director de la Central de Inteligencia. Habíamos esperado hasta este momento, por múltiples razones.

—Dígame.

—Bueno, señor presidente. Para su conocimiento, la Central de Inteligencia mantiene una protección permanente a la descendencia del soldado Kevin.

— ¡Sí, tengo conocimiento de esa historia! — respondió el presidente.

—Pero, señor presidente, quiero manifestarle que esa historia es verídica, por tal motivo, mantenemos una seguridad permanente a la descendencia de Kevin.

Parte de esa descendencia de Kevin, es David. David aportó unos escritos. Uno de ellos, fue estudiado minuciosamente por nuestros científicos y al estudiarlo se dieron cuenta de la posibilidad de poder abrir una ventana o puerta dimensional. David fue requerido por los científicos que, al comienzo, empezaron a recrear un proyecto al cual se le tiene como nombre: Cuantiun. Sin embargo, llegaron a un punto que necesitaban de la presencia de David.

David fue conducido al lugar seguro y comenzó a trabajar en dicho proyecto. Comenzaron a realizar varios ensayos, los cuales han sido positivos. Cuando se preparaban a realizar una tercera prueba, se decretó un descanso largo para todo el personal del proyecto por varios días. David tenía varios meses que no veía a su familia. Por tal motivo, se le autorizó ir a visitarla, era una llegada sorpresiva. Esta llegada se vio truncada.

La caravana de los dos vehículos con personal de escolta de la Central de Inteligencia, fueron interceptados en un área muy despejada, en donde las residencias más cercanas están más o menos a un kilómetro del lugar. Al verse neutralizados los vehículos para avanzar y en una reacción, los vehículos debieron romper la barrera o el seguidor debía realizar esta acción, para que el principal pudiera seguir. Tuvo que haber pasado algo muy especial y fuera de lo normal, para que no lo hicieran. Esto hizo que nuestros agentes bajaran de sus vehículos y fueron todos acribillados y desarmados. La única persona que no se encontró en el lugar fue a David. Esto nos aclara esa parte. Debieron tener una fuerte amenaza frente a ellos, lo cual hizo que desistieran de realizar cualquier acción, salvaguardando la vida de David.

Estas personas incendiaron los vehículos escolta y se llevaron a David. David tenía un localizador en su cuerpo. Ese localizador fue extraído, perdiendo su rastro. A todo esto, se elevó una alerta interna silenciosa al máximo de la Central de Inteligencia. Cuando logramos localizar a los vehículos con los localizadores o GPS, llegamos al lugar lo más pronto posible, encontrando la escena que antes le hice saber. Por lo observado, por nuestro jefe de operaciones, los analistas de inteligencia y los peritos de criminalística, se dedujo que lo presenciado había sido realizado por personas profesionales con la intención de secuestrar a David, sin importar las consecuencias.

Se ordenó una vigilancia a las embajadas de aquellos países que desearían tener en su poder a David. Embajadas de Europa, Asia, del continente africano, y Oriente Medio. Los agentes que vigilaban discretamente la embajada rusa, detectaron un movimiento inusual. Se le dio seguimiento a un vehículo Vans cuando salió de la embajada. Conociendo su destino, nos percatamos que era una casa de seguridad rusa.

En dicha casa, se pudo observar al agregado de política de la embajada rusa. Posteriormente, la vigilancia a esa casa de seguridad rusa, rindió sus frutos. Nuestros agentes pudieron observar, cuando estaban abordando a una persona en el vehículo Vans.

A este vehículo se le dio seguimiento y su destino final fue la embajada. Los analistas de inteligencia deducen que, primeramente, David fue llevado a la embajada, para evitar cualquier acción por parte nuestra y detectar si David tenía algún otro GPS dentro de su cuerpo. Como veían todo normal decidieron llevarlo a la casa de seguridad.

Teníamos en esos momentos un grupo anti-terror para realizar el asalto a la casa de seguridad y rescatar a David. No habíamos notificado esto antes, hasta estar seguros de que allí se encontraba David. Se realizó un trabajo en donde pudimos darnos cuenta que David se encontraba en dicho lugar. Se encontró cabello en el vehículo Vans y al realizarles el ADN se compararon con el de David, dando uno de ellos resultados positivos.

Al estar seguros de que éste se encontraba en la casa de seguridad rusa, el escenario era preocupante. Se determinó que el señor embajador ruso desconoce de esta actividad. Se le hizo una investigación minuciosa al agregado de política ruso y pudimos darnos cuenta que es un importante oficial del Servicio de Inteligencia Ruso.

Al profundizar más en él, encontramos que establece contacto con un alto terrorista de la facción llamada Isis. Este agregado de política podría tener alguna información de la descendencia de David, descendencia que quisieran tener los terroristas o tal vez tenga conocimiento del proyecto Cuantiun. De ser así, tenemos una fuga de información referente a eso.

Al tener todo el rompecabezas armado, el señor secretario de defensa y mi persona, nos preparábamos hacer de su conocimiento todo esto y solicitar la autorización de rescatar a David y neutralizar a estos individuos que están actuando por cuenta propia, salvaguardándose en la inmunidad diplomática, sin estimar la magnitud del problema que podrían generar por esta siniestra acción.

Fue entonces que se dio la venida sorpresiva del presidente ruso a nuestro país. Decidimos esperar a que usted lo recibiera, que las cosas se dieran normalmente.

Acercándose la llegada del presidente ruso, se dio un movimiento en la casa de seguridad rusa. Los agentes nuestros, que se encontraban vigilándola, informaron que el vehículo Vans salía de la casa de seguridad, lo más probable con David adentro. Al darle seguimiento, entraron a la embajada rusa, posteriormente, ven al agregado de política ruso en el lugar.

Esto complicaba las cosas. Aun así, decidimos esperar que el presidente ruso abandonara el país, para entonces notificarle de los acontecimientos, y de ahí, tomar las decisiones, siempre y cuando fueran consultadas con usted. Pero lo más desconcertante, es el interés espontáneo del señor presidente ruso en visitar la embajada. Esta actividad inesperada, fue aprovechada por el agregado de política ruso.

Estando la caravana presidencial rusa en la embajada, nuestros agentes de vigilancia informaron que una de las limosinas blindadas entró al garaje, saliendo al poco tiempo y colocándose nuevamente en su posición.

Salió la caravana, llegó al aeropuerto y usted despide al presidente ruso. Los vehículos blindados son embarcados en los dos aviones que los transportaban. Verificando los controles de migración, el agregado aprovechó para salir del país en uno de los aviones donde iban los vehículos blindados. Deducimos que, David va en el avión donde abordó el agregado de política— finalizó la explicación.

El presidente de los EE. UU. lamentó todo lo sucedido, agradeciendo al secretario de defensa y al director de la Central de Inteligencia:

—Ustedes han actuado correctamente, a saber, Dios, cuál sería mi forma de actuar con el presidente ruso. Todo esto ha sucedido en nuestras propias narices. Entonces hemos perdido a David, como también hemos expuesto la seguridad nacional, al saber que éste conoce a la perfección del proyecto Cuantiun.

—Señor presidente, sabemos que David no cooperará con quienes sean los que están detrás de todo esto.

El Señor Presidente se comenzó a preocupar un poco:

—Me gustaría saber qué acciones se van a tomar. ¿Cómo está la familia de David?

—La familia de David está en un lugar seguro, ella tiene conocimiento y sólo pide que rescatemos a David. Las acciones a tomar son las siguientes: Hemos alertado a todos nuestros agentes de inteligencia en Rusia. La prioridad es dar seguimiento a la caravana del señor presidente ruso a una buena distancia respetando su privacidad y los acuerdos diplomáticos entre ambas naciones. Lo único que deseamos saber es si algún vehículo que la compone, sale de la misma, antes de llegar el presidente a su destino. Dar seguimiento a ese vehículo y conocer su destino, averiguar si en él se encuentra David. Haremos la misma operación que ellos, con una diferencia si usted lo autoriza y si está dispuesto a participar.

— ¿Que yo participe?

—Sí, señor presidente— expresó el director de la Central de Inteligencia —Antes de venir a hablarle en detalle, el señor secretario de defensa y mi persona, hablamos con el jefe de operaciones de nuestra Central de Inteligencia, asignado para este caso tan complejo. Hablamos también con sus analistas de inteligencia.

Existe una posibilidad de traer a David a casa nuevamente. Contando con su participación.

— ¿Dónde encajo yo en todo esto? — preguntó expresamente el presidente.

—Tenemos que programarle una visita repentina a un país aliado cerca de Rusia. Una vez confirmada la ubicación de David, se mantendrá ese lugar vigilado, para actuar en el momento oportuno.

El presidente les hizo saber, que él estaba dispuesto a poner su grano de arena. Lo único que les pedía era, tratar al máximo de no violar los acuerdos entre ambas naciones. De seguro el señor presidente de Rusia desconocía lo que estaba sucediendo.

— ¡Hagámoslo! — exclamó el presidente — Me hacen saber cuándo estamos listos y a qué presidente le haré esa visita sorpresiva.

El secretario de defensa le agradece al presidente por su comprensión, de igual manera, lo hace el director de la Central de Inteligencia.

Los dos se dirigieron al área de operaciones a reunirse con el jefe de operaciones y sus analistas de inteligencia.

Una vez reunidos en el salón de reuniones del área de operaciones, ponen todos los puntos a discusión.

Comenzaron a realizar nuevamente un planeamiento, en este caso, ya habían escogido el principal curso de acción: visita del señor presidente a un país aliado cerca o fronterizo con Rusia. Pensaban realizar la misma operación que realizó el agregado de política ruso en la embajada rusa en los EE. UU. Quien aprovechó la visita repentina de su presidente a los EE.UU. y su llegada a la embajada. El señor secretario de defensa, recordó, que el señor presidente, desea que se realice esto, lo más profesional que se pueda, respetando los acuerdos entre ambas naciones.

—Todos los planes lo haremos teniendo eso presente.

Con respecto a los rusos que se encuentran en la casa de seguridad, se les tendrán ubicados en todo momento. Es importante esto, porque al actuar en Rusia, a ellos se les tienen que neutralizar acá.

El señor director de la Central de Inteligencia ordenó al jefe de operaciones que se trasladara a Rusia, entrando por un país fronterizo, por vía aérea.

—También viajarán con usted en diferentes vuelos, el grupo de la Unidad Anti-terror. Estos entrarán a Rusia como turistas y se reagruparán en el lugar que nuestros agentes le escojan para realizar la operación de rescate.

Señor Jefe de Operaciones, organícese y díganos en qué momento empieza la operación. De seguro, ustedes tendrán que salir primero que el presidente, tener confirmada la información sobre David, para realizar todo lo que hemos hablado. — le dijo el director al jefe de operaciones.

En eso, el avión presidencial ruso, con su presidente, llegaron a Rusia, sin ninguna novedad en su vuelo. El presidente ruso, es recibido por sus ministros allegados, y éste los saluda. Una vez colocada la caravana de vehículos blindados, su jefe de escolta se le notifica. El presidente ruso abordó la limosina principal acompañado por el secretario de defensa. Los agentes encubiertos notifican la llegada y salida del presidente ruso del aeropuerto por vía terrestre. En eso, los otros agentes apostados en diferentes vías de salida del aeropuerto le dan seguimiento muy discretamente. Hacen saber que la caravana se dirige hacia la casa presidencial. Pueden observar que una de las limosinas blindadas se desliga de la caravana e inmediatamente otro agente le da seguimiento. Así, continúan realizando el seguimiento a la caravana y al vehículo blindado que se desligó de la misma.

El vehículo blindado que se desligó de la caravana, de repente, entró a una residencia que se podía observar desde afuera. Rápidamente, uno de los agentes baja de su vehículo y logra colocarse en un lugar discreto. Por suerte, el personaje que baja del vehículo, se demoró un poco bajando su equipaje del maletero ayudado por un escolta del vehículo blindado. El agente logró tomarle una fotografía la cual envía automáticamente a la Central de Inteligencia. Dando como respuesta, que, dicha persona es el secretario privado del presidente.

De la caravana presidencial, estando cerca de la casa presidencial, se desliga otra limosina a la cual se le agregan dos vehículos escoltas y le indican la ruta a seguir. También a esta limosina se le sigue, pero con mayor precaución. Al pasar un corto tiempo la limosina escoltada entró a una residencia bastante discreta y con una cerca de hierro, portón eléctrico. Los agentes que realizaban el seguimiento, lograron ubicarse en un lugar con visibilidad al garaje de la residencia. La persona que baja de la limosina es recibida por su esposa. Se logra tomar la fotografía del mismo. Una vez se saludan entran a la casa. En eso, la limosina blindada da marcha de reversa y entra una parte del vehículo y, de igual manera, colocan uno de los vehículos escoltas. Posteriormente, abren la cajuela o maletero de la limosina. Dos personas comenzaron a sacar algo del mismo. A todo esto, uno de los agentes tomaba varias fotografías. Lo que sacaban era una persona encapuchada, sin poderse sostener de pie por sí misma. De inmediato, lo suben al otro vehículo. Una vez realizado todo esto, el vehículo blindado se retiraba escoltado por uno de los vehículos de seguridad. Al parecer su destino era el palacio presidencial, para agregarse a la caravana presidencial que ya estaba en dicho palacio.

Todas las fotografías fueron reenviadas a la Central de Inteligencia, específicamente al departamento de imágenes, las cuales son remitidas a operaciones donde se encontraba el director de la Central de Inteligencia, quien acudió al área de operaciones para observar las primeras fotos. Cuando le dan a conocer las últimas fotos recibidas y analizadas, reconocen al agregado de política y observó con satisfacción la fotografía de la persona encapuchada que bajaban de la limosina blindada. Por lo menos, saben con certeza en dónde se encuentra David.

El agregado de política ruso salió de su residencia a la parte frontal, al llegar otro vehículo parecido donde mantienen a David. Procede a abordarlo y salen de la residencia. Los agentes de la Central de Inteligencia, una vez obtenida la información, concretaron todos sus esfuerzos a la vigilancia de la residencia. Al salir los vehículos, los agentes le dan seguimiento muy discretamente.

El seguimiento se extendió a un lugar retirado. No era una casa normal, era una casa tipo granja, la misma tenía su personal armado. Al llegar, bajaron a David, lo introducen dentro de la casa tipo granja. Los agentes también logran tomarle fotografías en donde ven bajar a David encapuchado y ven cuando lo introducen a la casa.

Los agentes realizaron el mismo procedimiento de enviar estas fotografías. Al tener toda la información, el jefe de operaciones designó a su ejecutivo, a que se encargará de todo en EE. UU., referente a la otra operación pendiente.

El grupo especial anti-terror, ya estaba preparado para realizar el viaje. El grupo de agentes en Rusia, cuidadosamente, logró ubicar una residencia cercana a la granja donde mantienen secuestrado a David. El director de la Central de Inteligencia le hace saber al secretario de defensa de la confirmación de David en Rusia y de su ubicación. El secretario de defensa se le hace saber al señor presidente. Recibe la orden para que proceda. El jefe de operaciones se preparaba para viajar en un avión privado a un país aliado cercano o fronterizo con Rusia. El resto del grupo se alistaba para viajar a varios países cercanos a Rusia, para ingresar posteriormente.

David en la granja, comienza a recuperarse de la inyección adormecedora que le aplicaron para el viaje. El agregado de política le quita la capucha y le comienza a hablar en inglés, perfectamente. David sabía que era la misma voz de la persona que con anterioridad había oído.

—Señor David, es usted bienvenido a Rusia.

— ¡A Rusia! ¡¿Qué hago yo en Rusia?! — dijo David.

—Será usted nuestro huésped permanente, bueno, por un par de semanas. Va usted a tener nuevos amigos. Estos, son personas muy poco razonables, espero que coopere con ellos. Ellos están interesados en el proyecto Cuantiun, y tienen otro interés en usted, el cual desconozco.

David se atrevió a preguntar:

— ¿Quiénes son esos nuevos amigos que usted dice?

—Bueno, en realidad le podría decir: ¡Son unos amigos de Isis! Creo que es así como ustedes los llaman.

— ¿Por qué negocios con ellos? Usted es ruso, ¿qué pasó con su nación? —preguntó David nuevamente.

—Señor David, en estos momentos no está presente el nacionalismo, lo que está presente es nuestro bienestar propio. Estoy en una posición muy privilegiada y se me presentó la oportunidad de realizar esta actividad, en la cual obtendré algo, que, por más que siga trabajando hasta llegar a mi jubilación, no voy a obtener o lograr, lo que lograré por entregarle su persona a los individuos de alto rango en Isis.

—Entonces, ¿me está hablando de que su interés es el dinero?

—Señor David es usted muy acertado. Con respecto al proyecto Cuantiun, a mi país le puede interesar muchísimo; pero sólo podría recibir una condecoración en donde me colocan una medalla. Eso no es una solución para mí, ni para mi descendencia. He oído algo del proyecto Cuantiun, he concluido con él, que es un sueño de opio. Dudo mucho que puedan lograr abrir una ventana o puerta, como le dije, es un sueño de opio. Nuestros científicos también se encuentran trabajando en lograr esa posibilidad, pero todo es infructuoso y se han gastado una millonada sin tener resultados exitosos. Quizás lo puedan lograr, pero tendrían que pasar muchísimos años. Ya usted ni yo, estaríamos aquí. Por lo que le he dicho, es una de las razones por la cual he decidido negociarlo con los amigos que ya usted sabe — respondió el agregado de política.

— ¿Quién le habló de Cuantiun? — preguntó David.

—Podría responderle su inquietud. Así como ellos me contactaron a mí, me imagino que han contactado a alguien de ustedes, que tenga que ver con usted, mas no conocen del proyecto Cuantiun. Cosa que les haré saber, para recibir algo mejor— le contestó el agregado de política a David.

Con la respuesta que le dio el agregado de política, David dedujo que la información de Cuantiun la debió conseguir por un doble agente dentro del gobierno de los EE. UU., que tiene o trabaja con informaciones sensitivas. Todo eso era preocupante. También dedujo que no le harían daño. El problema empezaría una vez estuviese con los de Isis. En sí, le vinieron a su cabeza muchas preocupaciones. Al quedar solo, se postró de rodillas y con la frente pegada al piso, comenzó a orar:

—Señor, por el amor que le tuviste y sé que le sigues teniendo a mi abuelo Kevin, el cual se levantará de entre los muertos, el día de la resurrección. Te pido que te acuerdes de este gusano humano, de su descendencia y no desaparezca para siempre. En ti esperaré, cuida de mi familia. ¡Tú eres mi Dios Todopoderoso!

Cuando David terminó de orar, se levantó muy animado, sin fatiga o debilidad por el poco alimento que recibía por parte de sus secuestradores.

En ese momento, el agregado de política sale del caserón donde se encuentra David cautivo. Los agentes de la Central de Inteligencia le dan seguimiento. Su destino fue a un lugar también un poco distante de la ciudad, cercano a donde él tenía cautivo a David. Su estadía fue un poco prolongada, al parecer era de gran importancia ese lugar. Posteriormente, se retiró del lugar con una maleta, un poco más grande que un maletín de mano y llegó a su residencia. Al parecer, recibió un adelanto y el resto sería en la entrega. El último lugar a visitar, estaría también vigilado por los agentes, para llegar a conocer con quien se reunió en ese lugar.

El jefe de operaciones, notificó al director de la Central de Inteligencia, tanto a él, como al resto del personal, para la operación. El director de la Central de Inteligencia le hace saber al secretario de defensa y, éste, al señor presidente. Ponen en marcha la operación subsiguiente en donde estará involucrado el señor presidente de los EE. UU.

El secretario de defensa, le hace saber al presidente sobre la visita presidencial sorpresiva:

—El país que escogimos y más seguro para nosotros en estos momentos, es un país en el Mar Báltico. Podría ser Estonia. Llamaría mucho la atención la presencia del presidente de los EE. UU. en ese país. Esto llamaría mucho la atención también del vecino país, haciendo propicia la visita, por estar cerca del mismo.

Los temas a tratar serían secundarios sin llegar a compromisos concretos. La visita será de dos días, con las posibilidades de salir el mismo día, dependiendo de las circunstancias. Cuando tengamos en nuestro poder a David, lo llevaremos a nuestra embajada, haremos la misma operación que hicieron en nuestras propias narices. Señor Presidente, estamos preparados para realizar la operación.

En eso, el secretario de defensa recibió una información del señor director de la Central de Inteligencia. Se la hace saber al señor presidente:

—Señor presidente, tenemos ubicada la casa del terrorista de Isis, interesado en David. Va a ser canjeado por una gran cantidad de dinero. El terrorista identificado es Bauit Kadien, de alta jerarquía de mando en Isis. Es una oportunidad de lograr la neutralización de ese blanco.

Cuando el jefe de operaciones recibe esta información, les hace saber que, ese blanco debe de ser neutralizado simultáneamente con la operación. Éste para resolver esta situación, divide al grupo anti-terror y cubre esos espacios con otros agentes que se encontraban en Rusia, dándoles a ellos las posiciones y lugares de menor riesgo en la operación de asalto al caserón donde se encontraba cautivo David.

Los agentes que permanecían vigilando la casa donde se encontraba el terrorista de Isis, comenzaron a detectar la presencia de personas tanto a pie como en vehículo. A todo esto, tomaban fotografías de esas personas. Cuando las mismas fueron revisadas y analizadas, se dieron cuenta de que pertenecían a personas del Servicio de Inteligencia Israelí, británicos y alemanes. El director de la Central de Inteligencia realizó comunicación protegida con cada director de inteligencia de dichos países. Hace saber que la Central de Inteligencia tiene conocimiento de la presencia de sus agentes, en la casa donde se encuentra el terrorista de alto rango dentro de la facción terrorista Isis. También hace saber, que la Central de Inteligencia tiene un alto interés en dicha persona.

En este momento, la Central de Inteligencia se encontraba en una operación secreta en dicho país y tenían como blanco para neutralizar a dicho terrorista, por ser un dirigente de alta peligrosidad dentro de la facción de Isis. A todo esto, se suma la liberación de un ciudadano norteamericano que se encontraba secuestrado. En donde el gobernante ruso desconoce de la participación individual de uno de sus altos dirigentes del Servicio de Inteligencia. Conociendo éste, de la presencia terrorista en su país, de estar todo normal, debería informar a sus jefes de mayor jerarquía, para que estos se lo informen a su presidente. Solicitándole la neutralización o destrucción del blanco terrorista, sabiendo que es una amenaza para su país. Todo esto da a entender su interés personal, sin pensar en la seguridad nacional de su país.

Los directores al oír la solicitud o petición que le realizaba el director de la Central de Inteligencia, que concordaban con las informaciones que ellos tenían a mano, le comunicaron que retirarían al personal que se encontraba vigilando la casa donde se encontraba el terrorista de Isis, para no entorpecer la operación. Lo que no podían retirar, eran los micrófonos colocados en la casa y la interceptación de sus llamadas, por lo otro, no había ningún problema. El director de la Central de Inteligencia le agradeció su comprensión y aceptación a su petición.

Ahora podían actuar con mayor seguridad, pero tomando todas las precauciones necesarias. Cabe señalar que el uso de los satélites se descartó, para evitar una alerta a los países que tenían estos equipos en órbita, incluyendo a Rusia.

Ruth se hallaba, constantemente, en el hospital donde se encontraban sus hijos. Estos estaban aún en coma, manteniendo desconcertados a los médicos que los atienden. Sus órganos internos funcionaban a la perfección, sólo, se ha detectado que se mantienen trabajando al igual que su corazón: lentamente; como si estuviesen en reposo. Los médicos le comunican a Ruth que eso es inusual y más que le esté pasando a dos personas al mismo tiempo. También le dijo:

—Seguiremos manteniendo la atención permanente, esperemos que reaccionen en cualquier momento.

Ruth se encontraba sola, pero a la vez se sentía con fuerzas. Su espíritu se sentía entristecido por la ausencia en estos momentos de David. No tenía información de David, no sabía cómo estaba su situación. Confiaba en la Central de Inteligencia. Se decía ella misma:

— ¡Debo mantener la serenidad y apartar de mí la desesperación! Mantendré mis fuerzas, más en estos momentos tan difíciles.

David en su cautiverio también mantenía las esperanzas en la Central de Inteligencia. Sabía en su interior, que ellos estaban trabajando para su liberación. De repente, recibió nuevamente la visita del agregado de política de la embajada rusa. En esta ocasión, fue de pocas palabras, diciéndole a David, que en dos días estaría con sus nuevos amigos.

Los aparatos de escuchas colocados en dirección a la casona donde se encontraba David, detectaron los sonidos vocales y, posteriormente, los tradujeron. De esta manera obtuvieron la información. Al tener esta valiosa información, el jefe de operaciones, preparó el equipo anti-terrorista en ambos lugares.

El director de la Central de Inteligencia le informó al señor secretario de defensa y éste al señor presidente. En eso, el presidente le realizó una llamada protegida al presidente del país colindante con el Mar Báltico y frontera con Rusia, saludándolo y pidiéndole que, si era posible recibirlo dentro de un par de horas, apartando todo lo protocolar; con el propósito de hablar varios temas.

El señor presidente del país Báltico a visitar, le hace saber que, para él, es un honor poder recibirlo dejando los protocolos a un lado. El presidente le dijo:

—Bueno, estoy saliendo para allá, nuestro embajador establecerá contacto con usted, para notificarle la hora exacta de mi llegada con el señor secretario de defensa.

Realizan la llamada al señor embajador y le informan la hora de llegada, la cual deberá notificar personalmente al señor presidente de ese país.

Se preparaban para salir el presidente de los EE. UU. y el señor secretario de defensa. Abordaron el avión número uno, escoltado por los aviones que transportaban las limosinas. De igual manera, los aviones cazas, que serían relevados por otros aviones en el camino aéreo, para evitar los reabastecimientos en vuelo.

Por fin, la operación principal se había puesto en marcha. Todo el personal involucrado conoce su misión y responsabilidad.

Durante el vuelo el señor secretario de defensa daba a conocer de las informaciones más recientes al señor presidente. Una de ellas de suma importancia. Los agentes que se encontraban vigilando la casa del agregado de política ruso observaron la llegada de dos personas. El saludo fue afectuoso, los agentes pudieron fotografiarlos en ese preciso momento, antes de entrar a la casa.

—Las fotografías analizadas son de dos de nuestros agentes de la Central de Inteligencia que trabajaban en un área muy sensitiva. Área de entrada a las instalaciones, donde estamos realizando el proyecto Cuantiun, mas no pueden acceder dentro del área del proyecto. Quizás obtuvieron información por comentarios internos, ya que una de las personas de suma importancia en el proyecto, era David. Existe la posibilidad, que fueron ellos los que establecieron el contacto con el agregado de política, para recibir algo a cambio: ¡Dinero!

Es poco probable que éste haya realizado el reclutamiento de estas dos personas nuestras. Todo esto lo averiguaremos. El director de la Central de Inteligencia ha ordenado la captura de estas dos personas, realizar los interrogatorios necesarios y esclarecer su presencia en el lugar. De estar trabajando para los rusos, ¿cómo fueron reclutados?

Los agentes informaron de la salida de las dos personas, siendo seguidos por un grupo de agentes hasta un hotel en la ciudad. Se ordenó la vigilancia de los mismos, sin llegar a su detención, para evitar cualquier indicio de preocupación y seguir manteniendo la operación en secreto sin ningún contratiempo.

Llega el señor presidente de los EE. UU. al país aliado. Es recibido por su homólogo de dicho país con su secretario de defensa y algunos de sus ministros más allegados. Entran a un salón privado y realizan algunas conversaciones de temas ya conocidos entre ambos. En la conversación, sale el tema de reforzar aún más los lazos contra la lucha del terrorismo.

El señor presidente de los EE. UU. mostraba tranquilidad, conversándole al presidente y a su secretario o ministro de defensa.

Posteriormente, quedaron solos los presidentes, hablando sus propios temas. En otro salón, se reunieron los secretarios de defensa, aprovechando el intercambio de teléfonos directos.

En ese país aliado, el jefe de operaciones, tenía el avión privado para su retorno a los EE. UU. una vez terminara la misión. Por razones inesperadas, los pilotos con el avión se tuvieron que movilizar a Finlandia, en donde se encontrarían con el jefe de operaciones.

Al transcurrir el tiempo, el presidente de los EE. UU. le da a conocer al presidente del país aliado, que pretende quedarse hasta el otro día. Pernoctaría en la residencia del embajador, para posteriormente, partir al día siguiente en la mañana.

La caravana presidencial, se encontraba lista. El señor presidente del país aliado acompañó al presidente de los EE. UU. Cercanos a la caravana, se despiden nuevamente.

La caravana del señor presidente de los EE. UU. era escoltada por el servicio de seguridad de protección a personajes muy importante hasta la residencia del embajador de los EE. UU. acreditado en el país aliado. Una vez en la residencia del embajador, solicitan un salón discreto, para establecerlo como un centro receptor de informaciones y poder tomar las decisiones correspondientes. Bajaron de una de las limosinas un equipo especial dentro de unas cajas resistentes a golpes, para proteger todo el equipo. Comenzaron a instalar el equipo en el salón receptor de información. Se instalaron teléfonos satelitales, con el propósito de tener las comunicaciones directas con el personal que se encontraba preparado para entrar en acción.

En esta ocasión, sí se movilizó uno de los satélites, para reforzar la seguridad del presidente de los EE.UU.

Esto no causaba preocupación a los países que poseían esta tecnología. Fueron tomadas como una medida de seguridad al Presidente. La movilización del satélite proporcionó también protección a las comunicaciones satelitales y a los equipos que se encontraban en el país vecino.

También se movilizó el portaviones más cercano al país aliado, para la protección del señor presidente de los EE. UU.

Esto era monitoreado por dichos países. Veían estos movimientos "como algo de rutina", pero, aun así, sus servicios de inteligencia con sus analistas, trataban de detectar cualquier movimiento inusual. A todo esto, el director de la Central de Inteligencia que se encontraba en los EE. UU., aconsejado por un grupo de sus asesores para esta operación, les dijo que no debían tener conocimiento del proyecto Cuantiun, para evitar al máximo cualquier error que pudiese entorpecer la operación.

Solicitaba a todos los implicados en la operación, el mayor silencio en las comunicaciones, sólo aquellas necesarias. No quería despertar por ningún motivo, sospecha alguna, que apartara del movimiento y protección al Presidente de los EE.UU. y se descubriera la operación paralela, que se estaba realizando. Esto iba más con los países que no se consideran aliados a los EE. UU.

Todo estaba en su lugar. El jefe de operaciones, esperaría la orden, para poner en marcha la misma. Todavía a altas horas de la noche, no estaba decidido lo que se haría con los dos agentes que fueron detectados en una actividad inadecuada e imperdonable. En eso, el jefe de operaciones recibió la orden de realizar las detenciones de los mismos en horas de la madrugada. Una vez realizadas, fueran conducidos a la embajada de los EE. UU. acreditada en dicho país. El señor embajador tenía conocimiento y los esperaría en la embajada:

—Recuerde que los o el vehículo que los traslade debe entrar al garaje de la embajada, bajarlos cuando la puerta de éste se encuentre cerrada.

Se puso en marcha la ubicación y detención de los dos ciudadanos norteamericanos. Esta detención tenía que ser lo más discreta posible. Uno se ubicó en un bar de la localidad, a quien se le suministró una sustancia adormecedora en su bebida. Fue fácil su detención. El otro se encontraba en el hotel, en donde se utilizó otro método. Con un poco de dificultad para sacarlo del hotel, pero lo lograron. De inmediato se dirigieron a un punto de reunión, en ese punto los colocaron en un vehículo de características normales. Se dirigieron con ellos a la embajada. Esa noche el embajador pernoctó en la embajada. Llegó el vehículo y de inmediato entró al garaje, el cual fue cerrado inmediatamente. El embajador esperó adentro, no salió a recibirlos, para evitar que este movimiento inusual fuera reportado por algún agente, que podría estar vigilando los movimientos de la embajada de los EE. UU. en dicho país.

Los dos agentes detenidos, fueron colocados en un lugar seguro. El jefe de operaciones daba parte del cumplimiento de la misión.

Todo seguía normal. Cuando el director de la Central de Inteligencia recibió la información de un movimiento a la vez de todos los agentes rusos que se encontraban en los EE. UU. Los que realizaron el secuestro y las muertes de los agentes de la Central de Inteligencia. Todos se dirigían al aeropuerto. Tenían programadas sus salidas en una línea aérea, con destino a Rusia.

De acuerdo a los análisis rápidos de los analistas, era que se iban a reunir con el agregado de política de la embajada rusa acreditada en los EE. UU., que en estos momentos se encontraba en su país. Para tomar parte en la entrega de David a los terroristas de Isis. Con esto, él aseguraría el pago final y salir del lugar vivo, utilizando la protección de dichas personas.

—Esto retrasa un poco la entrega de David, sólo lo harán hasta que todos estén reunidos. Esto da tiempo al señor presidente de los EE.UU. de realizar la llamada en horas tempranas de la mañana siguiente.

El jefe de operaciones mantendría su dispositivo activado, con un cambio en el uso del tipo de municiones. Tenían programado utilizar un dardo tranquilizante, que actúa a los dos segundos, inmovilizando todas las partes del cuerpo, hasta quedar inconsciente por un par de horas, por municiones letales. Se tenía que arreglar cuentas con dichos individuos. Se determinó dejar con vida al agregado de política, cuyos propósitos desconocía el Jefe de Operaciones.

Se permitió la salida del personal sin causarle ningún contratiempo.

En horas de la madrugada llegaron a Rusia. A las pocas horas de la mañana, se reunieron en el caserón donde estaba David. Relevaron al grupo que se encontraba custodiando a David. Con esta acción, se deduce, que ese personal, sólo cumplía órdenes superiores. En este caso, del agregado de política. De alguna manera, por su posición en los Servicios Secretos Rusos logró entrar a los EE. UU. con el propósito que se está dando. Esto indica que están esperando al agregado de política, quien determinará el momento de realizar la entrega y recibir su paga.

El señor presidente, al recibir la información de la captura de los dos agentes de la Central de Inteligencia, le expresó al señor secretario de defensa:

— ¡Lamentable esto!

—Sí, Señor.

—Es lamentable lo que está pasando con el proceder de algunos de la inteligencia rusa; también se podría dar con nuestros agentes. Por ser la primera potencia del mundo, estamos expuestos a estas clases de tentaciones a nuestro personal. Podría darse en algunos, pero tenemos la total seguridad, que la mayoría trabaja alejados de estas tentaciones, asegurando que la nación norteamericana y sus futuras generaciones, tengan un país seguro. Tratando al máximo de detectar a tiempo cualquier amenaza y neutralizarla con firmeza y fuerza.

Al llegar la mañana, el señor presidente de los EE. UU. con la asistencia del embajador acreditado en el país aliado, realizó la llamada al señor presidente de Rusia, solicitando poder realizarle una visita relámpago, parecida a la que él, le había realizado hace poco tiempo, aprovechando su cercanía al país. El señor presidente de Rusia lo saluda afectuosamente, aceptando esa visita sin protocolo.

—En ese caso, estaré llegando a Rusia en poco tiempo— le confirmó el presidente de los EE. UU., antes que el presidente ruso informara a los servicios de inteligencia de su país, y establecieran todas las medidas de seguridad necesarias.

Por suerte, al lugar donde se encontraba David, en estos momentos llegaba el agregado de política, siendo recibido por el encargado del grupo y dos más. Antes que entraran al caserón, se dio la orden de dar inicio con la operación. La operación era simultánea. El grupo anti-terror aprovechó la sorpresa. Fue un momento de mucha tensión para todos los que tenían que esperar los resultados.

El grupo anti-terror, se enfrentó fuertemente con el grupo que mantenía a David. Sabían que eran personas bien entrenadas. Por suerte, al agregado de política se le neutralizó en la salida, evitando que éste, hiciese alguna llamada. Se le neutralizó con un dardo especial, en el cual se le suministró la suficiente cantidad de sustancia adormecedora, para no matarlo y que diera tiempo a realizar las otras operaciones en marcha. Después de un fuerte encuentro con los que se encontraban dentro de la casona, se llegó a neutralizar a todo el personal que dio resistencia. Todos fueron eliminados, menos el agregado de política.

Se logró rescatar con vida a David, quien se encontraba un poco deshidratado. Al final, resultaron dos unidades del grupo anti-terror heridos. Estos fueron asistidos por el paramédico del grupo. Los dos necesitaban ser operados de urgencia antes de aparecer las complicaciones por la misma. El director de inteligencia que estaba dándole seguimiento a toda la operación, ordenó que dichas unidades fueran llevadas a la embajada lo más pronto posible, sean introducidas por el garaje, cerrando el portón del mismo antes de bajarlos.

En eso, era recibido el señor presidente de los EE. UU. por el señor presidente ruso. El recibimiento coincidía con la llegada del vehículo con los dos heridos del grupo especial anti-terror. En ese momento, entró otro vehículo tipo ambulancia, el cual entró por el garaje, que fue cerrado posteriormente.

A todo esto, los agentes rusos que realizaban vigilancia constante a la embajada americana, informaron dichos movimientos, los cuales fueron analizados, como medida de seguridad del Servicio Secreto Ruso, por la presencia en el país de su presidente. El segundo vehículo que ingresó a la Embajada y, posteriormente, al garaje, era una ambulancia con todo el equipo necesario, para realizar operaciones de riesgo, con sus respectivos médicos de la Central de Inteligencia encubiertos en Rusia.

En otro escenario, se neutralizaba a los terroristas que se encontraban esperando la entrega que nunca les llegó. Al tener la confirmación de todas las operaciones, el director de la Central de Inteligencia hace saber de todo al secretario de defensa y éste, discretamente, al señor presidente. Pero se presentaba algo nuevo, en donde se le pediría al señor presidente visitar la embajada americana, para saludar a sus integrantes. Le hace saber su interés de visitar la embajada y saludar a todos sus integrantes. El presidente ruso le hace saber lo saludable que es. Al poco tiempo de estar conversando, colocaron la caravana presidencial de los EE. UU. Es despedido por el presidente ruso, indicándole que se encontraría en el aeropuerto para despedirlo.

—Está bien, sólo estaré poco tiempo en la embajada, nos vemos antes de mi salida— dijo el presidente americano.

—Así es— respondió el presidente ruso.

Salió la caravana presidencial hacia la embajada americana acreditada en Rusia. Al llegar acompañado del embajador, es invitado por el mismo, a pasar a la parte interna de la misma a saludar a los trabajadores que en ese momento inesperados se encontraban. Fue algo emocionante, que el presidente de los EE. UU. les llegara sorpresivamente. Las limosinas se estacionaron en los garajes de la embajada cerrando los portones de los mismos.

En la parte de afuera, sólo quedó la limosina principal. Todo esto era visto como un procedimiento normal. Dentro de la embajada, el señor presidente es conducido a la sala de operaciones improvisadas.

Los médicos que allí se encontraban, le hacen saber al señor Presidente que habían terminado con uno y que el otro era de más cuidado:

—En poco tiempo terminaremos, esperemos que resista la operación.

El Presidente les pide, muy encarecidamente:

—Salven a mi muchacho, lo quiero de vuelta a EE. UU. ¡Vivo!

En eso, el señor secretario de defensa conversó con el señor presidente haciéndole saber sus pretensiones. El señor presidente le dijo con un semblante halagador:

— ¡Proceda, que yo espero!

Luego salió uno de los médicos de la sala de operaciones improvisada diciendo:

—Lo hemos logrado, su estado es aún delicado, pero, poco a poco, se restablecerá.

El secretario de defensa le preguntó, si ellos pueden ser transportados en la limosina blindada hasta el avión. El médico le afirmó que sí podían viajar:

—Que el médico personal del señor presidente esté cerca de ellos, para acudir a cualquier emergencia que ellos necesiten.

El Señor Presidente ordenó que su médico personal, viajara con los heridos recién operados. Fueron colocados cuidadosamente en las dos limosinas, en los asientos traseros. El secretario de defensa le dice al presidente que hay dos pasajeros más. En eso, el presidente recuerda cuáles son y dice:

—Que a esos dos se les respete sus derechos y tengan una defensa adecuada.

Son colocados anestesiados dentro de la cajuela de las limosinas. Cuando todo estaba listo, el presidente le hace una pregunta al secretario de defensa:

— ¿Dónde está David?

—David se encuentra bien. En estos momentos está con el jefe de operaciones en un lugar seguro. El resto de las unidades anti-terror se movilizarán posterior a la salida de David.

El jefe de operaciones lo tiene en un lugar seguro. A raíz de estas circunstancias se ha decidido tenerlo allí, ya que la distancia del lugar a la embajada, es un poco distante. Esto podría impacientar al presidente de Rusia. No sería bueno hacerlo esperar tanto— respondió el secretario de defensa.

Todo estaba listo en la embajada. La caravana fue colocada y abordaron el vehículo principal: el presidente, su secretario de defensa y el señor embajador. El presidente notificó a su homólogo que lo disculpara por la demora, que ya estaba en camino al aeropuerto.

—Estoy en su espera— respondió el presidente ruso.

Al llegar al aeropuerto, es recibido y despedido por el señor presidente de Rusia y su secretario de defensa. Una vez en el avión el señor presidente quería saber en qué momento los otros aviones despegarían. Uno de los pilotos del avión número uno comunicó al señor presidente que los otros dos aviones estaban en vuelo. El presidente se dirigió al secretario de defensa diciéndole:

— ¡Gracias por tomarme en cuenta para esta operación!

—Todo se hizo, gracias a su loable comprensión. Aún no hemos terminado Señor Presidente, nos toca traer de vuelta a David.

Al pasar unas horas el avión presidencial, estaba por aterrizar en el aeropuerto en Washington. Una vez en tierra, se reunió con ellos el director de la Central de Inteligencia. Todo el apoyo que les ha dado, para que esta operación tan delicada se realizara con éxitos.

Sólo faltaba hacer del conocimiento al señor presidente ruso de las cosas que han sucedido a sus espaldas.

—Esto es algo que podría pasar con nosotros, tomemos esto como una dura lección aprendida.

Al recibir la información necesaria, el presidente de los EE. UU. le da las coordenadas donde fue rescatado David y dice:

—En ese lugar, se encuentra con vida el agregado de política ruso acreditado en nuestro país. De seguro, al llegar al lugar se encontrarán con una escena no muy agradable. Pero fueron los que realizaron los asesinatos de nuestros agentes. Quedó con vida la persona antes mencionada. De no contarle en detalle de las cosas, estoy anuente a contárselas. Repito.

Lamento todo esto, hago saber que me podría haber ocurrido a mí. Tomemos esto como lección aprendida, para que no vuelva a ocurrir. Pusieron la seguridad nacional en peligro de ambos países.

—Como usted dice: ¡será tomada como una lección aprendida! — respondió el presidente ruso.

Cuando terminó de hablar con el presidente de Rusia, quedó más tranquilo. Preocupado esta vez, por David y dijo:

— ¡Fuimos a buscarlo y no lo trajimos!

El director de la Central de Inteligencia, comprendió y aceptó las expresiones del señor presidente, contestándole:

—A veces, dentro de nuestro trabajo las misiones principales en un momento se convierten en secundarias, para dar paso a una prioridad, sin apartarnos de la principal. Nuestro objetivo principal sigue siendo David. En estos momentos lo tenemos en un lugar protegido, por nuestro grupo anti-terror, que se encuentra dándole seguridad dentro y fuera con mucha discreción. Los analistas de inteligencia deducen que, los servicios de inteligencia rusos deben tener conocimiento de David. Tenemos información que el agregado de política ruso fue capturado e interrogado. Existe la posibilidad que haya tratado de salvar su situación, dando a conocer la existencia de David en territorio ruso, como también, lo del proyecto Cuantiun. De repente, el presidente de los EE. UU. recibió una llamada directa de su homólogo de Rusia. Contestó la llamada. Primeramente, los saludos protocolares. Después, le hace saber que ha confirmado la información proporcionada por él:

—Le agradezco su fina atención. Nuestro servicio de

inteligencia realizó las investigaciones necesarias. Aparte del agregado de política hemos encontrado dos personas más implicadas. Serán llevados a juicio, por haber expuesto la seguridad nacional, para sus fines personales. Además, por haber usado su posición y envestidura diplomática para estos fines. Ha sido usted muy cortés en llamarme para decirme todo esto. Prontamente, nos volveremos a ver en alguna reunión de trabajo. Conversar referente a nuestros trabajos, como mandatarios de nuestra nación, con el propósito de obtener bienestar para ambas naciones.

—De seguro.

—Gracias por su atención señor presidente.

— ¡A usted! — le contesta el presidente de los EE. UU y continuó explicando —Ahora podemos coincidir con el análisis de sus analistas de inteligencia. De seguro saben de David y que el mismo se encuentra en Rusia. Me imagino que esto lo deben saber algunos miembros de la facción terrorista Isis.

El director de la Central de Inteligencia estuvo de acuerdo con lo último que expresó el señor presidente. En ese momento se tuvo comunicación con el jefe de operaciones:

—Estamos analizando varios cursos de acción para escoger el de menos riesgos. Esto no tomara mucho tiempo, sabemos que el cerco de búsqueda de información por parte de los servicios de inteligencia rusos y con muchas probabilidades, la búsqueda independiente por parte de la facción terrorista Isis. Estamos manejando todo desde acá, para tratar de legalizar la entrada de David a Rusia, para que su movilización sea menos riesgosa, en caso que le pida alguna autoridad su pasaporte, como algo de rutina. De esta manera, su movilización es más segura. En un principio se pensó sacarlo por el mismo aeropuerto, consiguiéndole todo, para su legalización en dicho país. Por lo antes mencionado, se, obvio esa opción. En este momento, estamos concentrados en la escogencia del mejor curso de acción, y estoy a la espera. El segundo jefe de operaciones, estaba concentrado con su equipo de analistas y el grupo de operaciones. El tiempo era importante, pero, tenían que escoger el mejor curso de acción. Mientras tanto, David se seguía recuperando. Su única comunicación era con el jefe de operaciones. Mantenía la moral de David en alto. Una de las preguntas de David era:

— ¿Quiero saber cómo está mi familia?

—Su familia está bien, fueron trasladados a un lugar seguro.

—Qué bueno.

—La persona que hablaba conmigo, me amenazó diciéndome: *"Esperemos que coopere, y su familia estará bien".*

—No se preocupe por esa gente, todos fueron neutralizados. Esperamos sacarlo pronto de aquí. Tenemos que hacer las cosas, sin tener falla. De perderlo aquí a usted, en estos momentos, sería crítico poder encontrarlo, con una gran posibilidad de perderlo para siempre.

David, se tranquiliza un poco, diciéndole:

— ¡Estoy a las órdenes para hacer todo lo que ustedes me indiquen!

—Gracias por su comprensión. La Central de Inteligencia

ha puesto, todos sus esfuerzos en esta operación. Lo llevaremos a casa.

Ruth se encontraba en la sala de cuidados intensivos, observado la evolución de sus hijos. Ruth, su hija, de repente, comenzó a mover sus manos, abrió sus ojos, vio a su madre dormida, un poco exhausta y procedió a llamarla:

— ¡Mamá!

Ruth su madre, reaccionó al llamado de su hija, la abrazó, y procedió a llamar a los doctores. Cuando estos llegan a la sala de cuidados intensivos, en ese momento, reaccionaba de la misma forma su hijo Salomón. Fueron momentos de felicidad para Ruth, que sus hijos despertaran de ese coma inesperado.

Ya recuperados sus hijos, comenzó a realizarle algunas preguntas:

— ¿Qué les pasó? ¿Pasó algo que deba saber?

La respuesta de ambos era, que, de repente, sintieron una debilidad en sus cuerpos. De igual manera, sintieron que la debilidad desaparecía, sintiéndonos más fuertes cada momento, hasta despertarse. Esta noticia llegó hasta el presidente. Alentó a todo el personal a seguir en los preparativos de la operación, para traer de regreso a David.

La célula terrorista de Isis, se enteró que perdieron a uno de sus altos integrantes; recibiendo también, la información de las probabilidades de que David, su objetivo, se encontraba en territorio ruso. Comenzaron a realizar la búsqueda discretamente con la orden de eliminar a todo aquel que se interpusiera en el camino.

Los servicios secretos rusos también están empeñados en la búsqueda de David. Esto generaba un problema. No se sabía quién es terrorista y quién no. Es uno de los motivos, por lo cual, no se debe de establecer el contacto, evitando también el fortuito.

En el salón de operaciones, se confeccionó una carta cartográfica de Rusia y sus países aledaños, para determinar, cuál era el más apropiado. De esa carta se establecería el curso de acción a tomar.

El mejor curso de acción es movilizarlo de Moscú a San Petersburgo. A todo esto, saben que el camino es un poco largo. Buscarán la forma de utilizar una movilización rápida y segura. Una vez en San Petersburgo, se dirigirán a un punto cercano a la frontera de Finlandia, capital Helsinki, país con el cual hay buenas comunicaciones diplomáticas.

El segundo al mando de operaciones, notificó al director de la Central de Inteligencia, que tienen listo el curso de acción a tomar. Le ordenó que se presente a la Casa Blanca, el señor presidente quería saber cuál era el curso de acción a tomar, para dar su aprobación.

Una vez reunidos con el señor presidente en la Casa Blanca, el jefe encargado de operaciones con sus analistas de inteligencia, empezó la exposición del curso de acción tomado.

Primeramente, hacen saber el lugar exacto donde se encontraba resguardado David. Lugar que sólo conocía el jefe de operaciones, con el propósito de evitar cualquier seguimiento o intercepción telefónica y revelara la ubicación de donde se encontraba David.

—Sería lo más apropiado llevarlo a la embajada.

—Existe el peligro de poder ser interceptados antes de llegar a la misma. Tenemos conocimiento de algunos movimientos inusuales cercanos a la embajada. Por tal motivo, hemos obviado esa posibilidad. Todo esto hace más complicadas la movilización de David, pero, si tomamos las medidas de seguridad adecuadas tenemos un porcentaje alto de poder sacarlo a través de una frontera con Rusia. A medida que pase el tiempo, el servicio de inteligencia ruso, sabrá que estamos optando por esta posibilidad. De ser aprobada la posibilidad de movilizarlo por vía terrestre, tendríamos que hacerlo ahora, ¡estar delante de ellos! Digo ellos, porque de seguro, tendremos la presencia en algún momento de los terroristas de Isis, que han recibido la orden de capturar a David ¡Ellos no van a decir alto, ellos van a disparar sin importar el lugar donde se encuentren!

Todos al oír dicha presentación, le dieron la orden al jefe encargado de proceder con la misma. Pero, quedaba una pregunta por hacer: *"¿Cómo saldrían de Rusia?"*

—Esa parte la hemos analizado, lo más oportuno en estos momentos es de usar el tren de día que sale de Moscú a San Petersburgo, son 650 kilómetros y tardaría cuatro horas en llegar. En hora nocturna, el tren tarda ocho horas en llegar. Utilizando el tren nocturno, al bajar los estarían esperando. Utilizando el tren de día, al llegar ellos activarán a sus contactos, el tren ha tenido por lo menos una hora de haber llegado a San Petersburgo. Es el tiempo que necesitamos para colocar a David en un lugar seguro, por uno de nuestros contactos. David tendrá su pasaporte normal y con el sello de migración de entrada. Eso garantiza la movilidad de David. En esos momentos, la seguridad de David, es él mismo. Por lógica, en el tren tendremos una unidad especial colaboradora de nosotros. Él se asegurará, que el que recibe a David al llegar a San Petersburgo, sea la persona indicada. Él se mantendrá en el lugar a órdenes, en caso de requerir sus servicios.

Una vez David esté en el nuevo lugar seguro, otro grupo de informantes se mantendrá no muy lejos del lugar, tratando de obtener cualquier información de la presencia del servicio de inteligencia ruso, inclusive de terroristas.

Al día siguiente, de no haberse detectado la presencia de las personas antes mencionadas, se procederá con la movilización de David hasta un punto donde lo recibirá otro contacto. El traslado a ese punto, deberá ser por vehículo. Este vehículo tendrá un doble fondo en el asiento de atrás. David no puede ser expuesto en cualquier punto de control. Podría haber alguien del servicio secreto e identificarlo. Por el camino, hay algunos viajeros. Se le dará un aventón, a alguna pareja, para que ocupen el asiento de atrás y disimular más, evitando un registro. El personal de registro, según las informaciones, es de tres a cuatro soldados. Tenemos en esos momentos a un francotirador con dardos adormecedores, evitando usar munición letal. Esto, es en caso de ser detectados, ¡esperemos no usarlos!

Cuando hayan pasado ese control, más adelante bajarán a los pasajeros del aventón. Se desviarán del camino, al llegar a un lugar fácil de identificar por la persona que trasporta a David. Será recibido por otro individuo que tiene un avioncito para dos personas. Este avioncito saldrá de una pista improvisada en horas de la madrugada. Estará llegando al otro lado de la frontera rusa con Finlandia aproximadamente a las

06:00 horas. Llegará a un punto de aterrizaje acordado. Allí será recibido por nuestros agentes, se encargarán de transportar a David en un par de horas a un aeropuerto privado. En ese aeropuerto estará el jefe de operaciones esperándolo, para traerlo a casa. Hemos pensado sacarlo de esa manera, evitando el paso por la frontera normalmente. Creemos que, realizándolo de esta manera, tendremos un 90 % de éxito.

El señor presidente, les hace saber, que se mantendrá en el país, hasta que David haya regresado, también realizó una pregunta:

—Ahora, ¿cuál es la condición de los heridos?

—Tenemos información que su evolución ha sido satisfactoria.

—Señores, el tiempo es todo de ustedes. Yo esperaré aquí. ¡Confío en ustedes! — exclamó el presidente.

El director de la Central de Inteligencia le ordenó al jefe de operaciones encargado, transmitir el curso de acción seleccionado.

—Una vez puesto en marcha, el jefe de operaciones deberá salir de Rusia por el aeropuerto, normalmente. Llegar al país donde tiene el avión privado la Central de Inteligencia. Saldrá en él con destino a Finlandia. Habrá un hangar privado. Será recibido por otros agentes nuestros en ese país. Le prepararán su plan de vuelo hacia los EE. UU. Se han establecido las coordinaciones necesarias en el aeropuerto, para que no tenga contratiempos en la salida. En caso de tener la necesidad de reabastecer de combustible el avión, haremos las conexiones necesarias para realizarlo sin contratiempos.

Al recibir la información del curso de acción a tomar, el jefe de operaciones, le explicó en detalle a David. Se aseguraría de que éste tenga en sus manos, el pasaporte. Por suerte, era de día, con la posibilidad de tomar el tren a San Petersburgo.

Una vez en la estación del tren, el jefe de operaciones es contactado discretamente por un agente de la Central de Inteligencia, le hace saber que tiene poco tiempo. Que, el servicio de inteligencia ruso se está movilizando muy rápido a diferentes puntos, para tratar de ubicar a David, de seguro la estación del tren será uno de esos puntos. Calculan, que, llegando David a su destino, ellos tendrán la información de ese movimiento de David.

El jefe de operaciones se despidió de David antes de entrar a la estación del tren, evitando las cámaras.

David, tenía claro todos los procedimientos a seguir, pero, estaba lleno de adrenalina, la cual tenía que controlar. Compró su boleto y sólo esperó unos minutos cuando el tren ya estuviese listo para salir a San Petersburgo. David se sentía seguro de lo que estaba haciendo, pero sentía que todos los que se encontraban en el tren, cerca de él, lo estaban vigilando.

Fueron un par de horas de viaje, tomando control el cansancio, sin darse cuenta, se durmió toda la distancia hasta San Petersburgo. Llegó el momento de bajar del tren. Al salir de la estación, se le acercó una persona dando un salto y seña. David le dijo:

—La luna, ¿cree usted que saldrá esta noche?

— ¡Para moverse rápido! —le contestó la persona.

David supo, que, era la persona indicada y le respondió:

— ¡Usted guíeme, yo lo sigo!

—Tome esta funda de comida, que yo llevaré esta otra. Nos dedicaremos a caminar, tratando de evadir las cámaras de vigilancia que tienen en las aceras. Entraremos a un edificio, saldremos por la parte de atrás, subiremos a un vehículo que nos espera, tomando el asiento trasero, bajaremos nuestras cabezas. Para cuando salgamos a la calle nuevamente, en caso de ellos revisar la cámara, verán el vehículo, sólo con su conductor— el agente explicaba todo esto a David, mientras se movilizaban —Posteriormente, nos dejará en un lugar concurrido, caminaremos unas cuadras y llegaremos a un edificio. En ese edificio nos quedaremos hasta recibir la orden de movilizarnos. En este momento, nosotros somos el conejo y los cazadores, ya usted sabe, quiénes son. No tenemos que dejarnos atrapar. En estos momentos deben estar aquí en San Petersburgo, rastreando y analizando todo, para saber dónde nos encontramos. Por eso, hemos realizado, todos los movimientos necesarios para no ser encontrados. Tengo experiencia en esto. Puede estar tranquilo, que no nos encontrarán. La estadía en donde nos encontramos, puede ser pasajera o de varios días. Todo depende, de cómo estén las cosas afuera.

Ahora le explicaré el plan de evacuación del lugar. La prioridad es usted. Por cualquier cosa. En este papel está detallado a donde debe dirigirse. Para su seguridad, el agente de contacto le dirá como, contraseña: ¡El agua es clara! Y como seña, usted le dirá: ¡En el manantial! Usted no se preocupe por mí. Sé cómo salir de esta clase de situaciones. — le explicó el agente de la Central de Inteligencia a David, finalmente le pidió que descansara.

El servicio de inteligencia ruso, ya se encontraba en el área. Sabía que David había viajado a San Petersburgo y que estaba cerca. De igual manera, el grupo de terroristas que Isis había asignado un grupo, para la captura de David. Por medidas de seguridad, esperarían las indicaciones del siguiente movimiento. Estas indicaciones llegaron después de dos días. El área estaba muy vigilada. Existía confusión de quién era quién.

Llegó el momento de movilizarse. Ese movimiento era de sumo cuidado, lo harían a pie y tomarían un taxi, conducido por un agente conocedor del área:

—Nos dejará en el siguiente punto, otro apartamento en el cual, nos quedaremos hasta recibir nuevas órdenes.

Ya preparados, salieron del apartamento. Caminaron un poco, en eso, un taxi se detuvo, intercambiaron algunas palabras, de seguro el salto y seña. En el camino el agente taxista les hace saber, que, hay una gran cantidad de agentes del servicio de inteligencia recopilando información, para encontrar a David. Lo más probable es que en estos momentos hayan llegado al apartamento donde estaban.

—Con los terroristas la situación es bastante impredecible, porque no sabemos quiénes son. Estamos tratando de dar con ellos, sabemos que también están muy cerca. Una vez ubicado el principal de ese grupo terrorista, se transmitirá la información a la Central de Inteligencia. El señor director, proporcionará la información al director del servicio de Inteligencia ruso, para que tome las medidas pertinentes. De seguro, los neutralizarán. Ese es uno de sus objetivos principales en la seguridad de su nación. Detectar y destruir toda célula terrorista que pudiera estar dentro de sus territorios. Eso despejará más el área, garantizando en gran medida, que, logremos sacar al señor David por la frontera e introducirlo a las fronteras de Finlandia. En cada movilización, nuestros agentes están tratando de dar con el terrorista principal y dónde se agrupan, para descansar.

No es nada fácil, realizar este tipo de operaciones.

Lo hacemos de esa manera, porque, nos interesa, como a los rusos: ¡neutralizarlos! Dejarían de ser una amenaza. Gracias por toda la información. Hemos llegado al área donde tengo que dejarlos. Al caminar unas dos cuadras, giren a la derecha. Caminen y encontrarán una puerta color madera. Toquen cinco veces seguidas y después tres toques espaciados. Una persona les abrirá, ustedes entrarán y él, les indicará el cuarto donde se deberán quedar. El cuarto se ha preparado para despistar a las personas que los siguen. En caso que el servicio de inteligencia ruso, llegue con caninos, estos no podrán ubicarlos. Hemos colocado el rastro de David en una dirección opuesta a la que ustedes deberán tomar.

Con respecto al arrendatario, sólo dirá que les dio hospedaje a dos personas. Deben de estar en su cuarto. Hemos colocado, un pequeño timbre, que activaremos antes que ellos lleguen y puedan salir por un pasaje secreto del dueño, que coopera con nosotros. Sin perder el tiempo, deberán salir lo más rápido posible. Tomarán una ruta caminando. Esta los sacará a una carretera en donde los esperare para movilizarlos a otro punto. Poco a poco, llegaremos a la frontera con Finlandia.

— ¿Esta es la frontera más distante que existe?

Avanzamos y no llegamos—expresó David.

—Pronto llegaremos señor David, falta menos.

Al agente conductor del taxi, le informaron por radio, en forma de clave, que los servicios de inteligencia dieron con el apartamento donde se encontraban. Tendrían que mantenerse alerta, en todo momento. Estar listos para salir y dirigirse al lugar indicado y poderlos transportar al siguiente punto.

—Sí, estaremos listos— expresó el agente que acompañaba a David.

Bajaron del taxi y caminaron hacia la dirección indicada. Entraron y al estar en el cuarto, se realizaron los aseos necesarios. Se dispusieron a descansar. La Central de Inteligencia determinó que, el agente inicial, continuará con David, para asegurar su movilidad. En eso, lograron ubicar al jefe del grupo de los terroristas. Éste, tenía establecido su puesto de mando cercano a David. Eso quiere decir, que, también contaban con una eficiente forma de recopilar información. Fue informada y trasmitida al director de inteligencia. La cual retrasmitió al Director de inteligencia ruso, con las coordenadas del lugar, incluyendo sus características, para su mejor ubicación.

La información proporcionada al director de inteligencia ruso, estaba siendo verificada. Los servicios de inteligencia rusos, encontraron el apartamento de David. El agente observador de los movimientos cercanos a David, detecta un inusual movimiento. Esto hace activar la señal. El agente con David, se encontraba descansando. Al oír la alarma silenciosa por decirlo así, porque contenía un bajo volumen, salen del lugar, de acuerdo a las indicaciones.

David pensó que el tramo en donde se encontraba el agente con su taxi, estaba un poco cerca. Se dio cuenta que la distancia era aproximadamente de dos kilómetros. Por suerte, él, se había mantenido en condiciones físicas muy buenas, ¡un trote en este momento no hace daño!

Irrumpen los agentes del servicio de inteligencia ruso al cuarto. Percatándose que la estadía de David, en ese lugar, era reciente. Llamaron a la persona del lugar y comenzaron a realizarle una serie de preguntas. Contestó como se le ordenó, para evitar que tomen alguna medida innecesaria con dicha persona. Corrieron un kilómetro, era campo travieso, el segundo kilómetro era de asfalto: calle. Empezó a caminar con el agente, que lo estaba acompañando por la calle asfaltada y pasaron por una pequeña comunidad. Al final de ella estaba el taxi esperando. Tenían que ir caminando para disimular el paso por el lugar. En ese caminar, se encontraba una persona con vestimentas de judío (rabino), sentado en unos escalones de la entrada de una casa. David al ver a este señor, le dice al agente que lo acompañara:

—Quiero ir y saludar al señor que está allá sentado.

—David es mejor evitar el contacto con personas en este movimiento. Podríamos poner en peligro la movilización, quedando usted expuesto.

—Amigo agente, tengo el presentimiento, que la persona es una persona de bien y sería incapaz de delatarnos en caso de darse cuenta, quienes somos.

—Está bien, puede ir a saludarlo.

En eso, David se dirigió a donde estaba la persona bastante

mayor y con una barba blanca (canas). Al llegar cerca del señor sentado en los escalones de una casa, David lo saludó con mucho respeto, deseándole que tuviera un buen día, salud y bienestar.

El señor sentado levantó su rostro, lo miró e inclinó la cabeza un poco, queriéndole decir que su saludo era aceptado y que él le deseaba lo mismo.

David se disponía retirarse. En eso, es llamado por el señor y le dice:

—Muchacho, acércate un poco para poder verte mejor.

David se acercó, el señor lo miró detenidamente y le dijo una vez más:

— ¿Quién dices tú, que soy yo?

— ¡Usted es un rabino! — contestó David.

— ¿Por qué dices que soy un rabino, sino estoy vestido como ellos?

—Su semblante, su forma de hablar. Usted habla con sabiduría.

—Te he estado esperando hace algunos días. No quiero que te asustes. En realidad, soy un rabino. Te diré, que tuve un sueño en donde me encontraba sentado en este mismo lugar. Por eso me trasladé hasta aquí. Empecé a oír una voz que mencionaba mi nombre, que me decía: "No temas, eres de los míos. Ve al lugar que has visto y espera que una persona te salude amistosamente". Esa persona eres tú. Pude ver en ti una persona humilde y muy temerosa de Dios Todopoderoso.

—Sí, en realidad soy temeroso de Dios Todopoderoso.

El rabino se levantó y alzó su mirada hacia el cielo expresando con una voz suave y dulce:

—Señor mi Dios Todopoderoso. Bendito y Alabado sea siempre tu nombre. Dueño y Señor del Poder, la Sabiduría y la Gloria por los siglos de los siglos. ¡Amén!

Éste seguía oyendo la voz, que le seguía diciendo: "¡Él será una descendencia muy querida y apreciada por mí! Quiero que la unjas, para sellar un pacto con él y su descendencia". Entonces le dijo a David:

—Antes de seguir, quiero preguntarte algo: ¿Tienes hijos?

—Sí, tengo dos, un varón y una doncella. El varón se llama Salomón y la doncella se llama Ruth.

—Muchacho, ¿cuál es tu nombre?

—Mi nombre es David.

—David, mi Dios Todopoderoso quiere sellar un pacto contigo, ese pacto se sella ungiéndote. ¿Aceptarías ese pacto con él?

—Lo acepto con todo mi corazón, con todas mis fuerzas, aceptando que él es mi único Dios Todopoderoso.

—Para poder ungirte, tendrías que entrar conmigo a la casa y decirle a tu amigo, que nosotros te llevaremos a donde tú quieras.

—Me dirijo a Finlandia, pero, no puedo pasar la frontera por el área de migración. He tenido contratiempos con algunas personas rusas— respondió David.

Una de las personas que estaban dentro de la casa, abre la puerta. Luego el rabino entró y David se dirige a donde estaba el agente y éste le dice:

— ¡Qué bueno que nos vamos David!

—No, vengo a decirte que me quedaré aquí con la persona, con quien hable. El hará que me saquen por la frontera, por un lugar seguro y estando en Finlandia, me reuniré con ustedes. Quiero dos cosas, que llegues donde se encuentra el otro agente, te vayas con él e informes, que estoy seguro. Lo otro es que le des un teléfono al señor, para que los llame y les dé una posición anticipada y me esperen ahí.

—Pero, ese señor está solo.

—No es así, mi amigo. Ese señor está protegido, ¡arriba y aquí abajo! No pongamos eso en duda. La protección que él tiene, es para nosotros también. Él es una persona muy especial en Israel, de seguro la Mossad israelí lo tiene protegido, más aún, aquí donde nos encontramos, sabiendo con certeza quiénes nos persiguen. Ellos también tenían micrófonos e interceptaban las llamadas de los terroristas de Isis que fueron abatidos. De seguro oyeron mi nombre, mas este señor rabino no sabe de esa información o quizás lo sabe, aunque no se lo hayan dicho. Actuemos correctamente, de seguro no me dejarán ir. Es más, me está garantizando, que me llevarán al lugar de Finlandia, que les indiqué. Notifique esto, obtenga la información del lugar en Finlandia y hágaselas llegar por el número de teléfono que ellos le darán en este momento.

David le dice al rabino, que estaba listo.

—Sólo faltaría el número de teléfono al cual deben de llamar para indicar el lugar en Finlandia donde me llevarán.

—No hay ningún problema.

El rabino hizo un gesto con la mano y, de repente, le llegó una persona y se le acercó. Él escribe un número de teléfono y se lo entregó al rabino, éste a David, y David al agente.

—Por favor, cuídese señor David.

—Gracias, infórmeles que estoy en buenas manos— se despidió David.

El agente se retiró y se dirige a donde se encuentra el otro agente con su taxi.

En eso, se dirigían a la casa donde David y el Rabino entraron. Según información obtenida, existiendo la posibilidad de estar siendo observados por alguno de los terroristas que también estaban tratando de dar con la ubicación de David. Estando cerca los del servicio de inteligencia ruso de la casa, el jefe de ese grupo recibió una llamada en donde uno de sus jefes le estaba dando una información de prioridad. Cerca de donde ellos se encontraban, los terroristas tenían una casa de seguridad. Recibiendo la orden de dirigirse al lugar informado. Reagrupa su personal y se dirige al lugar señalado. No muy lejano de donde estaban. A todo esto, selecciona a dos unidades a los cuales les dio la orden de mantener estricta vigilancia de la casa a donde se dirigían. Terminada la misión, vendrían inmediatamente a la revisión de la casa señalada.

El agente conductor del taxi le preguntó al otro agente que estaba con David:

— ¿Dónde está David? ¿Qué pasó con él?

—Gracias a Dios aparecieron unas personas, entre ellas un rabino. Le solicitaron a David, quedarse con ellos unos días. David accedió, y me solicitó, que lo dejara con ellos unos días. Me dieron un número de teléfono para cuando tenga la información del lugar, se las transmita, con el propósito de conocer del mismo, lugar éste, en el lado de Finlandia. Lo entregarán al otro lado de la frontera en el punto acordado dentro de Finlandia.

— ¿Cómo supieron ellos eso?

—En la conversación entablada entre ellos, de allí salió todo.

—Por estar el rabino, deduzco que, las otras personas que estaban con él, son de la Mossad israelí. En parte, fueron oportunos. De no llegar ellos, nos hubiéramos encontrados con el servicio de inteligencia ruso y hubiésemos perdido a David para siempre.

—Bueno, entonces, ¿por qué se llevaron a David?

—Ellos hablaron algo de ungirlo, después de eso, él regresará.

—Esperemos que sea así o tendremos problemas. Voy a informar en detalle, a la Central de Inteligencia, lo sucedido con David.

El grupo especial de búsqueda ruso del servicio de inteligencia, llegó al lugar indicado, en donde se encontraba la casa de seguridad de los terroristas. La información proporcionada, era que, en esa casa se encontraba el jefe del grupo terrorista, con más de la mitad de su grupo que se encontraban buscando a David. Al parecer, dándole nuevas indicaciones.

El jefe del grupo especial ruso, rodeó la casa, reunió a los de mayor rango, para ultimar detalles e irrumpir en la casa. Su misión era neutralizarlos a todos. Los terroristas tenían a un vigilante, de alerta temprana. Por suerte, cuando éste se da cuenta de la presencia de los rusos y alerta a sus compañeros, ya estaban rodeados.

Trataron de salir por la puerta trasera de la casa de seguridad. Siendo recibidos con fuego, respondiendo ellos al mismo. Empezó el combate inesperadamente, en donde los terroristas lograron abatir la unidad del grupo de seguridad, rompiendo el cerco. Al llegar el apoyo, encontraron a su compañero abatido. Dando seguimiento al grupo terrorista, lograron alcanzarlo, en momentos en que un vehículo se aproximaba, para trasladar a su jefe terrorista. Se dio un fuerte intercambio de disparos.

Esta neutralización de los terroristas se prolongó un poco. Los terroristas trataron al máximo de poder sacar del lugar a su jefe, siendo esto imposible.

# CAPÍTULO DIEZ

## NEUTRALIZADOS

El grupo especial del servicio de inteligencia ruso, logró neutralizar al grupo terrorista. Los que quedaron por neutralizar, eran los que en ese momento no se encontraban en el lugar. Se dedujo que, se encontraban realizando el trabajo de búsqueda de David. Podría ser que ya lo tenían ubicado. Esa reunión inesperada de los terroristas con su jefe, podría haber sido, para determinar la toma del lugar y llevarse a David. De todas maneras, tendrían que permanecer alerta, ya que, ellos tenían la orden de que, si los demás caían, los que quedaban continuarán con la misión. Esto de ser así, se complicaba. ¡Cumplirán la misión a su manera!

Una de esas maneras, podría ser la eliminación de David, en su frustración de no poder capturarlo. Una vez neutralizados los terroristas, el grupo especial de inteligencia ruso, se preparaba para ir a la casa vigilada, en donde deducían que se encontraba David. En poco tiempo, llegaron e hicieron contacto con sus agentes, que se encontraban vigilando la casa. Ya listos, realizan el asalto y al consolidar totalmente la casa, se dieron cuenta que, no había rastros de David. En eso, llamaron a sus agentes vigilantes, a quienes les hizo varias preguntas como si llegaron a ver a alguien salir o algo fuera de lo normal.

Éste respondió:

—No, la casa se ha mantenido cerrada todo el tiempo, no hemos visto ni oído a nadie.

El jefe del grupo del servicio de inteligencia, para salir de sus dudas, porque la información obtenida de las fuentes, eran muy acertadas, cuando llegaron los caninos, comenzaron a olfatear dentro de la casa. Los perros detectaron, que hubo presencia humana en la casa, logrando detectar un túnel. Al detectarlo, se alistaron para entrar, seguir y ver a donde conducía. Entraron muy cuidadosamente. Al llegar al final del túnel, la salida conducía a otra casa cercana del lugar. Podían observar, que el túnel tenía muchos años de haberse construido, de las épocas vividas en aquellas famosas guerras, que se expandían por toda Europa. Al salir a la otra casa por el túnel, efectuaron una revisión minuciosa de la misma. Llegando a la conclusión de que, era evidente, David estuvo en el lugar. Que, difícilmente, lo encontrarían.

El jefe del grupo del servicio de inteligencia ruso informó a sus superiores. Estos le hacen saber, que, han recibido información de la presencia de la Mossad en el área y que continuaran con la búsqueda. En eso, el jefe del servicio de inteligencia ruso, llama a sus agentes más cercanos con mayor rango en el grupo, comenzó a presentarles la situación y comenzó a reorientar la misión, para determinar dónde dirigirse. Concluyen, que, estando cerca de la frontera, lo más probable era que, la ruta de David, era la frontera. Lo que quedaba por determinar era porqué lado de la frontera con Finlandia.

—Esto es algo que resolveremos para dar con David.

Sabían también, que, todo se lograría, obteniendo la información oportuna de sus informantes del área. Ellos se colocarían en un punto medio, para poder movilizarse lo más rápido al lugar, en caso de recibir la información de sus informantes.

Una espera que exigía, total calma. Es algo que se acostumbraba a decir: "¡El que, espera, desespera!" En este caso, no se podía realizar llamada alguna, ¡sólo esperar! Es algo que se aprende en el trabajo de la inteligencia: Actuar con la información a mano, proporcionada por agentes informantes con prestigio en su trasmisión de información.

El director de la Central de Inteligencia, realizó llamada a su homólogo de la Mossad, una vez enterado de lo sucedido con David, conversaron muy amigablemente. Éste último le hace saber que, David se encontraba bien resguardado hasta el momento. Sabían de la búsqueda implacable, que le tenía la inteligencia rusa. Sumada a esta, por lógica, separadamente, la presencia de terroristas.

—Estaremos comunicándonos. Agradezco todo el apoyo proporcionado, confío en su palabra, estaré en espera.

—Como le indiqué, la búsqueda de David es constante, por lo antes mencionados. Tomaremos todas las medidas necesarias para garantizar la vida de David.

—Gracias, estaremos en contacto.

David, se sentía seguro con sus nuevos custodios. Su desplazamiento era asegurado primariamente. Al igual que lo realizaban los agentes de la Central de Inteligencia. En eso, el rabino se despide de David, diciéndole:

— ¡Me separo de usted, pero, nos volveremos a ver muy pronto en un lugar muy especial!

Un grupo de la Mossad se encarga de David y otro del rabino. Al llegar el momento de continuar el desplazamiento, tomaron rutas diferentes.

El jefe del grupo que se desplaza con David, le hace saber, que, han podido detectar la presencia de los servicios de inteligencia orientales, sin poder determinar el país. David es llevado a un lugar muy discreto y seguro. Cuando él baja del vehículo con sus ojos vendados le dicen:

—Esto lo hacemos, para garantizar la seguridad del lugar y de aquellos, de nuestro servicio de inteligencia, que laboran, en estos casos especiales, garantizándoles su seguridad.

Estando dentro del lugar, quitan la venda de los ojos a David. Al atravesar algunas puertas, llegan con David al lugar indicado. Lo dejan en un salón pequeño. A los pocos minutos, llegó el rabino.

—David, me alegra verlo nuevamente. Gracias a nuestro Dios Todopoderoso las cosas están bien. Me he reunido nuevamente con usted, por una razón muy importante.

— ¡Soy todo oído señor rabino! — respondió David.

—Gracias David. Le daré a conocer, quién fue y es el Rey David para nosotros los judíos.

Quiero que sepas que David fue el sucesor del rey Saúl y el segundo en reinar el antiguo Reino de Israel. Sus padres fueron: Jesé y Nitzevet.

—Quiero decirle que mi padre se llama Jesé. —interrumpió David.

—Entonces usaré el nombre de Jesé. Todo esto indica, que no es casualidad en los nombres. Nuestro Dios Todopoderoso tiene sus propósitos y los hace saber de esto a los suyos, ¡escogidos para hacerlos cumplir!

El rey Saúl había pecado al desobedecer a Dios durante la batalla de Michmash, donde debía destruir a todos los enemigos amalecitas y no lo hizo. Por ello, Dios decidió retirarle su bendición y envió al profeta Samuel en busca de un nuevo «ungido», de un nuevo rey para Israel. Su destino era Belén, donde vivía Jesé con sus hijos. Uno de ellos era el elegido y Samuel, como profeta, debía saber cuál. Para evitar un castigo del rey Saúl, el profeta se excusó alegando que viajaba para realizar un sacrificio. Una vez en casa de Jesé, el profeta conoció a siete de sus ocho hijos, pero ninguno le resultó el ungido. Cuando preguntó si faltaba alguno, Jesé' llamó al más pequeño: David. Y, cuando el profeta lo vio, supo que era él. Allí, delante de su padre y hermanos mayores, le ungió como futuro rey de Israel.

David, con la gracia de Dios, fue nombrado músico a cargo de arpa y paje de armas. Estas tareas las compaginaba con su trabajo como pastor. Tan bueno era tocando el arpa que, escuchando la melodía, el rey Saúl le concedió su buena disposición.

Israel, bajo las órdenes del rey Saúl, estaba en guerra con los filisteos y ellos tenían un líder especial: un gigante llamado Goliat. Éste desafió al ejército israelí durante 40 días, proponiendo que escogieran a su mejor hombre y que se enfrentara a él. Si ganaba Goliat, los israelíes serían esclavos de los filisteos. Si ganaba el mejor hombre israelí, los filisteos serían esclavos de Israel.

David, cuyo padre le había pedido que viajara al campamento para saber cómo estaban sus hermanos mayores y llevarles algo de comida, escuchó el desafío del gigante. La condición de pastor llevó a David a estar preocupado por defender a sus rebaños de los ataques de fieras salvajes y, utilizando su talento, cogió un cayado y una honda. Con ello se presenta ante el rey Saúl y se propone a ser quien luche contra el gigante. En definitiva, un niño iba a ser el mejor hombre de Israel. Para los hebreos, éste es un momento crucial para definirse como nación autónoma.

Después de vencer al gigante, David consiguió la confianza de los criados y del pueblo. Y, precisamente eso, produjo los celos del rey Saúl, que ordenó capturarle. David tuvo que huir al desierto con un grupo de seguidores y se convirtió en el paladín de los oprimidos. Allí aceptó la protección del rey filisteo Aquis de Gat, enemigo de Israel, y situó a su familia y los suyos en la ciudad filistea de Siclag. Cuando Aquis se fue a la guerra contra el rey Saúl, David no pudo acompañarle porque los otros nobles no confiaban en él.

Esta batalla, que tuvo lugar en Gilboá, acabó con la vida del rey Saúl y de su hijo Jonatán, amigo de David. La casa de Saúl estaba prácticamente anulada y David se dirigió a la ciudad de Hebrón para ser nombrado rey de Judá. Pero, los norteños no estaban de acuerdo con tal decisión y buscaron a un descendiente lejano del difunto rey para nombrarle como sucesor. El escogido fue Isboset, al que nombraron rey. Éste intentó ganarse la confianza del reino, pero dos caudillos seguidores de David decidieron asesinarle en su propia casa. Cuando se presentaron ante el rey David esperaban una recompensa, pero se encontraron con la muerte. David no estuvo de acuerdo con la muerte de su enemigo y decidió ejecutarles por asesinato.

En Hebrón, el rey David no conseguía la confianza de los norteños y decidió que, para unir a las doce tribus israelitas, debía buscar una ciudad neutral donde gobernar. Sin embargo, con la muerte del hijo del difunto rey Saúl, los ancianos de Israel se acercaron a Hebrón manifestando lealtad a David, que para ese entonces tenía 30 años.

Esa ciudad neutral fue Jebus, que por ese tiempo no estaba en manos de la gente de Judá ni en manos de los israelitas del norte. Pero, estaba ocupada por los jebuseos. Una vez reconocido por los líderes de todas las tribus, David conquistó la fortaleza de Jebus y la hizo su capital. Una ciudad que pasó a ser conocida como la Ciudad de David y, posteriormente, Jerusalén.

El rey David era el líder de Israel. Pretendía instalar «el reino de Dios en la Tierra». Por su parte, el rey Hiram de Tiro envió mensajeros a la capital y comenzó a suministrarle al rey David madera de cedro, carpinteros y albañiles para que pudiera construirse la casa de David. Éste quería construir un templo, pero el profeta Natán le dijo que, por orden de Dios, el templo debía esperar una generación, pues se habían cometido muchos crímenes. Eso sí, Dios hizo un pacto con el rey David: "La Casa de David nunca se extinguiría".

El rabino en su explicación de la historia del Rey David, le dice a David:

—Voy a obviar la parte de Betsabé, haciéndote saber, que, debes mantener tu lealtad incondicional con la mujer que juraste ante nuestro Dios Todopoderoso, tomarla como esposa. Eso mantendrá la presencia de nuestro Dios Todopoderoso cerca de ti y de los tuyos, incluyendo tu nación entera. Ese es uno de los propósitos de nuestro Dios Todopoderoso. Que, tu nación, tenga un David, y ese David eres tú. Que se extienda por toda tu nación, el amor y temor de él, lo reconozcan como su único Dios Todopoderoso, existirán diferencias religiosas, las cuales se tienen que respetar. No somos los dueños de la verdad. — en eso, el rabino le hizo una pregunta a David:

— ¿De qué religión tú eres?

—Yo soy de la religión católica. Reconociendo las tres divinas personas en una.

—Entiendo lo que me dices.

— ¡Tu Dios Todopoderoso, es mi Dios! — le dijo David.

—Él sabe, que tú lo tienes en tu corazón como tu único Dios. Sabemos de la historia verdadera de tu abuelo. Cuando oí la historia, supe de inmediato, que nuestro Dios Todopoderoso tenía un propósito en él y su descendencia.

Llego a mí, por medio de un sueño, lo que tenía que hacer, manteniéndome oculto el propósito de nuestro Dios Todopoderoso, revelándomelo todo en estos momentos. Contestas con inteligencia y sabiamente. Continuaré con la historia de David, para llegar al punto, donde quiero llegar.

El rey David, ya anciano, estaba postrado en la cama y su hijo Adonías aprovechó este hecho para proclamarse rey.

Betsabé y el profeta Natán, conociendo la actitud hostil del joven, pidieron a David que nombrara como heredero a otro de sus hijos. Concretamente a Salomón. Éste había sido elegido por Dios, y este acuerdo entre David y su mujer preferida, sólo concretaba los designios divinos.

"No derramar sangre. No buscar revanchas y seguir los preceptos del Señor".

Consejo del rey David a su hijo y heredero al trono, Salomón.

También le prometió continuar la línea hereditaria en el trono de Judá por siempre. David murió aproximadamente a los 70 años y fue enterrado en Ciudad de David, futura Jerusalén. Gobernó cuarenta años sobre Israel, siete en Hebrón y treinta y tres en Jerusalén.

Es bueno conocer que el Rey David, estuvo en muchas batallas, en una de ellas, de mucha importancia.

"Volvieron los filisteos a hacer la guerra a Israel". Cuarenta años atrás, David mató a Goliat e Israel derrotó a los filisteos, pero el enemigo se restauró. El hijo de Goliat nunca dejó de acechar a David.

"David se cansó". David ya no era un joven. Aproximadamente tenía cincuenta y siete años de edad y se cansó por las demandas de la batalla. Había alcanzado los límites de su fuerza y en su flaqueza el gigante le atacó. Es peligroso estar en el campo de batalla cansado.

Isbi-benob, uno de los descendientes del gigante, cuyo nombre significa: "quien habita en las montañas". Nadie quería hablar de este gigante, por eso le llamaban el que habitaba en las montañas.

Este gigante es como el "pecado que nos asedia". (Hebreos 12:1). Todos tenemos flaquezas en nuestro carácter, que no queremos admitir, pero a menos que tratemos con esto un día regresará a atacarnos.

Mas Abisai, hijo de Sarvia llegó en su ayuda, la palabra hebrea para "ayuda" significa rodear. Abisai se puso entre David y el gigante. El gigante estaba atacando a David, pero Abisai tomó la batalla de éste y rehusó permitirle al gigante tocar al rey.

"Abisai… hirió al filisteo y lo mató" El gigante "pensó poder matar a David" y fácilmente lo hubiera logrado si no hubiera sido por Abisai. La amistad leal de Abisai hizo la diferencia. Mientras el gigante se distrajo por atacar a David, Abisai lo mató. Todos necesitamos amigos que vendrán a nuestra ayuda cuando estamos cansados por la batalla.

"Entonces los hombres de David le juraron". La solución para el problema de David fue cambiar la forma de cómo guio a Israel. Los hombres de David hicieron un nuevo pacto con él, "Nunca más saldrás con nosotros a la batalla, no sea que se apague la lámpara de Israel". Desde este momento, ellos pelearían las batallas y matarían a los gigantes, y David les daría consejo. David mató gigantes en su juventud, pero era tiempo de dejar a sus hombres que terminaran la obra que él inició. Debemos hacer pactos con otros hombres de Dios quienes estarán con nosotros en la batalla y nos ayudarán a lograr la victoria total.

David, ¡Entiendo ahora, más claramente, lo de la lámpara

encendida! Tengo una inquietud. ¿Por qué David, tomó cinco piedras en vez de una?

—David tenía fe que con una sola piedra iba a matar a Goliat y las otras cuatro piedras eran para los otros cuatro hermanos de Goliat, que se encontraban en la retaguardia. En caso de que vinieran a atacarlo. Tenía una para cada uno.

—Es necesario David, que sepas todo esto. Ahora que he podido contarte en detalle la historia del Rey David, quiero ir al siguiente paso. Quiero que me pongas mucha atención a lo que te diré, no se te debe olvidar. Debe estar en tus recuerdos, para toda la vida.

La unción dentro de nuestras costumbres, es muy sagrada, más aún, cuando se trata del aceite sagrado, utilizado por los antiguos profetas.

Habló nuestro Dios Todopoderoso a Moisés, diciendo: "Tomarás especias finas: de mirra excelente quinientos siclos, y de canela aromática la mitad, esto es, doscientos cincuenta siclos, de cálamo aromático doscientos cincuenta siclos, de casia quinientos siclos, según el siclo del santuario, y de aceite de olivas un hin. Y harás de ello el aceite de la santa unción; superior ungüento, según el arte del perfumador, será el aceite de la unción santa. Con él ungirás el tabernáculo de reunión, el arca del testimonio, la mesa con todos sus utensilios, el candelero con todos sus utensilios, el altar del incienso, el altar del holocausto con todos sus utensilios, y la fuente y su base. Así los consagrarás, y serán cosas santísimas; todo lo que tocare en ellos, será santificado. Ungirás también a Aarón y a sus hijos, y los consagrarás para que sean mis sacerdotes. Y hablarás a los hijos de Israel, diciendo: Éste será mi aceite de la santa unción por vuestras generaciones. Sobre carne de hombre no será derramado, ni haréis otro semejante, conforme a su composición; santo es, y por santo lo tendréis vosotros. Cualquiera que compusiere ungüento semejante, y que pusiere de él sobre extraño, será cortado de entre su pueblo."

Voy a derramar aceite de unción santa sobre ti. Aquel aceite utilizado por el profeta Samuel, para ungir al Rey David, por orden divina. Estableciendo un pacto con él y toda su descendencia.

David le manifestó al rabino que él aceptaba de todo corazón la unción. El rabino se dirigió a un lugar consagrado para este momento de realizar una ceremonia de unción para David.

De seguro, que, David al recibir esta unción, iba a cambiar su vida para siempre. No se hizo esta unción en sus familiares antecesores. Lo tenía destinado, para esta descendencia a la cual ha protegido. Encaminó a sus antecesores a este camino y le fueron leales. Esta es la recompensa de la fe permanente en él.

—Te digo, David, que Moisés derramó el aceite de la unción sobre la cabeza de Aarón.

> *"Es como el óleo precioso sobre la cabeza, el cual desciende sobre la barba, la barba de Aarón, que desciende hasta el borde de sus vestiduras. Es como el rocío de Hermón, que desciende sobre los montes de Sion; porque allí mandó el Señor la bendición, la vida para siempre".*

Antes de que los sacerdotes se pusieran las vestiduras

sagradas, para este ritual, atravesaron el ritual de la purificación por medio de un sumergimiento total en agua. Como último detalle, Aarón se puso la diadema o corona sagrada como señal de sumo sacerdote. La ceremonia completa duró siete días, incluyendo el proceso de purificación y ordenación— explicó el rabino.

El rabino, nuevamente le hace saber a David, que este tipo de ceremonia es muy importante para ellos. Que estrictamente deben seguir los pasos señalados y que, durante este tiempo, se le dará la inicialización, para llegar a la consagración de la unción.

Durante esta inicialización de David, por cuenta propia, redujo al mínimo, la ingesta de alimento, para fortalecer su espíritu, poniéndolo en comunicación con la mente, haciendo más fuerte la comunicación con nuestro Dios Todopoderoso, debilitando la carne. Durante los siguientes días, David fue recibiendo mayor preparación hasta llegar el momento de la unción. En uno de sus descansos, tuvo un sueño, en donde una persona pobre le lavaba los pies y le secaba los mismos. Él, en un momento dado, le hace saber al rabino, del sueño que tuvo. El rabino al oír el sueño, le dice a David:

—Su significado es: ¡que tienes que servir y no ser servido!

David se conmovió un poco, por la respuesta que le dio el rabino. Era algo que su abuelo le había inculcado en sus conversaciones con él.

Llegó el momento de la unción. El rabino expresó:

—Señor, bendito y alabado sea siempre tu nombre, dueño

y Señor del poder, la sabiduría y la gloria, del oro y la plata, por los siglos de los siglos de los siglos. Amén.

Continúa con todo el ritual. Al finalizar, le dice a David:

—Puedes ir a descansar, que mañana, empezará tu movimiento a la frontera y crece de la misma.

David agradeció por todo al Rabino. Éste lo abrazó y le dijo:

— ¡Que nuestro Dios Todopoderoso esté contigo y los tuyos para siempre!

El rabino le entrega un anillo de oro a David, con algunos dibujos y letras hebreas. David, comió algunas cosas leves y fue a descansar, para estar listo, el día siguiente.

Muy de mañana, el grupo especial de la Mossad levantó a David, para que se alistara y procedieran a la movilización. David, mientras se preparaba, trataba de ver si el rabino estaba. Al no verlo, pregunto por él.

—El rabino que usted conoció, es una persona muy especial para nosotros. Todos estamos dispuestos a dar la vida por él, sabemos que es un hombre de nuestro Dios Todopoderoso. En estos momentos, él está en un lugar muy seguro. Se nos ha dado la misión de salvaguardar su vida. Lo seguimos a donde él quiera ir. Nuestros agentes, nos informan que se ha despejado un poco el área, apropiada, para realizar los desplazamientos.

El plan de la Central de Inteligencia, quedó relegado. Ahora el plan para pasar a David a Finlandia era de la Mossad. Le indicaban a David, que estuviera atento y actuara normalmente. En caso de intercambio de disparos, se tendiera en el suelo. Después, de existir la posibilidad, buscar un lugar seguro, sin perder el contacto de las unidades del grupo de la Mossad.

David debía ser llevado a otra casa de seguridad, en donde le realizarían unos trabajos faciales y hacerlo parecer otra persona. Realizaron el movimiento a la casa de seguridad sin ningún problema. En dicha casa, se encontraban unas mujeres maquillistas de la Mossad. Comenzaron a maquillar a David. Al poco tiempo, David era irreconocible. Maquillado era otra persona, con mucha más edad. Le comenzaron a enseñar a caminar y hablar como una persona de esa edad. El entrenamiento de David, duró todo el día y parte de la noche. Le tenían una nueva identificación con un nuevo nombre.

—David usted saldrá solo y se dirigirá hacia migración y presentará su documentación normalmente. Nuestras unidades de la Mossad estarán cerca de usted. De pasar algo inesperado, ellos actuarán y usted siga todas las indicaciones que ellos le den.

—Sí, de seguro que las seguiré— respondió David.

David sale de la casa donde estaba, transformado en otra persona de más edad. Se dirigió a las oficinas de migración, en donde muestra su pasaporte ante las autoridades. Pudo observar varios agentes del servicio de inteligencia ruso en el lugar. En verdad se sentía confundido en ese sentido, no podía distinguir, quién era quién. Mantuvo su serenidad.

En migración, revisaron sus documentos. Trascurrieron unos minutos, pasó migración y aduana, sin ningún problema.

El presidente de los EE. UU., conociendo todos los incidentes de David, llamó al secretario de defensa y al director de la Central de Inteligencia.

Al llegar los dos ante el presidente, éste pregunta:

— ¿Cuáles son las últimas noticias de David?

—Nuestros contactos en la frontera de Rusia con Finlandia, informan de la presencia de la Mossad en un punto determinado de la frontera, sin poder ubicar a David. Ellos saben el punto de entrega de David en Finlandia. Estamos en espera de ese contacto telefónico, en donde nos indiquen, que se dirigen a nuestro lugar indicado. Asegurándoles a ellos, que el lugar de entrega es seguro.

— ¡Ya hace varios días, que tienen en sus manos a David! — contestó el presidente.

—Lo bueno de ellos señor es que, cuando nos aseguran de hacer algo, es bastante probable que lo hagan. Aseguraron que nos darían a David en Finlandia en el punto que les indicamos. De seguro será así.

—Bueno, esperemos y les agradezco me informen— dijo el presidente.

El señor director de la Central de Inteligencia recibió una llamada del director de la Mossad, en donde le hacía saber que David se encontraba en Finlandia. Que realizarán el movimiento hacia el punto previsto.

—Se le agradece su ayuda y buena voluntad, por salvaguardar la vida de David.

Le hace saber al secretario de defensa y al señor presidente. Todos expresaron un gesto de alegría en sus rostros.

—No cantemos victoria hasta tener a David en nuestras manos y en territorio norteamericano— expresó el señor presidente.

El director de la Central de Inteligencia realizó una llamada a la esposa de David:

—Señora Ruth, ¿es usted?

— ¡Sí, soy yo!

—Le habla el director de la Central de Inteligencia.

— ¡Sí dígame, le escucho!

—Para informarle que David está, en estos momentos, en manos amigas. Nos lo entregarán. Cuando lo tengamos con nuestros agentes, le haremos saber para que éste pueda conversar con usted y sus hijos.

La esposa de David, le agradece y al cerrar la llamada, suelta su llanto y da gracias a nuestro Dios Todopoderoso. Les comunicó la noticia a sus hijos, se reunieron, y abrazados comenzaron a llorar. Un lloro de alegría y de agradecimiento al Dios Todopoderoso.

Estando David al otro lado de la frontera en Finlandia, continuaba caminando normalmente. Tratando de alejarse de la misma lo más pronto posible. Sabía que era un punto crítico, estar cerca de la frontera. En eso, un transeúnte del lugar, se acercó disimuladamente y le indicó el camino a seguir. Con este acercamiento, David se sintió más confiable, pero esa confianza no le duró mucho. De repente, se le apareció un vehículo, de él bajaron dos personas, las cuales abordaron a David y le dijeron:

— ¡Suba al vehículo, sabemos quién es usted!

Pero antes que David subiera al vehículo, aparecieron otras personas, neutralizando las mismas. Le dijeron a David, que continuara por el camino que le habían indicado:

—Desplácese normalmente, estaremos atentos a su desplazamiento, para que éste continúe seguro.

Sigue su camino David, sin saber a dónde iba. Al poco tiempo de estar caminando, un niño le entrega un papel, que contenía un pequeño mensaje: "Adelante hay una calle a la derecha, tome esa calle".

Cuando David tomó esa calle a la derecha, al continuar en ella, de repente, se acercó una persona diciéndole:

— ¡Quiero que me siga!

David lo siguió. Llegaron a una casa. Tocando siete veces la puerta, esta fue abierta. Cuando están dentro de la casa, se encuentra una vez más con el rabino. David lo saludó muy emocionado.

—Descanse Señor David, ha sido un día muy largo para usted, mañana será otro día más interesante.

Palabras reconfortadoras para David. No le interesaba nada de comida, lo que deseaba en esos momentos era, descansar.

Al día siguiente, David, antes de salir de la casa donde se encontraba, es despedido por el rabino:

— ¡Recuerda todo, transmítelo a los tuyos!

—Gracias por todo— se despidió David.

Sale de la casa, con su propia identidad, esta vez acompañado de una de las unidades de la Mossad. Sin saber cuál era el destino, sólo se concretaba a seguir al agente de la Mossad. Se detiene un auto al lado de ellos. David se alteró un poco, el agente le dice:

— ¡Son de los nuestros!

Abordaron el vehículo y se dirigieron a las afueras de donde se encontraban. Uno de los que viajaba en el vehículo con David, le preguntó, si conocía algo de paracaídas.

—No, sólo he visto algo en películas— respondió David.

—Bueno señor David, prepárese, sabrá que es bajar de las alturas en un paracaídas.

— ¿Qué?

—Sí, lo que acaba de oír. Nos dirigimos a una pista de aviación, en donde un equipo de salto libre lo está esperando. Usted está incluido en el grupo. Usted en el avión estará sujeto a un arnés, con el paracaidista principal. Él le dirá las indicaciones a seguir. Espero que disfrute de esta inolvidable experiencia. El grupo de paracaidista se lanzará primero. Más adelante, se lanzará usted unido al paracaidista de salto libre principal.

David, preguntó si había alguna otra opción.

— ¡No hay otra opción! — respondió el agente.

Mientras tanto, en el punto acordado por la Central de Inteligencia y la Mossad, llegaba un vehículo (conductor y su copiloto) de la Mossad, para establecer la comunicación directa con los agentes de la Central de Inteligencia, en donde le hacen saber, que David llegará desde el aire en un paracaídas, piloteado por uno de sus expertos en salto libre.

—Hacemos este movimiento de esta manera, considerándolo, lo más seguro.

Entre las conversaciones entre ambos agentes, ya David estaba a bordo del avión, con un traje especial para esos eventos. David dentro del avión en vuelo, es chequeado y revisado. Llegó el momento que el equipo de salto libre realizaba un salto de práctica de rutina. David pudo observar a estos paracaidistas salir fácilmente del avión.

—Prepárese mentalmente señor David, todo saldrá bien. Dentro de unos minutos nos toca a nosotros. Uno de los maestros de salto, ha quedado en el avión, para apoyarnos en la salida y salir sin ningún contratiempo.

En el punto de espera, ya estaban ambas partes. Uno para trasportar a David, hacia un lugar seguro, cerca del aeropuerto principal de Finlandia. Como iba a ser trasportado hacia allá, sólo ellos lo harían. No querían más contratiempos una vez realizada la entrega. El maestro de salto libre sería retirado del lugar por las dos unidades de la Mossad. De seguro, al retirarse ambos del lugar, sería por direcciones distintas.

— ¿Estás listo, David?

— ¡Bueno, sí lo estoy!

—Entonces vamos.

Se colocó en la puerta de la avioneta. Al recibir la señal del maestro de salto en la avioneta: ¡Realiza el salto! A unos segundos de haber salido de la avioneta el experto paracaidista con David, abrió sin ningún problema el velamen del paracaídas. Cuando David, pudo abrir los ojos, empezó a ver todo el panorama desde arriba. Sintió una agradable sensación de poder ver, que la tierra se acercaba a él, sintiendo el aire frío en su rostro. En eso, el maestro de salto le dice a David:

— ¡Estamos por descender a tierra, recuerde todas las instrucciones que le he dado!

El personal en tierra de antemano, puso una señal en tierra indicando el punto de aterrizaje, de igual manera, una granada de humo azul, para indicar la dirección del viento, para que el maestro de salto tuviera la noción también de la velocidad del viento y poder, tomar todas las precauciones para el aterrizaje. Se aproximaban a la zona de aterrizaje.

En unos segundos, ya estaban en tierra. Un buen aterrizaje, sin lesión alguna.

El personal en tierra los ayudó a incorporarse. Las dos unidades y el maestro de salto se despiden de David, deseándole pronto retorno con sus familiares. El maestro de salto se acercó a David diciéndole:

— ¡Es usted un hermano de la seda, además, no se debe saltar de un avión con prendas en las manos, pero usted es la excepción! Lleva en el dedo de su mano un anillo, muy significativo, para nosotros. Debe estar siempre en su descendencia.

— Lo llevaré siempre y será trasmitido a mi descendencia— le dijo David, dándole un abrazo de despedida.

Toman nuevamente el control los agentes de la Central de Inteligencia. Estando en los vehículos, le da la bienvenida aquel que había estado con él, hasta el momento en que, estableció el contacto con el rabino. David lo saludó cordialmente, agradeciéndole la oportunidad de haberlo dejado ir con ellos. Éste le respondió:

—En realidad David, fueron muy oportunos. Para eso son los amigos, para darse la mano en un momento dado.

El agente de la Central de Inteligencia le hace saber, que lo que él temía, era que le fueran hacer un interrogatorio referente a su trabajo.

David le hace saber que no le realizaron ningún interrogatorio, pero que en el fondo ellos deben saber algo, sin hacérmelo saber.

—Me alegro que todo haya sido así. En este momento nos vamos a dirigir a una casa de seguridad, en donde le haremos saber los próximos movimientos. El movimiento, será seguro, no bajaremos la guardia en las medidas de seguridad.

Ya hemos transmitido el mensaje a la Central de Inteligencia, ¡que usted está en nuestras manos, sano y salvo!

El director de la Central de Inteligencia informó al secretario de defensa, acordaron reunirse para darle la noticia al señor presidente. Posteriormente, el director de la Central de Inteligencia llama a su homólogo de la Mossad, agradeciéndoles todo el apoyo proporcionado.

— ¡Para eso somos aliados!

—Así es, ¡para eso somos aliados!

Al reunirse con el secretario de defensa, intercambiaron algunas palabras, mientras se dirigían a la oficina del presidente. El presidente los hace pasar diciéndoles que era todo oído.

El secretario de defensa dejó que el director de la Central de Inteligencia diera la noticia al señor presidente. Éste empezó a explicarle:

—Señor presidente, queremos informarle que tenemos en nuestras manos a David: ¡Sano y salvo! En este momento está siendo conducido por nuestros agentes a una casa de seguridad nuestra en Finlandia. Para esta operación realicé una llamada a mi homólogo de la Mossad en Israel, le di las gracias por el apoyo proporcionado.

El presidente llamó al primer ministro israelí agradeciendo el apoyo, expresando:

— ¡Para eso somos aliados!

—Así es, ¡para eso somos aliados!

En la casa de seguridad, se estaban realizando los últimos detalles, para trasladar a David al aeropuerto donde se encontraba la aeronave con el jefe de operaciones, para ser trasladado a EE. UU.

—Hemos realizado los contactos necesarios en el aeropuerto, para no tener contratiempos. Lo más seguro es que, los interesados en David, no han perdido el interés, de seguro estarán en Finlandia.

El señor presidente le hace una sugerencia al director de la Central de Inteligencia: — ¡Sería bueno comunicarse con el jefe del Servicio de Inteligencia de Finlandia!

—Sería bueno.

—Sí, sólo hacerle saber lo necesario, para evitar la fuga de información.

Procede a llamarlo. Se saludan normalmente, le hace saber lo necesario. El director del servicio de inteligencia finlandés, se pone a las órdenes para ofrecer cualquier apoyo. También le hace saber de la presencia de algunos agentes de la Central de Inteligencia en su país, de igual forma de otros países, y que en estos momentos le están realizando seguimiento a un terrorista del grupo de Isis.

—Gracias por su apoyo e información.

Luego le preguntó el secretario de defensa, al director de la Central de Inteligencia, delante del presidente:

— ¿Cree que es muy prematuro que David se comunique con su familia?

El director de la Central de Inteligencia sugirió que fuese una vez, cuando David estuviese en el avión de la Central con el jefe de operaciones. El presidente estuvo de acuerdo:

—No nos adelantemos a los hechos.

En la casa de seguridad, le dan todos los detalles a David del movimiento. Todos los agentes involucrados tenían presente lo sucedido a sus compañeros. El movimiento sería en horas del día. Mandarán dos caravanas de señuelo con dos vehículos cada una. En direcciones distintas. Cuando se estén acercando al aeropuerto, cada vehículo tomará rutas diferentes, alejándose del aeropuerto. En caso de ser seguidos, serán alejados del aeropuerto donde está la aeronave. La tercera caravana saldrá media hora después. Habrá silencio de red, hasta que estén en marcha. La tercera caravana, sólo realizará comunicación de ser extremadamente necesario. De no ser necesario, mantendrá el silencio de red.

—Estando dentro del aeropuerto, radiaremos. En el aeropuerto lo bajaremos rápidamente y lo llevaremos al avión, que estará en espera con el jefe de operaciones.

Procedieron al movimiento. Durante el trayecto de las caravanas, que salieron distantes una de la otra en tiempo, se realizó todo lo acordado. La caravana principal llegó al aeropuerto sin novedad en el desplazamiento. Se acercaron a la aeronave, bajaron a David del vehículo principal y éste se despidió de todos los agentes que lo escoltaban. En especial, de alguien que conocía con anticipación. Cuando David se dirigía a abordar la aeronave, sucedió algo que ninguno de los que allí se encontraban creían que pudiese acontecer.

Repentinamente, David cayó al suelo. Inmediatamente, el agente al cual David despidió muy especialmente, se acercó y exclamó:

— ¡David!

Al parecer David había perdido el conocimiento. Los demás se acercaron y lo rodearon. En la revisión, el agente se percató que David fue impactado por un disparo de un francotirador, lo más probable que era de un terrorista. David fue llevado y protegido por todos, hasta el avión. Estando dentro, los pilotos procedieron a cerrar la puerta, en poco tiempo, comenzaron a desplazarse hacia la pista. Estando en posición, recibió la orden de los controladores aéreos de despegar. Ya estaba en vuelo y los agentes en tierra en un lugar seguro, evitando un disparo del francotirador. Lo más probable, era que se habría retirado del lugar, para no ser ubicado. En eso, los agentes le preguntaron al agente conocido de David, quien fuera el primero en dar los primeros auxilios:

— ¿Cuál es la condición de David?

—Está bien. Les diré que, al estar con David en diferentes eventos, con probabilidades de perderlo, tuve la idea de colocarle un chaleco antibalas. Pude ver el disparo y la ojiva se incrustó en una de las partes reforzadas del chaleco. Eso detuvo la ojiva, pero el fuerte impacto le sacó el aire, produciéndole el desmayo. Le toque el pulso y sí tenía pulso. En estos momentos debe estar reaccionando en el avión. En el avión había sido colocado cómodamente, sin el chaleco. Al reaccionar, el jefe de operaciones, le da la bienvenida a David:

—David, tómelo con calma, usted recibió un impacto de bala, efectuado por un francotirador. Está usted dentro del avión, en vuelo con destino a los EE. UU. Con escala en Alemania, España, de allí cruzamos el Atlántico, para llegar a New York, y reabastecemos para llegar al destino final, Washington.

— ¡Llegar a casa! — respondió David con dolor en su cuerpo. Levantó la mano, haciendo una señal con su dedo, queriendo decir: ¡Bien!, y se quedó dormido.

Al llegar al Aeropuerto Internacional de Alemania,

reabastecieron y continuaron con su viaje. David se reincorpora, solicitando al jefe de operaciones poder llamar a su esposa e hijos. Éste le dice que ya él tiene la orden con respecto a esa solicitud.

—Se le permitirá la llamada, momentos en que aterricemos en New York. Su esposa e hijos estarán en ese momento en la Casa Blanca con el Presidente. Quiere él pasarles la llamada a ellos una vez que hable con usted. Sólo le pido un poco de paciencia.

— ¿Paciencia? Es lo que más he tenido en todo esto, puedo seguir manteniéndola— le dijo David.

— ¡Gracias por su comprensión! — le responde el jefe de operaciones.

En el viaje, David se concretó a descansar por buen rato. Llegaron a España, reabastecieron y continuaron el vuelo hacia New York, EE. UU.

Estaban llegando en horas de la mañana a New York. Fue allí donde el jefe de operaciones le dice a David:

— ¡Bienvenido a los EE. UU. su casa!

Aterrizó el avión en New York. Realizaron la llamada al director de la Central de Inteligencia y le pasaron la llamada al señor presidente. Éste atiende y dice:

— ¿Quién me habla, por favor?

— ¡Habla el jefe de operaciones, señor presidente!

—Quiero felicitarlo a usted y a todo el personal que estuvo involucrado en esta operación, le agradezco que me ponga al teléfono al señor David.

—Reabastecieron la aeronave, en pocos minutos despegarán del aeropuerto de New York hacia Washington D.C.

El señor presidente al oír a David, le saluda muy emocionado, dándole la bienvenida a los Estados Unidos. David le agradece al señor presidente por estar al tanto de su regreso, sin saber en detalle, todo lo que se tuvo que realizar, para regresarlo sano y salvo.

—Cuando llegue a la Casa Blanca tendremos un intercambio de palabras. Usted y su familia son especiales y de suma importancia para los Estados Unidos, los Aliados, y todo aquel que genere paz, dé paz y salvaguarde la paz en el mundo. Le paso a su valiente señora.

Cuando David oyó la voz de su esposa Ruth, no pudo contener las lágrimas, de igual manera, Ruth y sus hijos. Era un momento de emoción. Comenzaron a hablar entre todos. Al cerrar la llamada David, su semblante cambió a uno de felicidad. Mientras tanto el avión despegaba con destino a Washington D.C. En silencio, daba gracias al Dios Todopoderoso. El jefe de operaciones dejó en esos instantes a David.

Los pilotos de la aeronave, informaron al jefe de operaciones de la aproximación al aeropuerto para aterrizar. Al oír salir el tren de aterrizaje, David observaba por la ventana, sin dejar de agradecer al Dios Todopoderoso. Aterrizó la aeronave en Washington D.C., al bajar es recibido por un grupo especial de agentes, que se encargaran de su protección permanente. Antes de subir al vehículo principal de la caravana, se despidió del jefe de operaciones, pero éste le dice que él irá con él a la presidencia, para darle parte personalmente de todo al director de la Central de Inteligencia.

Salió la caravana del aeropuerto en dirección hacia la presidencia: Casa Blanca. En el trayecto, el jefe de operaciones, en forma jocosa le dice a David:

—Le agradezco que me haga saber con tiempo en caso que desee viajar a Europa.

— ¡No está mala la idea, de algunas vacaciones voluntarias, diferente a estas vacaciones forzadas! — le respondió David.

Ríen un poco, sabiendo que la experiencia vivida fue muy peligrosa, en donde hubo personas muertas y otras detenidas por traición y espionaje. David le dijo al jefe de operaciones

— ¡Sé que siempre estaremos en peligro, estemos en donde estemos!

El jefe de operaciones levantó la moral de David diciéndole:

— ¡Así, como hemos hecho esto, lo seguiremos haciendo! Protegeremos a su familia, su descendencia. Esta no es una protección pasajera. Esta es una protección permanente. Necesitamos que se multiplique su bendición en todos nosotros.

David le colocó su mano en la cabeza, uno por uno de los que viajaban con él en el vehículo principal. Les da la bendición diciéndoles:

— ¡Que nuestro Dios Todopoderoso, esté con ustedes y su descendencia!

Los agentes del vehículo principal agradecieron a David por la bendición que les daba. Asegurándole que darían esa bendición a su esposa y a sus hijos.

Al llegar a la Casa Blanca, cuando David baja, estaban los otros agentes en fila para que también les diera su bendición. David también les dio su bendición a ellos. David entró a la Casa Blanca con el jefe de operaciones. Son conducidos a la oficina del presidente. En la oficina, en un salón contiguo se encontraban, además de la familia de David, el secretario de defensa y el director de la Central de Inteligencia.

Cuando llegó David a la oficina del presidente, se encontraba él solo. Hablaron un buen rato. ¡Quizás en ese tiempo, también le dio la bendición al presidente, sólo lo sabrán ellos dos! Luego hace pasar a su oficina a los demás. Dejando a la familia de David en el salón contiguo. También hacen pasar al jefe de operaciones en ese momento. Hablan entre todos ellos. El que realizaba más preguntas era el presidente. Al terminar de hablar entre ellos, el presidente le dice a David:

— ¡Es el momento de que usted esté con su familia!

David se dirigió al salón contiguo, al abrir la puerta y entrar, corren todos a abrazarse con lágrimas de alegría. Tenían que hablar muchas cosas, lo harían en casa. Al poco tiempo, entraron a la oficina del señor presidente, para agradecerle conjuntamente con la familia, todo lo que hizo y sigue haciendo por ellos. El presidente les hace saber que, ellos son muy especiales y que esa protección será permanente.

—Salvaguardaremos la bendición divina, para que perdure para siempre en todas nuestras generaciones, en la de los aliados, de todos aquellos hombres y mujeres de paz.

David, al salir con su familia, de la oficina del Señor Presidente, se despidió del señor secretario de defensa y del director de la Central de Inteligencia. Contestándole el último:

— ¡Disfrute a su familia, señor David! Después nos reuniremos con el señor secretario de defensa, para continuar con los trabajos pendientes. Otra cosa, sus amigos científicos, saben de su regreso, esperando verlo pronto.

David con un rostro de alegría, le pidió al director de la Central de Inteligencia que les haga llegar su saludo.

—El saludo les llegará— respondió el director.

En eso, el secretario de defensa y el director de la Central de Inteligencia llamaron aparte de su familia a David. Hablaron por unos minutos. Al final, David les pidió ir con su hijo Salomón. Ellos aceptaron y se dirigieron a la oficina del señor presidente. Éste los hace pasar.

El primero en hablar fue el señor secretario de defensa, en donde le pedía al señor presidente que aceptara la carta de renuncia de él y la del director de la Central de Inteligencia.

El director de la Central de Inteligencia habló confirmando la petición del secretario de defensa.

El presidente muy extrañado, les dice:

— ¿Qué está pasando aquí?

Contestando el director de inteligencia:

— ¡Hemos puesto en peligro la vida del señor presidente, yéndonos más allá, incluyendo la nación! Fuimos sorprendidos en la vigilancia y protección del señor David. Por tal motivo, queríamos que él estuviera presente en este momento, pues que él, no es responsable de lo sucedido.

El señor presidente tomó las notas escritas y firmadas en sus manos, diciéndoles:

— ¡Señores, quiero que vean esto! — las hizo trizas colocándolas en una trituradora de papeles — Desafortunadamente para ustedes, esta petición no procede. Ustedes han sido muy leales y sinceros conmigo. Con respecto a la situación que estaba pasando, fui yo, quien aceptó formar parte en esta operación. Al contrario, me siento orgulloso de haber puesto mi granito de arena. Ahora les haré una pregunta a ustedes: ¿Harían ustedes lo que yo hice?

— ¡Sí lo hubiéramos hecho, pero no también como lo hizo usted, señor Presidente! —contestaron unísonos.

—Pueden retirarse y dejen descansar un poco a David, que comparta con su familia. Lo único que le pido, es que, por ahora, no invente ningún viaje al extranjero.

Todos se rieron y se retiraron de la oficina del presidente.

—Ya oyó señor David, debe estar con su familia, nosotros continuaremos con nuestras labores.

David se despidió nuevamente de ellos y se dirigió con Salomón donde estaba el resto de la familia. Unidos todos son llevados a su nueva residencia.

Pasaron los días. Recuperado el estado emocional de todos,

David comenzó a contarles todo lo sucedido. Les hace saber que todos deben ser mensajeros de paz. También impone sus manos a cada uno de la familia, dándoles una bendición muy especial. Con el que más conversaba, era con su hijo Salomón.

Le contó a Salomón, toda la historia del Rey David, que le había contado el rabino, con el propósito que él contara a sus futuros hijos lo mismo, y estos sucesivamente. A su hija Ruth, también le contó las cosas, pero de otra manera. Llegando al punto con los dos, de la alianza con el Dios Todopoderoso, la cual, hay que mantener y transmitir. Den esas bendiciones a sus hijos, que conozcan el significado. Que se mantengan en la dirección correcta. Siempre en la espera de nuestro Dios Todopoderoso. Manteniendo la fe, firme en él. Que se aparten de lo malo y sólo se dediquen a hacer lo bueno, lo correcto. Ser personas de paz.

David volvió a su proyecto Cuantiun. Se encontró nuevamente con los científicos del proyecto y fue recibido cariñosamente por todos. Comenzó a actualizarse de todos los avances logrados.

David solicitó la autorización de poder llevar a su hijo Salomón, al área donde él trabajaba, con el propósito de que fuera familiarizándose con muchas cosas que más adelante, formarían parte de su trabajo. Salomón le dijo a su padre que, deseaba estudiar en la Universidad donde él se graduó y tomar la misma carrera.

Salomón se convirtió en la sombra de su padre, todo el tiempo que podía, sin descuidar sus estudios. Siguieron pasando algunos años. David estaba contento con lo del proyecto, sabiendo él y los científicos de los éxitos del proyecto Cuantiun. Lo más probable, es que hayan tenido éxito en sus pruebas. Bueno, como es un proyecto de seguridad nacional: ¡Quedará con esa interrogante!

Salomón hecho un hombre y Ruth una hermosa mujer, se encontraban estudiando en la misma Universidad que estudiaron sus padres y con excelentes notas.

En el auditórium de la Universidad, Salomón logró reunir a sus compañeros de clases, al igual que los compañeros de Ruth. También logró reunir a la promoción de su padre y la de su madre. Dejando abierta la invitación a todos los de la universidad que querían oír la historia antes contada. Con el propósito de hacerles saber, que es una realidad, lo de la bendición de sus ancestros y de su padre. Que la bendición se debía transmitir a todos nosotros y transmitirla a nuestros hijos y para que conozcan el sentido de la bendición y por qué hay que mantenerla.

En eso, hace pasar a sus padres, que aún se podían valer por ellos mismos (caminar), con la seguridad de los agentes de la Central de Inteligencia. Las personas que se encontraban en el auditórium comenzaron a hablar entre ellos. Le pidieron a David que levantara su mano derecha, pudieron observar el anillo del cual les habló Salomón.

Le pidieron a David, que les hablara un poco. Luego David se dirigió al pódium donde estaba Salomón. Al inicio de sus palabras, expresó:

—Doy gracias y bendito y alabado sea el nombre de mi Dios Todopoderoso, por este momento tan especial. Dejarme poder dirigirme a ustedes y decirles que lo dicho por Salomón es verdad. Es una emoción indescriptible cuando uno siente la presencia de las tres divinas personas. Sean personas de paz, transmitan todo esto a sus hijos. Que teman al Dios Todopoderoso, allí está el principio de la sabiduría. Tengamos eso de costumbre de bendecir a nuestros hijos, decirles el porqué de la bendición. Para que no se olviden del Dios Todopoderoso, que no se aparten del camino correcto. Que prediquen la paz y todo vendrá por añadidura.

Me gustaría darles la bendición a todos ustedes, y que ustedes me la den a mí. Para seguir manteniendo firme mi pacto con mi Dios Todopoderoso.

Son ustedes el futuro de nuestra nación, son ustedes los transmisores de esa bendición, que se multiplique y se fortalezca, para el bien de todos, para el bien de la humanidad.

Que el amor a nuestro Dios Todopoderoso se mantenga a través de nuestros hijos y de sus hijos y, ¡así, sucesivamente! Que no cometan errores, que afectan a todos. Tienen que ser una generación nueva, con la confianza y el temor a nuestro Dios Todopoderoso. Puedo ser, muy redundante, pero quiero que todo lo que les digo entre en ustedes, permanezca en ustedes y sean fortalecidos y exitosos.

Gracias por este corto tiempo que han dedicado a oír estas cortas palabras, dadas a ustedes desde lo más profundo de mi corazón. Oraré siempre por ustedes. Les daré a conocer una oración diaria, para que no se sientan solos en ningún momento.

Bendito y alabado sea siempre tu nombre mi Dios Todopoderoso, dueño y Señor del poder, la sabiduría, la gloria, del oro y la plata. Por los siglos, de los siglos, de los siglos, amén.

Gracias por permitir que yo lleve puesta la armadura santa. El yelmo (casco) de la verdad, el cinturón de la lealtad, la coraza de la justicia, el escudo de la fe. La espada del Espíritu Santo, que está desenvainada majestuosamente y se blandea a mi alrededor, manteniéndome dentro de su círculo de protección y a los míos. Me protege de todos mis enemigos, de todo espíritu malo, de toda enfermedad. Los apunta con su espada y se encarga de ellos. Delante de mis pies siempre andarán los evangelios. *Amén.*

En eso, uno de los oyentes expresó:

— ¡Yo quiero la bendición y poder trasmitirla a mis hijos!

David lo invitó a pasar donde se encontraba él, pero para su sorpresa, se fueron agregando todos para recibir la bendición y darle ellos su bendición a David. Expresándoles a David:

— ¡Que tu descendencia perdure para siempre entre nosotros!

Fue más emotiva la bendición cuando la promoción de David se le iba acercando. Además de la bendición, se daban un fuerte abrazo.

Uno de sus grandes amigos de promoción tomó el micrófono y le dijo a David:

—Eres para nosotros la Lámpara Encendida. Trasmitiremos todo esto a nuestras generaciones, para que la Lámpara no se apague y perdure para siempre.

Se dirigió hasta donde estaba David, este lo bendice y él bendice a David. En eso, se dirigió a uno de la seguridad de David diciéndole:

— ¡Son ustedes los responsables de mantener la Lámpara Encendida! De descendencia en descendencia y que perdure para siempre.

Agradecen a Salomón de hacerlos participe de este momento tan especial e inolvidable.

La Central de Inteligencia de los EE. UU. mantiene con seguridad permanente la descendencia, que recibió la gracia del Dios Todopoderoso hasta nuestros días.

**- FIN -**

# EL AUTOR

Mario Ramos Ocaña (1958 - ) es un especialista en contrainteligencia.

Nació en la República de Panamá. Realizó estudios primarios en su provincia natal, Herrera. Estudios secundarios en el Glorioso Instituto Militar General Tomás Herrera y, posteriormente, se graduó en la Escuela Politécnica de Guatemala (Academia Militar).

Actualmente vive en Panamá, se encuentra jubilado y se dedica a escribir y dar conferencias sobre seguridad y la lucha antiterrorista.

**Contacte al autor**

Email  mro007@hotmail.es

# AGRADECIMIENTO

*"Quiero hacer saber y agradecer, que tomé en gran parte un resumen de Wikipedia, sobre la historia del Rey David. Que, por lógica, fue tomado del Antiguo Testamento de la Biblia. También incluyo una de las batallas de David, no incluidas en la Biblia".*

# TERMINOLOGÍA MILITAR

**Encubrimiento:** Es la protección para evitar la observación por parte del enemigo. Éste también puede ser natural o artificial.

**Disloque:** Un punto claramente definido en la ruta en donde las unidades pasan bajo control de su respectivo jefe.

**Extracción:** Extraer de un punto seguro en el terreno lo establecido.

**M110 SASS:** Es un fusil semiautomático de francotirador calibre 7.62 mm.

**Orden de Operaciones:** Instrucción que imparte un comandante a comandantes subordinados con el fin de realizar la ejecución coordinada de una operación para la operación especificada.

51064006R00219

Made in the USA
San Bernardino, CA
11 July 2017